absolute

orange ● press

absolute

Herausgegeben von Klaus Theweleit

absolute

Noam Chomsky

Herausgeber und Autor der biografischen Essays:
Michael Schiffmann

orange ● press

absolute Noam Chomsky
Hg. v. Michael Schiffmann
Freiburg: orange-press 2004

Buchgestaltung: Annette Schneider
Hergestellt in Deutschland

Herstellungshinweis
Dieser Band ist wie alle Bände der absolute-Reihe als Schweizer Broschur gebunden.
Bei dieser Variante der Schweizer Broschur wird der fadengeheftete »Buchblock«
nur auf der Rückseite in die »Decke«, den Einband eingeklebt, »eingehängt«.
Die Machart des Buchs, die Fadenheftung, bleibt so sichtbar.
Dank dieser Bindung lassen sich die Bücher ganz (180°) aufschlagen und bleiben
auch aufgeschlagen liegen!

ISBN 3-936086-16-8

orange-press.com

30. April 2004 Ein Gespräch mit Klaus Theweleit

Noam Chomskys Büro, Massachusetts Institute of Technology

Kennen Sie dieses Bild? [Chomsky deutet mit dem Kopf auf ein Gemälde hinter sich.] Wissen Sie, was das ist?

Nein, keine Ahnung.

Es ist ein interessantes Gemälde.

Aha.

Jeder Mensch südlich des Rio Grande weiß, was es darstellt. Nördlich davon weiß es niemand. Und in Europa wissen es vielleicht zehn Prozent.

Handelt es sich um eine mexikanische Totenfigur? Oder um die Darstellung eines Medizinmanns?

Ich werde Ihnen eine Analogie erzählen. Nehmen wir mal an, im Jahr 1980 hätten die tschechischen Sicherheitskräfte, natürlich unter Federführung der Russen, einen Erzbischof umgebracht, und nehmen wir weiter an, dass sie danach noch 70.000 Tschechen ermordet hätten, und so gegen Ende des Jahrzehnts hätten sie auch noch Vaclav Havel erschossen und ein paar von seinen Kollegen. Wissen Sie jetzt, was dieses Bild darstellt?

Nein.

Aber im analogen Fall wüssten Sie es doch, oder?

Ja, natürlich.

Dass Sie das Bild nicht erkennen, liegt daran, dass es mit El Salvador zu tun hat und dass Sie und ich die Täter sind. Der Erzbischof und sechs führende Intellektuelle wurden von US-Eliteeinheiten ermordet. Aber weil die US das getan haben, weiß niemand in den USA davon. Wäre das irgendwo im Osten geschehen, hätte es wahrscheinlich einen Atomkrieg gegeben.

Da wir es schon von den Tschechen haben ... Morgen nimmt die EU zehn neue Mitglieder auf. Wie Sie sicher wissen, sind viele Europäer fasziniert vom Amerikanischen Traum.

Der Amerikanische Traum. Was ist das?

Genau das möchte ich Sie fragen. Können Sie uns erklären, was der Amerikanische Traum war oder ist? Und was er Ihnen bedeutet, falls er Ihnen überhaupt etwas bedeutet? Und: Gibt es so etwas wie einen Europäischen Traum?

Diese Begriffe bedeuten kaum etwas. Es gibt eine amerikanische Realität. Und es gibt eine europäische Realität. Es gibt Ideale, die von vielen anständigen Menschen angestrebt werden, aber mit der Realität haben die wenig zu tun. Wenn man sich dem Propagandasystem hinreichend untergeordnet hat, übernimmt man die von ihm erzeugten Illusionen und macht sie zur unerfüllten Realität. Aber das ist nichts weiter als Propaganda. Sogar in Nordkorea könnte man von einem nordkoreanischen Traum sprechen. Auch der bestünde aus Freiheit und Gerechtigkeit und Gleichheit und so weiter. Aber das ist nicht die nordkoreanische Realität. Und das gilt in großem Umfang auch für uns. Die USA brauchen keine EU. Sie sind schon homogen. Eine Sprache, eine Kultur, und mit Ausnahme des Bürgerkriegs gab es keine Kriege innerhalb der USA. Warum? Was ist der Unterschied zwischen den Vereinigten Staaten und Europa?

Europa zerfleischte sich erst einmal in zwei großen Weltkriegen.

In den Vereinigten Staaten wurde die eingeborene Bevölkerung ausgelöscht. Nehmen wir an, Deutschland hätte die Bevölkerung der slawischen Länder ausgelöscht, dann würden Sie sich heute auch keine Gedanken über die EU machen. Dann wäre alles homogen und friedlich.

Dann ist die Zivilisation der Vereinigten Staaten identisch mit der Auslöschung der eingeborenen Völker?

Man ist mit ihnen etwa so umgegangen, wie Deutschland das gerne mit den Slaven getan hätte. Im *New York Times Book Review*, einer der meist gelesenen Publikationen der Intellektuellen in diesem Land, wurde kürzlich das Buch eines der führenden, aber nicht besonders guten amerikanischen Historiker vorgestellt, und in dieser Besprechung hieß es, dass bei der Besiedlung des Kontinents mehrere Hunderttausend Indianer eliminiert wurden. Nun, da liegt er falsch, und zwar um den Faktor zehn. Es waren mehrere Millionen Indianer. »Eliminiert« ist übrigens auch ein interessantes Wort in diesem Zusammenhang. Nehmen wir einmal an, Sie lesen in einer der führenden Zeitungen in Deutschland, dass im Verlauf des Zweiten Weltkriegs mehrere Hunderttausend Juden eliminiert wurden, wie würden dann die Menschen reagieren?

Die sechs Millionen sind schon eine fest fixierte Zahl. Von den 50 Millionen eingeplanten zu tötenden Russen sprechen allerdings nur wenige.

Aber das hier ist eine Gesellschaft der Sieger, Deutschland war eine Gesellschaft der Verlierer. Sie müssen also den Tatsachen ins Gesicht sehen. In den USA braucht man das nicht, da muss man den Tatsachen nicht ins Auge blicken. Wenn der Autor also so etwas schreibt, was vergleichbar ist mit einer Aussage wie der, dass mehrere Hunderttausend Juden eliminiert wurden, dann bemerkt das gar keiner. Kann man sich vorstellen, dass die »Luftwaffe« ihre Waffensysteme »Jude« und »Zigeuner« nennt, ist das denkbar?

Die Bundeswehr?

Ich meine, kann man sich das vorstellen? Hier gibt es »Apache Helikopter«, »Black Hawk Helikopter«, »Tomahawk Missiles« und so weiter, das sind alles Opfer eines Völkermords.

Ja. Staaten sind Mörder. Menschen werden umgebracht. Und wenn man siegreich ist, kommt man damit durch.

Verliert man, muss man sich dem stellen, was geschehen ist. Sie fragten nach dem Amerikanischen Traum, und das ist ein Teil davon. Es gibt noch andere Teile.

In einem Interview vor ein paar Wochen mit einer deutschen Tageszeitung sagten Sie, die USA wären noch immer das Land, in dem man am besten leben könnte. Viele Menschen, die mit Ihrer Arbeit vertraut sind, vor allem mit Ihren politischen Äußerungen, waren ein wenig überrascht. Wir kennen Sie eher als jemanden, der die USA als Aggressor darstellt und der sich über den Zerfall demokratischer Strukturen in Nordamerika äußert. Hatten Sie nicht einmal gesagt, die USA bräuchten eine Rekonstruktion ihrer Demokratie? Wie kommt es, dass für Sie die USA immer noch der beste Ort zum Leben sind?

Es gibt viele Aspekte. Man kann Ländern nicht einfach eine Note geben wie Studenten in einem Examen. Es gibt zu viele Aspekte, aber in vielerlei Hinsicht sind die USA ungewöhnlich gut. Zum Beispiel sind sie das freieste Land der Welt. Die freie Meinungsäußerung wird in den USA in einem Ausmaß geschützt, wie man sich das in Europa nicht einmal vorstellen kann. Etwas Vergleichbares gibt es nirgends. Dann hat der Staat natürlich insgesamt eine ziemlich eingeschränkte Funktion im Vergleich zu anderen Ländern. Und dann gibt es in der allgemeinen Kultur eine Art des formlosen Umgangs und einen Mangel an Autoritätsgläubigkeit – ganz anders als in Europa. Beispielsweise ist das Verhältnis zwischen Studenten und Professoren in den Vereinigten Staaten ganz anders als im kontinentalen Europa. Und das erstreckt sich über die ganze Gesellschaft.

Mir hat die Atmosphäre im akademischen Amerika immer sehr gut gefallen, wenn ich hier unterrichtet habe – im Unterschied zu Europa. Allerdings werfen Sie den amerikanischen Intellektuellen Verantwortungslosigkeit vor.

Das gilt auch für die europäischen Intellektuellen …

Ist es das Gleiche, hier und in Europa?

Nicht ganz. Die Europäer machen sich mehr Illusionen über sich.

Klaus Theweleit, 30. April 2004

Noam Chomsky, 30. April 2004

Mehr Illusionen über sich?

Ja, wenn man sich zum Beispiel die Medienkritik ansieht, da wird fast alles hier in den Vereinigten Staaten gemacht. Hier gibt es eine umfangreiche und hoch entwickelte Medienkritik, in Europa nicht.

Aber das wächst.

Ganz langsam. Und der Grund dafür liegt darin, dass europäische Intellektuelle in der Illusion leben, frei und unabhängig zu sein.

Glauben Sie das tatsächlich? Ich glaube das nicht.

Ja, ich glaube, die machen sich jede Menge Illusionen, und kümmern sich deshalb nicht um die Medienkritik, weil sie sich für frei und unabhängig halten. Aber das sind sie nicht.

Und hier ist das anders?

Frei und unabhängig sind sie weder dort, noch hier.

Ich frage mich, wie das sein kann. Ich kenne viele amerikanische Intellektuelle, die sehr genau wissen, was die USA in der Welt tun.

Einige, sehr wenige. Bei den Intellektuellen sind das viel weniger als bei der Durchschnittsbevölkerung.

Vielleicht sind es ja doch viele, aber vielleicht leben die mit ihrem Wissen in der Isolation ihrer akademischen Sphäre? Ist das eine Möglichkeit?

Gut, ich weiß natürlich nicht, mit wem Sie Kontakt haben, aber wenn man sich generell die Gruppe der Intellektuellen ansieht, zum Beispiel in Europa, sieht man, dass sie sich der Macht viel stärker unterwirft als der Durchschnitt der Bevölkerung. Hans Morgenthau beschrieb den »unterwürfigen Konformismus« den Machtpositionen gegenüber als die Krankheit der Intellektuellen. Und damit hat er völlig recht. Das trifft auf die Vereinigten Staaten zu und genauso auf Europa. Nur dass man sich in Europa eben mehr Illusionen darüber macht.

Aber es gibt doch eine Handvoll Leute, auf die das nicht zutrifft.

Es gibt Länder, in denen die Intellektuellen viel freier sind, zum Beispiel in einem Land, das sich gerade darum bemüht, in die europäische Union aufgenommen zu werden.

Die Türkei?

Ja, in der Türkei sind die Intellektuellen ein Vorbild dafür, wie Intellektuelle sein sollten. Sie sind nicht nur – und wir sprechen hier von einem äußerst repressiven Staat – engagierte Künstler, Autoren und Journalisten, Verleger und so weiter, und sie protestieren nicht nur unaufhörlich gegen die drakonischen Gesetze, sie sind auch ständig mit zivilem Ungehorsam dagegen aktiv.

Ja, sie sitzen im Gefängnis, sie werden getötet, sie werden verbrannt.

Aber sie kämpfen weiter dafür. Das ist anders als in Deutschland, Frankreich oder den Vereinigten Staaten, wo die Intellektuellen konform sind und schweigen.

Die Intellektuellen in Deutschland und Frankreich sagen sich, wir müssen ja nichts tun, wir sind nicht in einer solchen Lage.

Gibt es in Deutschland nichts, wogegen man protestieren kann? Oder in Frankreich? Ich denke, es gibt eine ganze Reihe von Dingen, gegen die man protestieren muss. Aber in der Türkei, wo eine ungleich härtere Bestrafung droht, wird es getan. In Deutschland, England, Frankreich und den Vereinigten Staaten tun sie's nicht.

Wenn wir die Situation in den Vereinigten Staaten nach dem »Patriot Act« ansehen, die elektronische Überwachung und so weiter, die Möglichkeit, Menschen 90 Tage lang ohne Recht auf einen Anwalt ins Gefängnis zu stecken – und das bei zwei Millionen Menschen insgesamt in Gefängnissen in den USA –, da frage ich mich, wie Sie, die Sie das ja alles wissen, da noch von dem freiesten Land der Erde reden können.

Es ist das freieste Land.

Sollte man nicht lieber von einem gespaltenen Land sprechen? Ich stelle mir Amerika immer als 20 Länder vor, und da ist alles dabei, vom schrecklichsten bis zum freiheitlichsten.

Sie haben den wichtigsten Teil nur gestreift. Der wichtigste Teil ist die Zahl der Inhaftierten insgesamt, der Prozentsatz der Bevölkerung, der in den Vereinigten Staaten im Gefängnis sitzt, ist fünf- bis zehnmal höher als in irgendeinem vergleichbaren Industrieland. Das ist das Ergebnis des Neoliberalismus. 1980 befanden sich die USA noch auf einem vergleichbaren Niveau mit anderen Ländern, aber im Zuge des allgemeinen neoliberalen Unternehmertums mussten sie die, wie sie sagen, »gefährlichen Klassen« loswerden. Und dazu gibt es Mechanismen, die wesentlich schwerer wiegen als der »Patriot Act« und die sich besonders gegen Wehrlose richten. Wie etwa die Drogengesetze, die sich nur gegen Ärmere und Schwarze – und diese beiden Kategorien stehen in den USA in enger Beziehung zueinander – richten und die die Zahl der Inhaftierten in die Höhe schießen lassen.

Hilflose Menschen. Hat der Staat Angst vor der Gewalt, die aus der Armut resultiert?

Nein, das ist es nicht. Es ist nicht die Angst vor irgendwem, man nimmt nur die Schutzlosen und die Armen ins Visier, weil man nicht weiß, was man mit ihnen anfangen soll. Man will sie loswerden, man will sie unter Kontrolle haben.

Das Stata Building am MIT, in dem sich Chomskys Büro befindet.

Ja.

Wenn das in Kolumbien so wäre, würde man sie vielleicht umbringen.

Es ist also egal, was sie tun, man will sie in jedem Fall loswerden?

Sie passen einfach nicht in die Gesellschaft. Sie sollen kontrollierbar sein. Ist das in Deutschland anders? Wie werden die türkischen Immigranten behandelt? Die Immigranten aus Nordafrika und anderswoher? Man darf nicht vergessen, dass die Schwarzen im Norden der USA Einwanderer sind. Sie sind Immigranten aus den Südstaaten, und damit sind sie zufälligerweise interne Immigranten, aber in den 30ern mit der Industrialisierung der Landwirtschaft und später im Zweiten Weltkrieg, als die Aussichten gut waren, in der Industrie Arbeit zu finden, gab es eine große Migration vieler armer Menschen, die in einer schrecklichen Unterdrückung lebten. Sie kamen vom Süden in den Norden, und heute sind sie die Slumbewohner der Städte im Norden. Nach dem Zweiten Weltkrieg wuchs die Wirtschaft zwar weiter, aber nicht mehr wie vor hundert Jahren. Sie wuchs nicht als industrielle Wirtschaft. Als mein Vater aus der Ukraine hierher kam, musste er irgendeinen Hilfsjob machen und konnte sich dann Stück für Stück hocharbeiten und dann seinen Sohn aufs College schicken. Diese Aussichten gab es in den 50ern und 60ern gar nicht mehr. Amerika war keine wachsende industrielle Ökonomie mehr.

Aber es heißt so. Jedenfalls wird das überall behauptet.

Sagen Sie, was Sie wollen, dadurch ändert sich nichts an den Fakten. Und es ist auch eine Tatsache, dass viele Menschen keine Aufstiegschancen mehr hatten. Und die Tatsache, dass sie anderer Hautfarbe waren, brachte ihnen genauso wenig Vorteile, wie es heute in Europa von Vorteil ist, aus Nordafrika zu kommen. Natürlich gibt es verschiedene Arten von Repression und Kontrolle, aber keine hat ein hübsches Gesicht, nicht hier und nicht in Europa. Eine in den Vereinigten Staaten sehr verbreitete Methode ist, sie mithilfe der speziell auf sie zugeschnittenen Antidrogengesetze ins Gefängnis zu stecken. Wenn die Polizei durch Roxbury, durch die Slums von Boston fährt und wenn ein Officer einen schwarzen Jugendlichen mit einem Joint in der Hand sieht, wird dieser Jugendliche im Gefängnis landen. In der Gegend, in der ich unter anderen Studierten lebe, ist das anders. Wenn da ein weißer Anwalt aus seiner Kanzlei nach Hause kommt und am Abend Kokain nimmt, lässt das die Polizei kalt. Und das ist auch besser so, denn wenn die Beamten versuchen sollten, ihn festzunehmen, riskieren sie, selbst im Gefängnis zu landen. Das nennt man Gerechtigkeit. Und verglichen damit ist der »Patriot Act« eine Fußnote. Und solche Dinge gibt es auch überall in Europa.

Ich nehme an, Sie kennen das Buch von Emmanuel Todd, in dem er den Untergang der Vereinigten Staaten als ökonomische Weltmacht vorhersagt. Die Kluft zwischen Europa und den USA wird bereits sichtbar. Nach dem 11. September war die Solidarität mit den USA sehr stark, der Angriff auf Afghanistan war nachvollziehbar und wurde von den Europäern sogar unterstützt. Mit dem Irak änderte sich das. Frankreich und Deutschland schienen mit einem Mal Selbstbewusstsein zu entwickeln und vertraten in der Außenpolitik eigenständige Positionen: ein – was ich zwar nicht glaube – deutliches »Nein« zum Irak-Krieg. Der neue spanische Premier gewinnt die Wahlen nur deshalb, weil er verspricht, alle Soldaten abzuziehen, die europäische Verfassung soll schnellst möglich durchgepeitscht werden, und Solana ist auf dem besten Weg, der erste europäische Außenminister zu werden. Also für einige von Todds Beobachtungen und Vorhersagen lassen sich leicht Anhaltspunkte finden. Er glaubt, dass sich mit einem unabhängigen Europa und einem wieder erstarkten Russland und China ein neues Machtgefüge ausprägen wird, in dem die USA nicht mehr die Hauptrolle spielen werden. Wie sehen Sie die transatlantischen Beziehungen für die kommenden Jahre vor diesem Hintergrund?

Die Probleme haben natürlich nichts mit dem Irak-Krieg zu tun. Vielleicht haben sie sich ein wenig verändert, aber sie gehen zurück bis zum Ende des Zweiten Weltkriegs. Damals waren die USA sehr besorgt, Europa könne eine eigenständige Entwicklung einschlagen und zu einer, wie man damals sagte, dritten Kraft werden. Und eine wichtige Aufgabe der US-amerikanischen Politik war es, das zu verhindern. Eine der zentralen Aufgaben der NATO war es, die Vorherrschaft der USA zu garantieren.

Ist es möglich, dass sich die NATO gerade spaltet? In zwei NATOs, eine europäische und eine amerikanische?

Nun, das wissen wir nicht, und Todd wird's auch nicht wissen. Jedenfalls wurde sie eingerichtet, um zu verhindern, dass Europa einen eigenen Weg geht. Das ist bis heute ein Problem. Vielleicht erinnern Sie sich an das so genannte Europajahr 1973, mit dem gefeiert werden sollte, dass Europa nach dem Krieg wieder »da« war. Henry Kissinger war Außenminister, und er hielt damals eine wichtige Rede, die »Year of Europe Address«, in der er die Europäer ermahnte, sich auf ihre, wie er es nannte, »regionale Verantwortung« zu konzentrieren, innerhalb eines von den USA vorgegebenen Ordnungsrahmens. Mit anderen Worten: Schlagt bloß nicht den Weg in die Unabhängigkeit ein.

Jetzt scheinen sie es zu riskieren.

Davon sieht man nicht viel. Einer der Gründe, weshalb die USA die Ausdehnung der EU unterstützen, ist die wahrscheinlich zutreffende Vermutung, dass die früheren sowjetischen Satellitenstaaten im Osten einer Kontrolle durch die USA leichter zugänglich sind als die kommerziellen und industriellen Zentren Europas.

Vielleicht gibt es auch einen zentralen Konflikt zwischen den beiden Polen, USA und Europa, darüber, wer die Ölreserven in Zentralasien kontrolliert.

Genau darum geht es. Das ist der Hintergrund für die Kontrolle des mittleren Osteuropa.

Iran, Frankreich – Die USA und Großbritannien auf der anderen Seite.

Lassen Sie mich das kurz ausführen. Es ist ein Teil der Story. 1970, also etwa zur Zeit von Kissingers Rede, war es offensichtlich, dass die Welt, so wie sie aus den Trümmern des Zweiten Weltkriegs hervorgegangen war, »tripolar« wurde. Es gab im Wesentlichen drei Machtzentren, die ökonomisch in etwa miteinander vergleichbar waren: Nordamerika, Europa und die sich schnell entwickelnden asiatischen Länder – damals mit dem Zentrum Japan. Heute verfügt Nordostasien global gesehen über zwei der wichtigsten industriellen Volkswirtschaften: Südkorea und China, das gerade zu einer gigantischen Industrienation wird. Sibirien verfügt über ausgedehnte Ressourcen, auch Öl, und in Nordostasien ist das Bruttosozialprodukt viel größer als in Europa oder in den Vereinigten Staaten. Nordostasien spielt eine zunehmend wichtigere Rolle im Handel und hat Aussichten, sich in eine selbständige Richtung zu entwickeln. Und daher ist einer der Gründe, weshalb die USA so stark daran interessiert sind, die Ölreserven im Nahen Osten, vor allem im Persischen Golf, aber auch in Zentralasien zu kontrollieren, der, die Rolle als Führer der Weltherrschaft zu behalten. Wenn man die Energiereserven der Welt beherrscht, verfügt man über ein mächtiges Mittel, um die Bildung und eigenständige Entwicklung anderer Machtblöcke zu verhindern. Das ist einer der wichtigsten Gründe für die Invasion im Irak – und übrigens auch für die Invasion in Afghanistan. Es ist interessant, dass Sie sagten – und das zu Recht –, die Europäer hätten die Invasion Afghanistans unterstützt. Warum? Welches Motiv hatten sie für die Invasion Afghanistans? Womit wurde das gerechtfertigt?

Es gab keine Rechtfertigung.

Warum hat man dann die Invasion unterstützt? Das ist doch nur ein Beispiel für die Unterordnung der europäischen Intellektuellen.

Auch die Europäer wollten in Zentralasien einen Fuß auf den Boden bekommen. Um die Solidarität nach dem 11. September ging es dabei nicht.

Nein, das glaube ich nicht. Es war einfach so, dass der Boss es vorhatte, und man es deshalb unterstützte. So was nennt man Konformismus gegenüber der

Macht. Aber wurde in Europa darüber diskutiert, ob das gerechtfertigt war? Wohl kaum!

Es gab drei Diskussionen. Die Bombardierung Serbiens ...

Nein, nein, ich meine Afghanistan. Aber wir können auch beim Beispiel Serbien weiter machen.

Ja, sie sagten, sie hätten einen Grund.

Welchen?

Die Rechtfertigung war, die Diktatur zu beseitigen.

Stimmt nicht.

Das weiß ich.

Es gab ja nicht einmal eine Kriegserklärung. Ich wollte wissen, weshalb die europäischen Intellektuellen glaubten, dass der Angriff gerechtfertigt war.

Der deutsche Außenminister sagte sogar: »Kein zweites Auschwitz«.

Entschuldigung, aber wir reden doch über Afghanistan.

Und in Afghanistan hießen die Argumente: Taliban und Rache für den 11. September.

Wenn die europäischen Intellektuellen das geglaubt haben, dann nur deshalb, weil sie es ablehnen, sich mit Fakten zu befassen. Diese Fakten sprechen nämlich eine deutliche Sprache. Als die Bombardierung am 7. Oktober angekündigt wurde, sagte Präsident Bush ausdrücklich: Wenn Sie uns nicht Osama Bin Laden und seine Verbündeten ausliefern, werden wir Sie bombardieren. Das hat mit der Absetzung der Taliban nichts zu tun. Das war ein Gedanke, der erst später hinzukam, mehrere Wochen später. Die Bombardierung fand statt mit dem Ziel, die Taliban dazu zu zwingen, den Vereinigten Staaten Menschen auszuliefern, die die USA verdächtigte – verdächtigte! –, die Terroranschläge verübt zu haben. Das war also das Ziel. Acht Monate danach sagte der Chef des FBI im Kongress aus, dass sie noch immer nichts weiter als Vermutungen hätten. Sie taten also Folgendes: Sie bombardierten ein Land, weil sie einen Verdacht hatten – keinen Beweis –, dass irgendjemand in diesem Land in die Anschläge vom 11. September verwickelt war. Im Vergleich dazu sehen sogar noch die Nazis recht gut aus. Wie können europäische Intellektuelle so etwas unterstützen? Es liegt daran, dass sie sich nicht die Mühe machen nachzufragen.

Sie taten sehr widersprüchliche Dinge. Sie unterstützten die Bombardierung Serbiens. Sie unterstützten die Bombardierung Afghanistans, und sie lehnten es ab, die Bombardierung des Irak zu unterstützen. Ohne irgendwelche Argumente – und zwar in keinem der Fälle.

Gut, reden wir über Serbien. Das ist nämlich ein interessanter Fall, weil wir sehr umfangreich dokumentieren können, was im Kosovo vor den Bombardie-

Klaus Theweleit und Noam Chomsky, MIT, 30. April 2004

rungen ablief: Es gibt zwei riesige Sammlungen von Dokumenten des Außenministeriums, NATO-Quellen, detaillierte OSZE-Untersuchungen, außerdem eine ausführliche parlamentarische Untersuchung in Großbritannien. Und was zeigen uns diese Unmengen von Indizien? Sie zeigen uns, dass sich weder der Journalismus noch die Wissenschaft dafür interessieren. Und warum? Wegen dem, was die Indizien beweisen. Die Indizien beweisen, dass der Kosovo bis zur Bombardierung ein sehr unangenehmer Flecken Erde war und dass dort ungefähr 2.000 Menschen ermordet wurden – der britischen Regierung zufolge das entscheidende Argument der Allianz –, von denen die meisten allerdings von Guerillas umgebracht wurden. Das NATO-Kommando ging ausdrücklich davon aus – und informierte Washington darüber –, dass im Fall einer Bombardierung die Serben am Boden reagieren würden und dass es zu Gräueltaten und Vertreibungen kommen würde. Zur Zeit der Bombardierung lagen zwei Verhandlungspositionen auf dem Tisch, eine serbische und eine der NATO. Nach 78 Tagen Bombardement wurde ein Vertrag geschlossen, der einen Kompromiss aus beiden Positionen beinhaltete. Was war geschehen? In einer Phase, in der der Kosovo ein schrecklicher Ort war, an dem in gewissem Umfang Gräueltaten verübt wurden – gering im Vergleich mit internationalen Standards –, von denen die meisten der Guerilla zugeschrieben werden müssen, begann die NATO ihre Bombardierungen, und das in der Erwartung, dass dies zu Vertreibungen und Gräueltaten führen würde. Einen möglichen diplomatischen Weg lehnten sie ab. Und nach der Bombardierung einigten sie sich auf halbem Weg. Wie verhielten sich die europäischen Intellektuellen dazu? Zum Beispiel Vaclav Havel?

Ein Teil der deutschen Intellektuellen sagte, dass man ein zweites Auschwitz verhindern wollte.

Es verhindern? Seit wann bombardiert man etwas, um es zu schützen?

Das wurde gesagt, und dasselbe hat Joschka Fischer mehrfach im Fernsehen gesagt.

Das hätte den Nazis gefallen.

Ja.

Die Idee, ein anderes Land zu bombardieren, weil man Gräueltaten befürchtet und sie genau dadurch begünstigt.

Und jetzt sagen sie, es sei nicht richtig, den Irak zu bombardieren.

Das ist nicht der Punkt. Der Punkt ist Serbien. Sie sagten Folgendes: Wir werden Serbien bombardieren in dem Wissen, dass das zu Gräueltaten führen wird, und das ist dadurch gerechtfertigt, weil sich dadurch mögliche Gräueltaten verhindern lassen. Das finde ich haarsträubend.

Ich auch.

Absolut empörend. Und Vaclav Havel sagt auch noch, das sei der erste Krieg in der Geschichte, der für Prinzipien und Werte geführt wurde, ein zutiefst altruistischer Krieg. Da haben wir ein eindeutiges Zeichen für die weit reichende Korruption des europäischen Geisteslebens, und natürlich auch des amerikanischen und britischen.

Das sehe ich genauso.

So, das waren Afghanistan und Serbien. Und wie steht es jetzt mit dem Irak? Auch das amerikanische Establishment war gegen die Bombardierung. Die schärfste Kritik an diesem Krieg kam von Arthur Schlesinger, dem angesehensten amerikanischen Historiker, Kennedy-Berater, Autor von Biografien und so weiter. Als die Bombardierung des Irak begann, schrieb er einen Artikel, in dem er an die Worte Franklin D. Roosevelts erinnerte, anlässlich der Bombardierung von Pearl Harbor durch die Japaner. Roosevelt sagte: »Dieser Tag wird ein Tag der Schande bleiben.« Und Schlesinger sagt, jetzt sind wir Amerikaner es, die in Schande leben, weil wir uns die Politik des imperialen Japan zu Eigen gemacht haben. Das hat Arthur Schlesinger gesagt, das Zentrum des Establishments. Es war die schärfste Kritik am Krieg, die mir begegnet ist. Und wenn man sich die Zeitungen ansah, die über Außenpolitik schreiben, konnte man feststellen, dass auch hier die meisten kritisch berichteten. Sie waren kritisch, weil sie befürchteten, die USA könnten einen Schaden erleiden. Sie sahen, wie übrigens auch die Geheimdienste, richtig voraus, dass der Krieg die Gefahr des Terrorismus erhöhen würde – und natürlich kam es auch so.

Was glauben Sie, welche Art von Denken steckt dahinter, im Fall von Serbien zum Beispiel zu sagen, dass Bomben ein zweites Auschwitz verhindern? Warum reden die so? Und ein halbes Jahr später sagen sie, dass eine Bombardierung des Irak mit dem internationalen Recht unvereinbar ist. Dieselben Leute. Was für ein Denken ist das?

Es ist die normale Korruption der Intellektuellen.

Einfach nur die normale Korruption?

Im Fall der Bombardierung Serbiens ist es ganz billig und einfach. Serbien ist schwach und wehrlos, die können gar nichts gegen ein Bombardement tun. Jemand, der schon in die Knie gegangen ist, ist immer ein sehr dankbares Ziel. Und bei Afghanistan kann man nicht einmal von einem richtigen Land sprechen. Im Irak ist das schon komplizierter. Da können wir auch was abbekommen, und deshalb entscheiden wir uns für eine andere Position.

Das Verrückte daran ist, dass die Intellektuellen, von denen Sie reden, diesen Vorwurf zurückweisen und behaupten würden, ihre Einstellung zur Macht sei äußerst kritisch.

Es gibt zwei universelle Wahrheiten über die Intellektuellen. Erstens haben sie den starken Drang, sich der Macht zu unterwerfen, und zweitens stellen sie lautstark ihre Gegnerschaft zur Macht und ihre Unabhängigkeit von der Macht zur Schau. Das bestätigt sich immer und überall.

Sie sind also in ihrem Bewusstsein fundamental gespalten.

Nein, das glaube ich nicht.

In der einen Minute verhalten sie sich so, in der nächsten anders.

Das sind zwei Aspekte desselben Sachverhalts: Unterwerfung unter die Macht. Ein Teil dieser Unterwerfung unter die Macht besteht darin, sich selbst in der Gegnerschaft zur Macht zu inszenieren, wodurch man frei und unabhängig und kritisch wirkt. Damit ist auch zugleich der Grenzwert für zulässige Kritik festgelegt. Wenn man die Bombardierung Vietnams kritisiert, dann heißt das: Schaut her, wie mutig ich bin. Tatsächlich tut man aber nichts anderes als die Macht selbst, denn die Bombardierung Südvietnams, das eigentliche Verbrechen, kann man nicht kritisieren. Das gilt natürlich nicht uneingeschränkt, das Beispiel Türkei haben wir ja schon erwähnt. Es gibt ein paar Ausnahmen. In jeder Epoche der Geschichte und in jeder Gesellschaft, die man sich anschaut, gibt es immer ein paar Ausnahmen. Aber für die Masse der Intellektuellen ist das typisch, und das zieht sich durch die Geschichte. Wer hat den Schierlingsbecher geleert? War das jemand, der sich der Macht unterworfen hat? Oder jemand, der unbequeme Fragen stellte?

Ich habe eine andere Frage, die das Gespinst des Fundamentalismus betrifft. Er gilt als Feind der westlichen und so genannten demokratischen und zivilisierten Länder, und hier befindet sich auch für mich der interessanteste Punkt in der Argumentation von Emmanuel Todd: Seine demographischen Untersuchungen vieler, vielleicht der meisten islamischen Länder, zeigen, dass die Anzahl der Kinder pro Frau rückläufig ist. Im Iran sind es 2,1 Kinder pro Frau, in Indien gibt es mehrere Regionen, in denen Frauen die Möglichkeit haben, der bisherigen Zwangsverheiratung aus dem Weg zu gehen – das ist so eine Art andere Seite der Globalisierung: Sie werden zwar ausgebeutet und unterbezahlt, bekommen aber doch genügend Geld, kommen aus ihren Familien raus und verlassen sie. Und das erste, was sie dabei kennen lernen, so Todd, ist Schwangerschaftsverhütung. Und wenn die Zahlen richtig sind, und ich glaube, sie stimmen, zerstört genau das die islamische patriarchalische Familie. Und Todd sagt, der Fundamentalismus sei eine Reaktion darauf, also letztlich darauf, dass die Frauen aus der Tradition ausscheren.

Wird Europa zu einem fanatischen fundamentalistischen Land, weil dort der Rückgang der Geburtenrate noch stärker ist?

Ja, in Europa ist der Geburtenrückgang noch größer, und es ist sehr interessant, dass die ehemals faschistischen Länder in Europa – Italien, Spanien und Deutschland – die geringste Geburtenrate haben.

Es hat ausschließlich mit Bildung zu tun, und Todd sagt uns da nichts Neues. Wenn Bildung und insbesondere die Bildung von Frauen zunimmt, geht die Geburtenrate zurück. Man hat das sehr genau über lange Zeiträume hinweg untersucht. In großen Teilen von Indien ist die Geburtenrate noch hoch. In Europa hingegen ist die Geburtenrate rückläufig, und noch stärker in Japan. Das sind Entwicklungen, die immer demselben Muster folgen: In dem Maße, in dem die Bildung zunimmt, vor allem die Bildung von Frauen, was normalerweise mit der Industrialisierung einhergeht, kann man eine geringere Geburtenrate erwarten. Es gibt aber eine Ausnahme: die USA. Und wenn Todd sich den Kopf über den Fundamentalismus zerbrechen will, dann sollte er das am Beispiel des fundamentalistischsten Landes der Welt machen, an diesem hier.

Ja?

Das Konzept des Fundamentalismus wurde in den Vereinigten Staaten entwickelt, in Princeton vor etwa einem Jahrhundert, von gebildeten Philologen, die sich Sorgen machten, dass die Menschen durch den Aufstieg der Wissenschaften und den Grad der Modernisierung den Kontakt zum fundamentalen christlichen Glauben verlieren würden. Ihr Ziel war es, den reinen und fundamentalen christlichen Glauben wiederherzustellen. Da liegt der Ursprung des modernen Fundamentalismus. Und das geschah in einer äußerst religiösen Gesellschaft.

Ist der Fundamentalismus im Inneren das Rückgrat des amerikanischen Imperialismus nach außen?

Verzichten wir auf den Begriff Imperialismus. Betrachten wir noch mal die Eroberung des Kontinents. Vielleicht kann man das Imperialismus nennen. Wer eroberte den Kontinent? Britische, vor allem englische Siedler, gefolgt von Deutschen, Schotten und anderen …

… und Holländern, Schweden …

Das waren alles religiöse Fanatiker.

… Spaniern und Franzosen.

Als sie diese Gebiete eroberten, in denen wir heute leben, glaubten sie, die Gebote Gottes zu befolgen: Sie säuberten das Land, damit sie und ihre Kinder das Neue Israel werden konnten. Die Siedler, die den Kontinent eroberten, schwenkten die Bibel, als sie die Ureinwohner töteten. Und so ist das heute noch. Es gibt ausgezeichnete interkulturelle Studien zum religiösen Extremismus. Man weiß, dass er sich ziemlich stark in Korrelation mit der Industrialisierung entwickelt: In dem Maße, wie die Industrialisierung zunimmt, nimmt der religiöse Extremismus ab. Nur die USA weichen von diesem Schema ab. Die USA sind darin wie eine ungebildete Agrargesellschaft. Auch Kanada liegt nicht im Spektrum, obwohl die Abweichung nicht so groß ist wie bei den USA. Aber die meisten anderen Staaten liegen genau im Kurvenverlauf, und die Korrelation Industrialisierung/Extremismus behält weiterhin ihre Gültigkeit. Im Iran glaubt die Hälfte der Bevölkerung, dass die Welt vor sechstausend Jahren erschaffen wurde, aber hier ist das nicht viel besser.

Wenn Sie das so sagen ...

Gestern lief im Fernsehen eine Dokumentation – ich habe sie selbst nicht gesehen, ich habe eine Rede gehalten, aber ich haben den Artikel darüber gestern im *Boston Globe* gelesen. Der Artikel beginnt mit einem Bild von George Bush, auf dem er sehr fromm wirkt. Hinter ihm sieht man ein Portrait von Jesus Christus, der so da steht, dass er seine Arme über George hält, das alles in Pastellfarben – es sieht aus wie so eine Reproduktion, die man in Italien auf der Straße kaufen kann. Man muss das gesehen haben. Und dann ist da eben noch George Bush, der ganz fromm aussieht. In dem Artikel geht es um die Mission von George Bush, dem Nahen Osten die Demokratie zu bringen und auch darum, wie die Religion sein Leben prägt. Der Artikel ist wirklich sehr seriös mit vielen interessanten Details. Man erfährt, dass er die Bedeutung der Religion erkannte, als er im Wahlkampf seines Vaters mitarbeitete und dabei feststellte, dass 40 Prozent der Bevölkerung sich als wiedergeborene Christen begreifen. Das war für ihn die Offenbarung. Und er sagte sich, ich könnte die Wahlen in Texas gewinnen, indem ich mich nur an diese 40 Prozent wende. Später hatte er dann noch eine Offenbarung: Ich könnte ins Weiße Haus gewählt werden, indem ich mich nur an diese 40 Prozent wende. Oh ja, ich werde ein religiöser Fanatiker. Das ist der Subtext, aber wenn man sich die amerikanische Geschichte ansieht, ist das ebenfalls recht aufschlussreich. Natürlich waren die USA immer ein fundamentalistisches Land, aber bis zur Präsidentschaft von Jimmy Carter spielte Religion in der Politik keine große Rolle. Niemand wusste, ob Nixon in die Kirche ging oder ob Roosevelt am Morgen betete. Danach fragte auch niemand. Carter war wahrscheinlich ein aufrichtiger, frommer Christ, aber er brachte den religiösen Fanatismus ins Oval Office. Und die Public Relations Branche, die für so etwas zuständig ist – wir leben ja in einer sehr stark durch Werbung gesteuerten Gesellschaft – kapierte sofort, dass sich hier eine große Chance auftat, die Wähler zu mobilisieren. Und seither, also seit Carter, musste jeder Präsidentschaftskandidat ausnahmslos so tun, als wäre er ein religiöser Fanatiker. Jeder einzelne. Sogar bei Bill Clinton, und der ist vermutlich ungefähr so religiös wie ich, wurde darauf geachtet.

Ist es bei den islamischen Führern denn nicht auch so, dass sie sich nur als Fanatiker inszenieren?

Wahrscheinlich, aber ist das Phänomen nicht viel interessanter in einer industrialisierten Gesellschaft, die über etwa die Hälfte der militärischen Macht weltweit verfügt? Also, wenn Sie sich Sorgen um den Fundamentalismus machen, können Sie gleich hier anfangen.

Aber in den ärmeren Gesellschaften, die keine Macht haben, sehen Sie da nicht die Abwehrreaktion auf die Alphabetisierung als Grund für den Fundamentalismus? Das Loslösen von der Familie, nicht mehr vom Vater verkauft zu werden, nicht eine von fünf Frauen mit insgesamt 35 Kindern im Haushalt eines Mannes zu sein. Wenn das zusammenbricht, führt das nicht zu den hauptsächlichen Veränderungen in diesen Gesellschaften?

Was wir islamischen Fundamentalismus nennen, ist im Grunde eine Form des politischen Islam. Es gab säkulare nationalistische Bewegungen in der islamischen Welt.

Wichtige, wie in der Türkei, im Iran, in Ägypten …

… Palästinenser, Algerien … sie wurden zerstört. Zerstört von einer Kombination aus westlichem Druck und innerer Repression.

Ja, die arbeiten zusammen, die Fundamentalisten beider Seiten, und dann gehen sie kaputt.

Wenn man säkulare nationalistische Bewegungen zerstört, wenden sie sich etwas anderem zu, oft dem religiösen Extremismus. Palästina ist ein perfektes Beispiel dafür. Die Vereinigten Staaten und Israel wollten die säkulare nationalistische palästinensische Bewegung zerstören. Und was haben sie bekommen? Die Hamas. Dasselbe im Libanon. Die Hisbollah bildete sich unter den Bemühungen, die säkulare PLO im Libanon zu zerstören.

Sehen Sie überhaupt eine Chance in den kommenden Jahrzehnten für die Umsetzung dessen, was immer Ihre persönliche politische Vorstellung gewesen war, der Schaffung einer israelisch-palästinensischen Räterepublik?

Das ist von vielen Faktoren abhängig. Aber hier ist ein Bereich, in dem Europa entscheidend Einfluss nehmen könnte, wenn die Europäer Mut hätten. Aber die Europäer haben keinen Mut. Die Vereinigten Staaten und Israel hingegen sind entschlossen, das zu tun, was sie mehr oder weniger seit 30 Jahren tun: eine politische Lösung zu blockieren, und das zu sichern, was schon heute beinahe Realität ist: die Palästinenser einzumauern in bestimmte Gegenden, wo sie ihre Aufstände haben können, während das wertvolle Land und die Ressourcen der West Bank von Israel übernommen und dem Staatsgebiet angegliedert werden. Aber Israel macht das nicht allein. Es gibt Umfragen in Europa, denen zufolge Israel als das gefährlichste Land der Welt angesehen wird. Aber die irren sich. Israel ist ein kleines Land und für niemanden eine Gefahr – ein von den Vereinigten Staaten als Militärbasis benutztes Israel hingegen schon. Wenn israelische Helikopter oder das, was sie israelische Helikopter nennen, Palästinenser in der West Bank und im Gaza Streifen ermorden, dann sind das US-Helikopter. Israel baut keine Helikopter. Es sind US-Helikopter mit israelischen Piloten. Und die Helikopter werden mit der Gewissheit nach Israel geschickt, dass sie bei solchen Einsätzen geflogen werden. Sie werden nicht für die Verteidigung eingesetzt, sondern um die Bevölkerungen zu unterdrücken. Wenn Sie dafür einen echten Beweis haben möchten, dann sagen Sie mir, ob in Deutschland über Folgendes berichtet wurde. Ich habe das von hier aus verfolgt: In den ersten Tagen der Intifada, die Ende September 2000 begann, setzte Israel US-Helikopter ein, um Apartmentkomplexe und andere zivile Ziele anzugreifen, wobei Dutzende von Menschen verletzt oder getötet wurden. Die ersten zwei, drei Tage wurde hier darüber berichtet. Dann, am 3. Oktober machte Clinton den größten Deal in zehn Jahren und schickte neue Militärhubschrauber nach Israel. Und das genau in dem Augenblick, als die Helikopter gegen die Zivilbevölkerung eingesetzt werden, nicht etwa gegen Selbstmordattentäter. Wir haben uns intensiv darum bemüht, eine amerikanische Zeitung dazu zu bewegen, etwas darüber zu schreiben. Ohne Erfolg. Ich war selbst Teil der Abordnung, die den *Boston Globe* besuchte. Ich kenne die Herausgeber seit Jahren, und ich habe sie gefragt, warum sie nicht darüber berichten. Sie berichteten einfach nicht. Und ich wette, in Europa war es dasselbe. Da werden also Helikopter mit dem dezidierten Ziel, Zivilisten zu ermorden, geliefert, und man berichtet nicht darüber.

Es wird nie darüber berichtet, woher ein Krieg führendes Land seine Waffen bezieht. Woher beziehen die Menschen ihre Waffen, die jetzt im Irak gegen die amerikanische Besatzung kämpfen?

Zum Beispiel aus Frankreich, Deutschland, Russland, England, aus den USA. Schließlich war Saddam Hussein bei allen mal beliebt. Mit der Unterstützung für ihn ließ sich eine Menge Geld machen. Sie alle unterstützen Saddam Hussein, und das während er seine schlimmsten Verbrechen verübte. Es war ihnen egal. Denken Sie nur an Halabja – und wieder wurde dies nur in den Vereinigten Staaten untersucht. Es gibt keine detaillierte Medienforschung in Europa, soweit ich weiß. Also zur Zeit von Halabja wurde darüber nicht berichtet, niemand interessierte sich dafür. Die Berichte über das Halabja-Massaker von 1988 fingen erst im Jahr 2002 an, weil man sie dann als Waffe einsetzen konnte, um den Krieg zu rechtfertigen. Und plötzlich wurde das Massaker von Halabja zu einem großen Thema. Nicht, als es stattfand. Die USA unterstützten ihn sogar noch weiter, und Europa tat dasselbe. Ja. Sie unterstützten ihn sogar noch nach dem Krieg. 1991 gab es einen Aufstand der Schiiten im Süden des Irak, den Saddam wahrscheinlich nicht überstanden hätte. Aber die USA unterstützten Saddam bei der Unterdrückung dieses Aufstands. Und sie gaben sich nicht einmal Mühe, ihre Motive zu verbergen. Thomas Friedman, damals Auslandskorrespondent der New York Times, rechtfertigte die Niederschlagung des Aufstands. Er sagte, die beste aller Welten für die USA wäre eine Junta, die den Irak mit eiserner Faust regieren würde, genauso wie Saddam. Und wenn das nicht geht, muss man die zweitbeste Lösung akzeptieren, also Saddam. Alan Cowell, der wichtigste Korrespondent für den Nahen Osten, berichtete von der einhelligen Überzeugung der USA und ihrer Verbündeten, dass man sich von Saddam eine größere Stabilität im Irak versprach als von den Schiiten, die ihn absetzen wollten. Heute reden dieselben Personen von den Massengräbern, die nach dem Niederschlagen des Aufstands ausgehoben wurden: als Beweis für seine Monstrosität. Deshalb ist die Invasion notwendig. Aber damals haben sie ihn dabei unterstützt. Da waren ihnen die Massengräber egal. So funktionieren die Intellektuellen ...

... die politische und journalistische Elite. In einem Interview haben Sie gesagt, es wäre ein Glück für die Welt, dass die Amerikaner auf die Besetzung des Irak so schlecht vorbereitet gewesen wären – eigentlich eine vergleichbar leichte Aufgabe. Sonst wären sie weitermarschiert und hätten auch noch den Iran erobert.

Vielleicht hätten sie sich als nächstes den Iran vorgenommen, vielleicht aber auch Syrien. Ich hätte auf die Andenregion getippt, auf Kolumbien oder Peru. Die ganze Region ist außer Kontrolle, von Venezuela bis nach Argentinien. Und das ist eine für die Vereinigten Staaten sowohl strategisch als auch was die Ressourcen angeht, enorm wichtige Region, und die ist gegenwärtig einfach zu unabhängig. Syrien wäre allerdings auch in Frage gekommen. Im vergangenen Dezember verabschiedete der Kongress den so genannten »Syria Accountability Act«, eigentlich nichts anderes als eine Kriegserklärung gegen Syrien. Es war übrigens eine einstimmige Entscheidung, auch der Demokraten. Es handelt sich dabei um ein sehr interessantes Dokument – vielleicht wurde darüber in Deutschland nicht berichtet, hier schon – Diese Erklärung zu Syrien bestand zum größten Teil aus einer UN-Resolution, gegen die Syrien angeblich verstößt. Es ist eine UN-Resolution, die alle Staaten auffordert, die Unabhängigkeit und territoriale Souveränität des Libanon zu respektieren. Es besteht natürlich kein Zweifel daran, dass Syrien dagegen verstößt. Aber was niemand sagt und worüber niemand berichtet, ist, dass diese Resolution 1982 verabschiedet wurde und dass sie ursprünglich gegen Israel gerichtet war, und nicht gegen Syrien. Die USA sicherten die Invasion Israels und anschließend die Besetzung des Libanon, die bis 2000 dauerte. Wir haben es also mit einer Resolution zu tun, die in erster Linie gegen Israel und in zweiter Linie gegen die USA gerichtet ist, weil sie die territoriale Hoheit des Libanon nicht respektierten. Die Abgeordneten im Kongress, die jetzt gegen Syrien stimmen, haben nie irgendwelche Sanktionen gegen Israel vorgeschlagen, und das 22 Jahre lang. Seit 1978 wurde diese UN-Resolution missachtet. Aber jetzt, da es langsam Zeit wird, Syrien anzugreifen, wird diese Resolution aktiviert, ohne, dass man ein Wort darüber verliert.

Was man inzwischen als »double standard« der westlichen Rede zu verstehen gelernt hat: Wird ein Land von einem Alliierten der Vereinigten Staaten besetzt, geht das in Ordnung. Wird dasselbe Land aber von einem Feind der Vereinigten Staaten besetzt, handelt es sich um ein Verbrechen.

Weit mehr als das. In den USA gibt es eine Liste mit Staaten, die angeblich den Terrorismus unterstützen. In all den Jahren, die diese Liste nun existiert, ist nur ein Staat davon gelöscht worden: der Irak, und zwar 1982, damit die USA ihren Freund Saddam Hussein im gewünschten Umfang unterstützen konnten. Der frei gewordene Platz wurde damals Kuba zugewiesen. Syrien steht auch auf der Liste, obwohl Syrien in den letzten 20 Jahren nicht einmal vorgeworfen wurde, den Terrorismus unterstützt zu haben. Syrien war einer der wichtigsten Verbündeten der USA im Kampf gegen Al-Quaida und den Islam und die Fundamentalisten. Syrien lieferte den USA alle möglichen Informationen, und der CIA betrachtete Syrien als eine seiner Hauptinformationsquellen. Clinton schlug vor, Syrien von der Liste zu entfernen, vorausgesetzt Syrien würde die Verhandlungsangebote der Israelis akzeptieren. Natürlich nahm Syrien diese Angebot nicht an, und so stehen sie noch immer auf dieser Liste. Und heute dient die Tatsache, dass Syrien auf der Liste steht, als Rechtfertigung, einen Krieg gegen Syrien zu planen – was wiederum zu einer Verstärkung des Terrorismus führen wird. Syrien hat die Kampagne gegen den Terrorismus unterstützt. Und dasselbe kann man über den Irak sagen. Es geht also nicht um Terrorismus.

Sehen Sie heute noch eine Möglichkeit, den Konflikt zwischen Israelis und Palästinensern beizulegen?

Sicher. Der lässt sich leicht beilegen.

Okay, sagen Sie mir, wie.

Das liegt alles auf dem Tisch. Es gibt verschiedene Vorschläge, aber der vernünftigste ist die Genfer Vereinbarung, die der Öffentlichkeit am 1. Dezember publik gemacht wurde. Dabei handelt es sich um einen konkreten Vorschlag von ranghohen Vertretern der palästinensischen Verwaltung und ehemals ranghohen Vertretern der israelischen Regierung. Der Plan sieht eine detaillierte Lösung vor, die sich relativ eng an den internationalen Konsens hält, der nun schon seit 30 Jahren existiert. Gut, man kann über dieses und jenes streiten, man kann immer irgendwas verändern, aber das ist mit Sicherheit die Basis, auf der eine Lösung erreicht werden kann. Aber warum wird der Plan nicht umgesetzt? Weil die US-Regierung das nicht zulassen wird. Und weil Europa zu feige ist. Europa findet diese Initiative richtig, schweigt aber dazu.

Aber haben nicht auf der einen Seite das Maß des Terrorismus, die Selbstmordanschläge und auf der anderen Seite die Repressionen mittlerweile einfach zu große Hürden errichtet?

Es gibt einen einfachen Namen dafür. Feigheit. Wir wollen das nicht unnötig komplizierter machen, als es ist. Es ist Feigheit. Der Boss hat gesagt, er will das nicht. Und deswegen sagen Sie jetzt nichts mehr. Europa könnte sich an die Spitze dieser Initiative setzen und Druck ausüben. Mit den Selbstmordattentätern hat das nichts zu tun. Jeder weiß: Wenn diese Initiative wieder nicht akzeptiert wird, werden die Terrorgefahr noch größer und die Selbstmordanschläge noch zahlreicher werden. Aber die Initiative zu akzeptieren, würde bedeuten, sich dem Mafiaboss zu widersetzen, dem obersten Paten, und das tut man nicht. Deswegen sagen sie nichts. Der Grund, weshalb es in den Vereinigten Staaten keine Unterstützung dafür gibt, liegt darin, dass man nichts davon weiß. Fragen Sie mal ein paar Leute, gebildete Leute, zum Beispiel im Faculty Club von Harvard, die wissen davon nichts, weil darüber nicht berichtet wird. Wenn Sie sich die öffentliche Meinung in Amerika ansehen, werden Sie feststellen, das die Mehrheit für eine derartige Beilegung des Konflikts ist.

Aber das zählt nicht. Man berichtet nicht darüber, sie kennen die Fakten nicht, und so spielt das bei den Wahlen keine Rolle. Es macht keinen Unterschied.

Jetzt wird Ihnen der Carl-von-Ossietzky-Preis verliehen, und ich weiß aus Ihrer Biografie, dass Sie als junger Mann mit dem deutschen Anarchismus und den Theoretikern der Räterepublik der 20er Jahre sympathisierten. Was empfinden Sie bezüglich dieses Preises?

Es freut mich. Die Preisverleihung wird die Ideen auffrischen, die mich geprägt haben.

»Das Konzept des Fundamentalismus wurde in den Vereinigten Staaten entwickelt, in Princeton vor etwa einem Jahrhundert, von gebildeten Philologen, die sich Sorgen machten, dass die Menschen durch den Aufstieg der Wissenschaften und den Grad der Modernisierung den Kontakt zum fundamentalen christlichen Glauben verlieren würden.«

Biografie I **Von der Politik zur Linguistik ...**
(1928 – 1965)

»Die Intellektuellen haben die Verantwortung, die Wahrheit zu sagen und Lügen aufzudecken« – so steht es in dem berühmten Artikel Noam Chomskys »Die Verantwortlichkeit der Intellektuellen«, der am 27. Februar 1967 in der *New York Review of Books* erschien.

»Dies zumindest möchte man für einen Gemeinplatz halten, der keines Kommentars bedarf«, so der Text weiter. »Doch nichts da; für den modernen Intellektuellen ist das keineswegs ausgemacht. So schrieb Martin Heidegger 1933, mit einer Verneigung vor Hitler: ›Wahrheit ist die Offenbarung dessen, was ein Volk in seinem Handeln und Wissen sicher, hell und stark macht‹; nur diese Art von ›Wahrheit‹ sei man verpflichtet auszusprechen.«

Bei Chomskys Text handelt es sich trotz dieses historischen Seitenhiebs nicht um eine soziologische Studie über das Intellektuellenmilieu der Neuzeit, sondern um einen Frontalangriff auf die Rolle der US-amerikanischen Intellektuellen im amerikanischen Vietnamkrieg. Mit diesem Essay verließ Chomsky, der damals als Sprachwissenschaftler längst weltbekannt war, auch in publizistischer Hinsicht den sprichwörtlichen Elfenbeinturm. Seit 1965 hatte er, zunächst auf kleinen Versammlungen in Wohnungen von Aktivisten oder in Kirchen, dann im Oktober 1965 auf der ersten großen Demonstration auf dem Boston Common und schließlich auf einer langen Reihe von Veranstaltungen, Kundgebungen und Manifestationen zum Widerstand gegen einen Krieg aufgerufen, den er 1969 im Vorwort zu seinem Band *Amerika und die neuen Mandarine. Politische und zeitgeschichtliche Essays* als »eine Obszönität, eine abscheuliche Untat schwacher und armseliger Menschen« bezeichnete – »uns alle eingeschlossen, die wir es zugelassen haben, dass er immer weiter geführt wurde mit endloser Wildheit und Zerstörungswut – uns alle eingeschlossen, die wir geschwiegen hätten, wenn Ordnung und Stabilität weiterhin gewährleistet gewesen wären«.

So kam es, dass Noam Chomsky seit nunmehr fast vierzig Jahren eine in der modernen Zeit sehr selten gewordene Doppelrolle spielt: Er gilt als führende Autorität auf seinem Fachgebiet, der Linguistik, sowie in der Kognitionswissenschaft und den ihr verwandten philosophischen Disziplinen und gleichzeitig als der führende Kritiker der Innen- und Außenpolitik des nach dem Zweiten Weltkrieg mächtigsten Landes der Erde, der Vereinigten Staaten von Amerika.

Heute, zu Beginn des 21. Jahrhunderts, beruht Chomskys großer Ruhm und Bekanntheitsgrad vor allem auf seinen politischen Äußerungen. Und es ist wohl der immanenten Logik des öffentlichen Diskurses in autoritätsfixierten Gesellschaften zuzuschreiben, dass er ohne seine Rolle als Wissenschaftler diese Prominenz nie erreicht hätte – ein Sachverhalt, der von Chomsky stets, unter anderem auch in *Amerika und die neuen Mandarine*, als Kult des Expertentums kritisiert und verhöhnt wurde.

Dabei war Chomskys Karriere als Sprachwissenschaftler keineswegs von Anfang an vorgezeichnet. Es war im Gegenteil sein frühes politisches Engagement, das ihn mit der Linguistik der damaligen Zeit in Berührung brachte. Und in den ersten Jahren seiner Tätigkeit blieb er ein weitgehend unbeachteter Außenseiter.

Wenn man ihn heute als »Dissident« bezeichnet, ein Begriff, der zuerst im Zusammenhang mit Oppositionellen gegen das KPdSU-Regime verwendet wurde, von denen ebenfalls viele Juden waren, so leuchtet diese Bezeichnung bis in die Kindheit Chomskys zurück. Noam Chomsky ist russisch-jüdischer Herkunft. Er wächst in einem linksliberalen Elternhaus der unteren Mittelschicht auf. Beide Eltern sind Lehrer, der Vater ein angesehener Hebräisch-Wissenschaftler. Die vielfältigen und widersprüchlichen Bedingungen seiner Kindheit und Jugend mögen die spätere Mannigfaltigkeit seiner Interessen und Engagements begünstigt haben. Juden waren damals in den USA keineswegs privilegiert. Sie waren nicht selten bettelarm und lernten wie viele Millionen andere Immigranten auch die Schattenseiten des amerikanischen Traums gründlich kennen.

In seiner Kindheit lernt Chomsky zwei entgegengesetzte Extreme des Judentums in den USA kennen, die auch heute noch von einer gewissen, wenn auch veränderten Bedeutung sind: Ein Großteil der aus der Ukraine eingewanderten Familie seines Vaters, der sich in Baltimore im Bundesstaat Maryland niederließ, war schon in der Heimat ultraorthodox gewesen und igelte sich in der amerikanischen Fremde noch stärker ein, während viele der in New York ansässigen Verwandten Chomskys mütterlicherseits im radikalen Flügel der jüdischen Arbeiterbewegung aktiv waren. Neben orthodoxen Kommunisten fanden sich dort alle politischen Strömungen der Linken, von Liberalen bis zu Rätesozialisten und Anarchisten.

Gerade das New Yorker Milieu, mit dem Chomsky in seiner Kindheit und Jugend viel mehr Kontakt hat als mit seiner Verwandtschaft väterlicherseits, übt starken Einfluss auf ihn aus. Man findet dort eine Reihe von Komponenten, die im heutigen amerikanischen Judentum nicht mehr so ausgeprägt vorhanden sind: wirtschaftliche Unterprivilegierung, politischer Radikalismus und eine Auseinandersetzung mit einem damals auch in den USA starken Antisemitismus. Die Chomskys leben in einem Viertel Philadelphias, in dem sie unter irischen und deutschen Katholiken die einzigen Juden sind, und Chomsky hat später in zahlreichen Interviews über seine Eindrücke von diesem Stadtteil berichtet. Bis zum japanischen Überfall auf Pearl Harbor und dem darauf folgenden Eintritt der USA in den Zweiten Weltkrieg am 7. Dezember 1941, Chomskys 13. Geburtstag, ist die Stimmung dort nicht nur extrem antisemitisch, sondern sogar Nazi-freundlich. Offene Ausbrüche von Judenhass sind keine Seltenheit, und Chomsky und sein jüngerer Bruder David lernen früh, in welchen Teilen des Viertels man sich als Jude einigermaßen gefahrlos bewegen kann und in welchen nicht.

Der Eintritt der Vereinigten Staaten in den Zweiten Weltkrieg bietet Chomsky sehr früh einen Einblick in den opportunistischen Charakter politischer Ideologien. Dieselben Deutsch-Amerikaner, die bis 1941 Nazi-Flaggen im Vorgarten hissen und den Fall von Paris mit Biergelagen feiern, sind nun die Ersten, die sich in amerikanische Superpatrioten verwandeln, mit Blechhelmen durch die Straßen marschieren und Mitbürger, die sich nicht an das nächtliche Verdunkelungsgebot halten, bei den Behörden denunzieren.

Zehn Jahre lang – vom zweiten bis zum zwölften Lebensjahr – besucht Chomsky eine Deweysche liberale Experimentalschule, eine amerikanische Variante der berühmten Summerhill-Schule des schottischen Reformpädagogen Alexander Sutherland Neill. Sofern dort Wettbewerb und Ehrgeiz gefördert werden (und Chomsky hat mehr als einmal zugegeben, dass er durchaus Ehrgeiz besitzt), geschieht dies offenbar in einem ganz spezifischen Sinn: Die Schüler werden zur maximalen Nutzung ihrer *eigenen* Fähigkeiten ermutigt, zum Wettstreit mit sich selbst; es kommt nicht darauf an, besser zu sein als die anderen.

Auf diese stimulierende und Geborgenheit vermittelnde Umgebung folgt die Einschulung Chomskys in die Highschool wie ein lähmender Schock. Chomsky sagt heute, er habe an die fünf Jahre, die er auf der Highschool verbrachte, kaum eine Erinnerung mehr, außer an die geisttötende Routine, die dort geherrscht habe. Die politischen Diskussionen seiner radikalen Verwandtschaft in New York, seine gefräßige Lektüre, die von den literarischen Klassikern Europas bis zu diversen Pamphleten der europäischen Rätekommunisten reicht, dürften für seinen Werdegang erheblich wichtiger gewesen sein als die Highschool-Zeit.

Die von seinen Verwandten und deren Freunden geführten Debatten sowie der Hintergrund einer Kindheit, in der er Zeuge der entsetzlichen Armut der Depressionszeit der 30er Jahre und der brutalen Unterdrückung der Arbeiterbewegung und ihres politischen Protests wird, haben Chomskys Leben entscheidend geprägt. In einem Interview berichtet er: »Ich machte mich, sobald ich alt genug war, um allein mit dem Zug zu fahren, so mit zehn oder elf, immer mal für ein Wochenende auf zu meiner Tante und meinem Onkel in New York und trieb mich dort in den anarchistischen Buchläden am Union Square und in der 4th Avenue herum.«

Just in diesem Alter, nämlich im Frühjahr 1939, wird er auch zum ersten Mal politisch aktiv: Mit zehn Jahren verfasst er einen Schülerzeitungs-Artikel über die Niederlage der Republikaner im Spanischen Bürgerkrieg und die unheilvolle Bedeutung des Sieges der Franco-Armee. Es wäre interessant, diesen Artikel heute zu lesen, stempelt doch die bloße Tatsache, dass er von einem Kind geschrieben wurde, Chomsky quasi zum frühreifen Wunderknaben, aber offenbar ist dieses frühe Zeugnis der Ideen Chomskys endgültig verschollen. Chomsky zufolge war jedenfalls auch dieser Artikel schon die Frucht seiner Studien in den radikalen Buchläden Manhattans und seiner früh entstandenen anarchistischen, herrschaftsfeindlichen Grundhaltung, einer Haltung, die er in den nächsten fünfundsechzig Jahren auf die eine oder andere Art schärfen oder variieren sollte, von der er aber niemals mehr abgehen würde: »Ich war schon immer gegen die Autoritäten. Ich stand immer auf der Seite der Verlierer.«

Es sind Chomskys politische Interessen, die ihn zur Linguistik führen. Der junge Chomsky ist, wie damals viele progressive Juden, Zionist. Ungeachtet seines Hasses auf die Highschool leitet er dort diverse zionistische Jugendgruppen, und er engagiert sich stark in den Diskussionen um den entstehenden Staat Israel und die Kibbuz-Bewegung. Dabei rechnet er sich der damals noch bedeutenden Strömung im Zionismus zu, die einen jüdischen Staat ablehnt und stattdessen für eine jüdisch-arabische Föderation eintritt.

Nachdem er sich an der University of Pennsylvania in den Fächern Philosophie und Arabisch eingeschrieben hat, lernt er Zelig Harris kennen, einen bedeutenden Linkszionisten, der einen Kreis junger jüdischer und nichtjüdischer Radikaler um sich geschart hat, mit denen er oft mehrere Tage dauernde Diskussionen führt. Aber Harris ist nicht nur ein bedeutender Linksradikaler mit vielen politischen Kontakten, sondern auch – Linguist. Chomsky, der die historische Sprachwissenschaft von den Hebräisch-Forschungen seines Vaters kennt, beginnt, bei Harris moderne Linguistik zu studieren und liest bald schon dessen Bücher Korrektur. Neben den lebhaften Debatten über Linguistik, Politik und die zeitgenössischen Perspektiven des Judentums ist auch die persönliche Bekanntschaft mit Anarchisten wie Dwight McDonald und dem deutschen Rätekommunisten Paul Mattick von Bedeutung. Besonders Letzterer hat es Chomsky angetan, und noch gut 35 Jahre später meinte Chomsky im Rahmen eines Gesprächs in Zürich, es sei »praktisch unmöglich gewesen, das Wort an Mattick zu richten, aber es war sehr interessant und lohnend, ihm zuzuhören«.

So findet der junge Chomsky, der nach der Highschool nicht recht wusste, was er anfangen sollte, allmählich eine Perspektive – nicht nur beruflich, sondern auch privat. 1949 heiratet er seine Kindergartenfreundin Carol Schatz, mit der er immer noch zusammen ist und mit der er drei Kinder hat. Sie ist ebenfalls Linguistin, arbeitet aber auf einem anderen Gebiet als Chomsky. Über ihre verwandten, aber doch anders gelagerten Interessen meinte Chomsky gegenüber seinem Biografen Robert Barsky viele Jahre später lapidar: »Wir waren beide immer entschieden der Meinung, niemand solle einfach annehmen, dass die Frau von X sich automatisch für das interessiert und an dem teilnimmt, was X gerade so macht.«

In den Jahren 1949 bis 1957 zeigen Chomskys sprachwissenschaftliche Studien erste messbare Erfolge. Die frühe Beschäftigung mit den philologisch und am Abfassen traditioneller Grammatiken ausgerichteten Arbeiten seines Vaters ist ihm dabei eine bedeutende Hilfe, und so hat auch die Arbeit, die er 1949 als »Bachelor Thesis« einreichte, die *Morphophonologie des modernen Hebräischen* zum Gegenstand. 1951 wird sie in einer erweiterten und revidierten Fassung von der University of Pennsylvania als Magisterarbeit angenommen. Zu dieser Zeit nimmt niemand Notiz von Chomskys Werk, nicht einmal sein Lehrer und enger Freund Zelig Harris. Auch Chomsky selbst sieht damals in den Regelsystemen, mit denen er die Vielfalt der Laut- und Wortbildungsgesetze des Neu-Hebräischen zu erfassen versuchte, kaum mehr als ein privates Hobby. Erst im Rückblick wurde auch Chomsky selber klar, dass es sich hier um die ersten Versuche auf dem Gebiet dessen handelte, was später einmal unter dem Namen »generative Grammatik« Weltruhm erlangen sollte.

1951 bekommt Chomsky unter anderem aufgrund der Fürsprache des Philosophen Nelson Goodman ein Stipendium für die Harvard University, wo er bis 1955 bleibt und – wiederum als eine Art privates Hobby – die an die tausend Manuskriptseiten umfassende Arbeit *Die Logische Struktur der Linguistischen Theorie* verfasst, aus der er ein Kapitel auskoppelt und als Doktorarbeit einreicht. In Harvard hat er engen Kontakt zu Nelson Goodman und anderen empiristischen Philosophen, nicht zuletzt zu Willard Van Orman Quine, dem Papst des Empirismus, mit dem er sich später über Jahrzehnte hinweg philosophische Schlachten liefern sollte.

Noch während seiner Zeit in Harvard, genauer gesagt auf einer Schiffsreise nach Europa 1953, stößt Chomsky zum Kern seiner wissenschaftlich-philosophischen Arbeit vor: zu seinem Beitrag zu einem modernen Verständnis des Verhältnisses von Sprache und Welt.

Im selben Jahr, 1953, verbringt Chomsky zusammen mit seiner Frau etliche Wochen in einem von der kommunistischen Gruppe Haschomer Hatzair geleiteten Kibbuz in

Israel. Ungeachtet des hochgradig ideologisierten Milieus in dieser Einrichtung erwägen Carol und Noam wegen der egalitären Aspekte der Kibbuz-Bewegung ernsthaft, in Israel zu bleiben, und Carol verbringt drei Jahre später sogar sechs Monate in Israel. Ganz klar ist nicht, weshalb es nie zu einem endgültigen Umzug der Chomskys nach Israel kam, und im Rückblick ist anzunehmen, dass die Entscheidung Ende der 50er Jahre fiel, als sich abzeichnete, dass in den Vereinigten Staaten wissenschaftliche Aufgaben von großer Tragweite auf Chomsky warteten.

Als Chomsky anfängt, bei Harris zu studieren, herrscht in der amerikanischen Linguistik eine euphorische Endzeitstimmung. In den Jahrzehnten zuvor hatten gerade US-amerikanische Feldforscher wie Franz Boas, Edward Sapir, Leonard Bloomfield auf dem Gebiet der Datensammlung und -klassifizierung Enormes geleistet. Zugleich bereichert die Erforschung zahlreicher Indianersprachen die Linguistik um eine progressiv-ethnologische Komponente: Die Forschungsergebnisse von Wissenschaftlern wie Boas und Sapir machen endgültig klar, dass es im linguistischen Bereich keinen Sinn hat, von »primitiven« und »zivilisierten« Sprachen zu reden. Die Sprachen von Gemeinschaften, die vom technologischen Blickpunkt aus in die Steinzeit gehören, stehen den Sprachen der »zivilisierten« Völker des weißen Amerika oder Europas an Komplexität und Ausdruckskraft offensichtlich in nichts nach.

Der damals in Philosophie und Wissenschaft vorherrschende Empirismus ist mit den Namen Goodman, Quine, Russell und in gewissem Maß auch Einstein verknüpft und dominiert die so genannte Bloomfield-Schule der amerikanischen Linguistik. Entsprechend der allgemeinen Praxis des Empirismus in der Wissenschaft betrachtete der sprachwissenschaftliche Empirismus linguistische Theorien lediglich als eine gefällige und elegante Ansammlung der durch Feldforschung gewonnenen Daten. Die bestmögliche, eleganteste *Strukturierung* dieser Daten stand im Zentrum des Forschungsinteresses. Daraus ergab sich zum einen die Verbindung zur europäischen Tradition des Strukturalismus, die auf sprachwissenschaftlichem Gebiet untrennbar mit dem Namen Ferdinand de Saussures verbunden ist. De Saussure sagte nie eindeutig, *worüber* die Daten Auskunft geben – über die Sprecher der Sprache, das Kommunikationssystem einer Gemeinschaft von Sprechern, eine abstrakt und unabhängig von ihnen existierende »Sprache« oder worüber auch immer. Zum anderen ergab sich aus dem empiristischen Ansatz der Bloomfield-Linguisten die Überzeugung, dass man nun, da man die wesentlichen Grundelemente der Sprache im Bereich der Laute, der Wortbildung und des Satzbaus identifiziert zu haben glaubte, nur noch nach mechanischen

»Entdeckungsverfahren« suchen müsse, um jede beliebige neue Sprache wissenschaftlich katalogisieren und ihr eine Struktur zuordnen zu können.

Im Rahmen seines Studiums bemüht sich Chomsky, die bisher postulierten Entdeckungsverfahren zum Ausgangspunkt weiterer Perfektionierung zu machen, aber je mehr er sich damit beschäftigt, desto unangemessener erscheinen ihm diese Verfahren und desto klarer wird ihm, dass er in seinen eigenen, mehr als »Hobby« betriebenen Arbeiten zum Hebräischen eine ganz andere Herangehensweise gewählt hat. Während der bereits erwähnten Schiffsreise nach Europa, auf der er unter heftiger Seekrankheit leidet, erkennt er, dass er sich von den theoretischen Grundlagen der Bloomfield-Linguistik verabschieden und sich in Zukunft ganz den realistischen Ansatz zu Eigen machen muss, der schon seine eigenen Arbeiten zum Hebräischen charakterisierte.

Aber worin bestehen die Unterschiede zwischen diesen Ansätzen, und was macht den Kern der Chomskyschen Herangehensweise aus? In Gesprächen, die Chomsky 1976 mit der französischen Sprachwissenschaftlerin Mitsou Ronat führte, skizziert er drei Grundfragen, mit denen er sich bei seinen Versuchen zur Ausarbeitung adäquater Entdeckungsverfahren immer wieder auseinander setzen musste und anhand derer er schließlich den Übergang von der strukturalistischen Linguistik zur generativen Grammatik vollzog: (1) die Frage der Explizitheit der »entdeckten« Grammatik, (2) die Frage der psychologischen Interpretation der Entdeckungsverfahren und (3) die Frage der Korrektheit der im Rahmen der strukturalistischen Tradition vorgeschlagenen Verfahren zur Entdeckung von Grammatiken.

Bei der ersten Frage geht es darum, wie eine *sprachwissenschaftliche* Grammatik aussehen soll. Traditionelle Lehrgrammatiken sind ebenso wie die strukturalistischen Grammatiken letztlich eine Ansammlung von Beispielen für die Mechanismen, die der beschriebenen Sprache zur Verfügung stehen; sie erklären etwa, wie das Passiv gebildet wird und Nebensätze zu konstruieren sind. Gleichzeitig lassen sie etliche Dinge schlicht unerwähnt, weil sie voraussetzen, dass der Leser einer solchen Grammatik dies »ohnehin« weiß. So wird sich eine Grammatik des Deutschen beispielsweise nicht mit der Tatsache aufhalten, dass der Satz »Der Hund sieht furchterregend aus« von einem durchschnittlichen Sprecher des Deutschen als normal, ein ganz ähnlicher Satz wie »Der Hund sieht bellend aus« dagegen als abweichend und ein Satz wie »Der Hund sieht Lamm aus« als unmöglich empfunden wird. Chomskys Programm ist um einiges ehrgeiziger als der traditionelle und der strukturalistische Ansatz, denn seiner Ansicht nach kommt es darauf an, gerade dieses unbewusste, in den bis dahin verfassten Grammatiken nicht einmal erwähnte Wissen *explizit* zu machen.

Genau hierauf bezieht sich der vielfach missdeutete Begriff »generative Grammatik«. Der Ausdruck »generativ« stammt aus der Mathematik und hat keine philosophischen Implikationen; Chomsky zufolge ist eine generative Grammatik ganz einfach eine explizite Grammatik: ein System aus endlich vielen explizit formulierten Regeln, die ausreichen, um die unendliche Vielfalt der in jeder Sprache möglichen sprachlichen Formen zu erzeugen. Als Chomsky sich später, Anfang der 60er Jahre, mit der Geschichte der Linguistik zu befassen beginnt, stößt er denn auch auf die durch ihn zu neuerlichem Ruhm gelangte Formulierung des deutschen Sprachwissenschaftlers der Romantik Wilhelm von Humboldt (1767 – 1835), nach der eine Sprache »unendlichen Gebrauch« von »endlichen Mitteln« macht.

Bei der Beschäftigung mit den traditionellen Entdeckungsverfahren der strukturalistischen Linguistik geht es Chomsky von Anfang an um die Charakterisierung dieser »endlichen Mittel«, die jede Sprache der Person, die ihrer mächtig ist, zur Erzeugung unendlich vieler sprachlicher Äußerungen zur Verfügung stellt. Chomsky beschäftigt dabei vor allem folgendes Problem: Wie sieht das sprachliche Wissen aus, das sich im Kopf eines Menschen befindet, der eine bestimmte Sprache spricht und versteht? Die strukturalistischen Entdeckungsverfahren, denen Chomsky über so lange Zeit hinweg eine kohärente Formulierung zu geben versucht, sind für ihn nicht als möglichst elegante, ansonsten aber keinem außertheoretischen Kriterium verpflichtete Strukturierung emsig gesammelter sprachlicher Daten interessant, sondern als Antwort auf die Frage: Wie kommt dieses sprachliche Wissen in den Kopf der Menschen hinein? So verstanden sind die Entdeckungsverfahren *psychologisch* zu interpretieren, und die Fragestellung lautet in Wirklichkeit: Welche Strukturen – »Entdeckungsverfahren« – muss der menschliche Geist von vornherein mitbringen, um aus den sprachlichen Daten, die den Menschen umgeben, ein System »endlicher Mittel« zu entwickeln, das ihn befähigt, auch eine unendliche Menge neuer, nie zuvor gehörter Äußerungen derselben Sprache zu bilden und zu verstehen? Dementsprechend charakterisiert Chomsky 1976 die letzten beiden der oben angesprochenen drei Fragen folgendermaßen:

- Ist es richtig, diesen [Entdeckungs]-Methoden eine psychologische Interpretation zu geben?
- Sind es diese Entdeckungsverfahren, die das biologisch Gegebene, das den Erwerb einer Sprache ermöglicht, korrekt ausdrücken?

Chomsky betont, dass diese beiden Fragen sehr eng aufeinander bezogen sind, da die zweite Frage nur sinnvoll gestellt werden kann, wenn die erste positiv beantwortet wird – und das tut Chomsky von Anfang an. Nach mehr als fünfjährigen Bemühungen wird Chomsky 1953 endgültig klar, »dass die Antwort auf die zweite Frage negativ ausfällt. Diese Verfahren hatten unüberwindliche Mängel; sie waren prinzipiell falsch.« Die strukturalistischen Entdeckungsverfahren waren insofern stark dem Empirismus verhaftet, als sie im Wesentlichen auf den klassischen erkenntnistheoretischen Verfahren des Empirismus, nämlich Vergleich, Induktion und Klassifikation beruhten. Aber diese Verfahren sind, so Chomsky, viel zu schwach und viel zu wenig aussagekräftig, um zu erklären, wie Kinder, deren sonstige kognitive Fähigkeiten sich im Allgemeinen erst viel später entfalten, innerhalb weniger Jahre ein so enorm komplexes und spezifisches Wissen erwerben, wie es die Kenntnis einer Sprache darstellt.

Chomsky erkennt, dass die empiristisch-strukturalistischen Methoden an diesem Problem versagen und dass es an der Zeit ist, nach spezifischen, weit über Induktion und Klassifizierung hinausgehenden Hypothesen über das »biologisch Gegebene zu suchen, das den Erwerb einer Sprache ermöglicht«. Für Chomsky und diejenigen, die sich zu einer ähnlichen Sicht durchringen, hört Sprachwissenschaft damit auf, eine Domäne faktisch nicht verankerter Spekulationen zu sein. Nach seinem »Damaskus-Erlebnis« von 1953 macht er sich an die Abfassung seines umfassendsten Werks, *Die logische Struktur der linguistischen Theorie*, in dem er erstmals die Grundlinien des Forschungsprogramms der modernen Linguistik darlegt, das er dann – zusammen mit vielen anderen – im Lauf der folgenden fünfzig Jahre konsequent realisiert. Publiziert wurde diese Arbeit erst zwanzig Jahre später, da die auf tausend Seiten ausgebreiteten unorthodoxen Gedanken eines linguistischen Newcomers seinerzeit auf wenig Interesse stoßen. An der Universität, deren Verlag er das Manuskript zur Veröffentlichung angeboten hatte, unterrichtet Chomsky jedoch heute noch.

1956 wird er vom Research Institute for Electronics des Massachusetts Institute of Technology (MIT) eingestellt. Sein Freund Morris Halle, mit dem er 1968 ein Bahn brechendes Werk zur Lautstruktur des modernen Englischen veröffentlicht, verschafft ihm diesen Posten. Chomsky wird angeheuert, um zum einen an einem Maschinenübersetzungsprojekt zu arbeiten und zum anderen Studenten in Sprachwissenschaft zu unterrichten. Dass er überhaupt eingestellt wird, ist erstaunlich, denn er lehnt es ab, sich der geforderten politischen Überprüfung zu unterziehen und erklärt seinen neuen Arbeitgebern rundheraus, er halte das Maschinenübersetzungsprogramm für Zeitverschwendung. Die Bürokraten am MIT schert das aber offenbar wenig.

Ein Jahr später veröffentlicht Chomsky seine Monografie *Strukturen der Syntax*, die auf Notizen seiner Lehrveranstaltungen basiert. Im Rückblick wundert es ein wenig, dass der schmale Band *Strukturen der Syntax*, der so heftige Erschütterungen auslöst, die Chomsky damals bewegenden Fragen gar nicht in der oben skizzierten scharfen Form stellt. Heute sagt Chomsky, sein Standpunkt – die Linguistik habe sich mit dem zu beschäftigen, was im Kopf realer Sprecher und Hörer vor sich geht – sei damals so verpönt gewesen, dass er ihn in seiner Abhandlung nur implizit geäußert habe. Dennoch gelingt es Chomsky in *Strukturen der Syntax*, einen scharfen Perspektivenwandel vorzunehmen, indem er nicht mehr danach fragt, auf welche, letztlich beliebige Art man die von den Linguisten ermittelten Daten anordnen kann, sondern danach, wie ein sprachlicher Mechanismus beschaffen sein muss, um diese Daten zu erzeugen, oder, in der technischen Sprache der Mathematik, zu *generieren*. Sein Kollege Robert Lee schreibt eine Rezension in der angesehenen Fachzeitschrift *Linguistics*, die Fachwelt ist elektrisiert, und plötzlich beginnt eine jener auch in der Welt der Wissenschaften niemals gänzlich zu erklärenden »Revolutionen«.

So wie vielen Wissenschaftshistorikern zufolge 1905 die Relativitätstheorie Einsteins nach den Michelson-Morley-Experimenten von 1887 über die Lichtgeschwindigkeit, den Lorentz-Gleichungen zum gleichen Problem von 1895 und den darauf fußenden Überlegungen des Physikers und Philosophen Henri Poincaré sozusagen »in der Luft lag«, verhält es sich wohl auch mit der neuen Linguistik Chomskys. Obwohl die vorherrschende strukturalistische Bloomfield-Schule die neue Häresie im Keim zu ersticken versucht, ist der Siegeszug der neuen Auffassung von den Aufgaben der Linguistik einfach nicht aufzuhalten, weil sie sich mitten in einer allgemeinen und machtvollen Strömung bewegt: der kognitiven Revolution. Im Unterschied zu den damals in den Vereinigten Staaten populären sozialwissenschaftlichen Verfahren, die darauf abzielen, die gesellschaftliche Umwelt der Menschen zu erforschen, strebt die neue Wissenschaft nach Erkenntnissen über die *innere Welt* des Menschen: Wie sehen die internen Mechanismen aus, die den Menschen zu seinen im Vergleich zu anderen Lebewesen geradezu unerhörten kognitiven Leistungen befähigen?

In Hinblick auf die kognitive Revolution hatten sich die Koryphäen in Philosophie und Wissenschaft, die sonst als Protagonisten in Frage gekommen wären, zum Teil ins Abseits manövriert. Die empiristischen Philosophen, bei denen Chomsky studierte, wie Goodman und Quine, äußerten sich zwar im Lauf ihrer Karriere ausgiebig über »die Sprache«, wussten aber praktisch nichts über die tatsächliche linguistische Forschung. Und den praktizierenden Sprachwissenschaftlern waren die philosophischen Implikationen ihrer Forschung gleichgültig oder sie schlossen sich dem in der Wissenschaftsphilosophie vorherrschenden Empirismus an. Die

Chomskysche Revolution, die sich zwischen Chomskys erster Schrift über die Struktur des Hebräischen im Jahr 1949 und seiner Epoche machenden Schrift *Strukturen der Syntax* 1957 anbahnt, und deren endgültiger Auslöser Chomskys heftige Seekrankheit und die mit ihr einhergehende Abkehr von den theoretischen Grundlagen der Bloomfield-Linguistik ist, besteht wie die Revolutionen in der Physik zur Zeit Newtons oder Einsteins letztlich in einem radikalen und unerwarteten Wandel der Perspektive und der Fragestellung.

Vor allem drei Aspekte zeichnen die bemerkenswerteste Leistung von *Strukturen der Syntax* aus:

1) Chomsky liefert ein spezifisches Regelsystem, das bestimmte Aspekte der englischen Grammatik (vor allem das System der Modal- und Hilfsverben) sehr plausibel erklären kann – und damit ein Fragment zu einer generativen Grammatik der englischen Sprache, über das auch heute noch produktiv diskutiert wird. Dabei geht Chomsky ausdrücklich davon aus, dass vergleichbare Regelsysteme für andere Aspekte anderer Sprachen Vergleichbares leisten könnten. Die in *Strukturen der Syntax* vorgeschlagene allgemeine Form linguistischer Regelsysteme bestimmt heute noch das Forschungsprogramm der modernen Linguistik und lässt sich in zwei Komponenten aufgliedern, nämlich in Ersetzungs- und Transformationsregeln.

2) Chomsky formuliert eine Reihe von Ersetzungsregeln. Sie beschreiben, aus welchen relevanten Teilen sich der generativen Linguistik Chomskys zufolge ein Satz zusammensetzt. Sie werden daher oft auch als »Phrasen*struktur*regeln« bezeichnet. Dabei wird jeder Satz in seine Satzglieder, jedes Satzglied in seine Unterglieder usf. aufgeteilt, bis am Ende die einzelnen Wörter, aus denen ein Satz besteht, dastehen. Furchterregende Ausdrücke wie »indizierte Klammerung« u.ä., wie sie im ersten Chomsky-Text dieses Bandes (»Annahmen und Ziele«) vorkommen, sind nichts anderes als konkrete Ausformulierungen dieser im Prinzip simplen Kategorie der Ersetzungs- oder Phrasenstrukturregeln. In diesem System wird ein simpler, prototypischer Satz »Der Hund beißt den Mann« schrittweise durch Regeln strukturiert, indem aus der unstrukturierten Form

$[_{\text{Satz}}$ Der Hund beißt den Mann]

durch Aufgliederung in seine formal wichtigsten Teile zunächst einmal

$[_{\text{Satz (S)}}$ $[_{\text{Nominalphrase (NP)}}$ Der Hund] $[_{\text{Verbalphrase (VP)}}$ beißt den Mann]]

wird. In traditionellen Grammatiken wird hier oft – von der Bedeutung der Satzglieder her – zwischen Satzgegenstand und Satzaussage oder Subjekt und Prädikat unterschieden; die generative Grammatik dagegen beharrt darauf, dass es neben semantischen Gesichtspunkten rein formale Aspekte gibt. Sie werden durch die Klammern wiedergegeben, die – und zwar durch »Indizes« wie Nominalphrase oder abgekürzt NP usw. – deutlich machen, aus welchen Teilen ein Satz besteht. Eine weitere Anwendung solcher Regeln ergäbe eine »indizierte Klammerung« wie folgt:

$[_{S}\,[_{NP}$ Der Hund] $[_{VP}$ beißt den Mann]] wird ersetzt durch

$[_{S}\,[_{NP}$ Der Hund] $[_{VP}\,[_{V\,(=\,\text{Verb})}$ beißt] $[_{NP}$ den Mann]]],

und sie könnte danach noch weiter fortgesetzt werden.

3) Nun kann Chomsky zeigen, dass ein solches System der Erzeugung von Sätzen nicht ausreicht, um die tatsächlich vorkommenden sprachlichen Strukturen zu beschreiben. Daher besteht sein dritter Beitrag in der Einführung einer *Transformationskomponente*, die erstens für die berühmte »generative Transformationsgrammatik Noam Chomskys« als Namensgeber fungiert und zweitens, und wichtiger, die durch die Phrasenstrukturkomponente der Grammatik erzeugten Ausdrücke in tatsächlich vorkommende Sätze umwandelt, wie in dem extrem simplen Beispiel

$[_{S}\,[_{NP}$ Der Hund] $[_{VP}\,[_{V\,(=\,\text{Verb})}$ **beißt**] $[_{NP}$ **wen?**]]]

$[_{NP}$ **Wen?**] $[_{V\,(=\,\text{Verb})}$ **beißt**] $[_{S}\,[_{NP}$ der Hund]],

in dem hier außer der Umstellung der Elemente noch die Groß- und Kleinschreibung der Wörter geändert sind. In *Strukturen der Syntax* und zahlreichen darauf folgenden Untersuchungen hat Chomsky mit beinahe mathematischer Rigorosität gezeigt, dass beide Regeln – Phrasenstrukturregeln und Transformationsregeln – für die Beschreibung der vollen Bandbreite der in der Welt vorkommenden sprachlichen Strukturen unerlässlich sind.

Aus den Phrasenstrukturregeln und den Transformationsregeln ergeben sich zwei an sich rein theoretische Begriffe, die in den folgenden Debatten um Chomsky zum Gegenstand endloser und wütender Streitigkeiten wurden. Zum einen geht es dabei um den Begriff »Tiefenstruktur« (Ergebnis der Phrasenstrukturregeln), zum anderen um den Begriff »Oberflächenstruktur« (Ergebnis der Transformationen aus der Tiefenstruktur). Der Streit wurde dadurch angeheizt, dass Chomsky in den ersten Modellen – ungefähr bis zur Publikation von *Aspekte der Syntaxtheorie* im Jahr 1965 – die »Tiefenstruktur« einer Grammatik oder der durch sie erzeugten Sätze als die Form postuliert, aus der die *Bedeutung* abzulesen war – also das »Eigentliche«, dessen die Philosophen immer schon habhaft zu werden suchten. Diese Kontroversen werden ihm im Folgenden immer wieder begegnen.

Die volle Kraft der psychologischen Komponente der sprachwissenschaftlichen Theorien Chomskys entfaltet sich in einer Publikation, die ihn einer breiteren Öffentlichkeit bekannt macht und ihm mehr Bekanntheit einträgt als all seine fachwissenschaftlichen Veröffentlichungen: 1959 erscheint in einer Fachzeitschrift sein Angriff gegen den führenden Vertreter des amerikanischen Behaviorismus, B.F. Skinner, einen radikalen Exponenten genau des Empirismus, dem Chomsky immer misstrauisch gegenüber stand und den er seit 1953 bekämpfte. Chomsky nutzt die Aufforderung, Skinners Buch *Sprachliches Verhalten* zu besprechen, und macht daraus eine rücksichtslose Kritik an Skinners Vorstellungen über die »Formbarkeit« der menschlichen Natur. Eine um spätere Diskussionen bereicherte Debatte der durch Skinners Behaviorismus aufgeworfenen Fragen findet sich im Text »Gleichheit«.

Die Jahre seit seinem Wechsel ans MIT bis etwa 1965 sind vor allem der unermüdlichen Erforschung sprachwissenschaftlicher Problemstellungen und dem Aufbau eines sprachwissenschaftlichen Instituts gewidmet. Gleichzeitig vertieft Chomsky seinen wissenschaftsgeschichtlichen und philosophischen Hintergrund. Er führt Studien durch zu den Grammatikern von Port Royal im ausgehenden Mittelalter, zu den philosophischen Auffassungen der Cartesianer und vor allem zum linguistischen und politischen Werk Wilhelm von Humboldts, in dem er einen Seelenverwandten entdeckt. Die Ergebnisse dieser Arbeit münden 1966 unter anderem in die *Thesen zur Theorie der generativen Grammatik* (deren erstes Kapitel hier abgedruckt ist) und seinen schmalen, aber berühmten Band *Cartesianische Linguistik. Ein Kapitel in der Geschichte des Rationalismus*.

In den 60er Jahren erlebt Chomsky den kometenhaften Aufstieg einer ganz wesentlich von ihm selbst geschaffenen Linguistik. Er hat mit Forschung und Lehre am Sprachwissenschaftlichen Institut des MIT mehr als genug zu tun und so wäre es kaum überraschend gewesen, wenn er sein früheres politisches Interesse und sein frühes politisches Engagement fortan als Nebensache betrachtet hätte.

Chomsky pflegt jedoch weiterhin enge persönliche Beziehungen zur linkszionistischen Bewegung. Außerdem tritt die Bürgerrechtsbewegung der USA gerade in ihre »heiße«, konfrontative Phase ein, und Chomsky unterstützt sie in derselben Form wie viele andere Akademiker: durch die Unterzeichnung von Petitionen und die Teilnahme an Veranstaltungen und Demonstrationen.

Außenpolitisch macht die maßgeblich von Chomskys späterem Vorbild Bertrand Russell mit geführte internationale Abrüstungsbewegung Furore. 1959 stürzt die Bewegung des 26. Januar unter Führung Fidel Castros das US-hörige Batista-Regime in Kuba, und drei Jahre später bringt die von der Unverantwortlichkeit Chruschtschows und der imperialen Arroganz des Kennedy-Regimes provozierte Kubakrise die Welt an den Rand eines atomaren Schlagabtauschs. Dennoch bleibt Chomsky bis Mitte der 60er Jahre auf Distanz zu den mannigfaltigen Bewegungen, die sich aktiv an den Auseinandersetzungen beteiligten.

Doch dann bohrt sich der eskalierende Krieg in Vietnam mit immer größerer Hartnäckigkeit ins Weltbewusstsein und -gewissen. In den 50er Jahren hatte dort mit Unterstützung – und es ließe sich durchaus behaupten auf Initiative – der USA ein schrecklicher Terror geherrscht, und als die kommunistisch geführte Nationalbewegung auch dadurch nicht zerschlagen werden konnte, wurden ab Anfang 1962 – zunächst von der Öffentlichkeit weitgehend unbemerkt – amerikanische Truppen ins Land gebracht, deren Umfang bald rasant wuchs. John F. Kennedy, damals Präsident der USA, verbreitete sich darüber in Büchern mit Titeln wie *Dämme gegen die Flut*, während liberale Kritiker der Kennedy-Politik wie der Journalist David Halberstam darüber sinnierten, wie man die Bevölkerung Vietnams in Zukunft unterstützen könne: »Kampfflugzeuge, Hubschrauber und Napalm sind zwar eine Hilfe, aber sie reichen nicht aus.« Das Buch Halberstams, das diesen Satz enthält, erscheint unter dem nüchternen Titel *Vietnam oder – Wird der Dschungel entlaubt?* im Oktober 1965 auch in Deutschland.

Die im Titel der deutschen Ausgabe des Halberstam-Buches gestellte Frage war rhetorisch gemeint, aber sie wurde wörtlich umgesetzt: Der vietnamesische Dschungel wurde in der Tat entlaubt, in einem der schlimmsten imperialen Terrorakte der Geschichte, der sich keineswegs auf die Zerstörung des Dschungels beschränkte.

Für US-amerikanische Intellektuelle wie Chomsky stellte sich die Frage, was man angesichts der Tatsache unternehmen sollte, dass ihr eigenes Land dabei war, ein armes Bauernland auf der anderen Hälfte des Planeten mit Tod und Vernichtung zu überziehen.

Noam Chomsky

Howard Lesnik:
Dies ist ein hochinteressanter Satz,
zeigt er doch,
dass sich Syntax und Semantik,
dass sich Form und Bedeutung
voneinander trennen lassen.
»Colorless green ideas sleep furiously«
– scheinbar ohne Sinn und Zusammenhang,
und hört sich doch an
wie ein englischer Satz.

Chomsky:
Und daran sehen wir,
dass die Struktur eines Satzes
nicht nur davon bestimmt wird,
ob er eine Bedeutung hat oder nicht.

Annahmen und Ziele (1964)

Im Großen und Ganzen enthält diese Abhandlung kein neues oder originales Material. Sie ist als ein informeller Führer zu anderen Büchern und Veröffentlichungen zu verstehen, in denen die hier berührten Fragen gründlicher behandelt werden, und als Versuch, Probleme zu klären, die in kritischer Diskussion entstanden sind.

Ursprünglich wollte ich diese Vorlesungen dazu nutzen, einige neuere Forschungen zur allgemeinen Sprachtheorie und zur Struktur des Englischen innerhalb des allgemeinen Rahmens der generativen Transformationsgrammatik vorzustellen. Eine Reihe von Veröffentlichungen der letzten Zeit hat jedoch gezeigt, dass viele Punkte, von denen ich gehofft hatte, sie würden als selbstverständlich betrachtet, weithin als kontrovers angesehen werden. Es tauchten dabei auch recht wesentliche Missverständnisse bezüglich des allgemeinen Rahmens auf, den ich eigentlich voraussetzen wollte. So ganz besonders das Missverständnis darüber, welche Elemente dieses Rahmens inhaltliche Annahmen über das Wesen der Sprache ausdrücken und daher Gegenstand legitimer Kontroversen und rationaler Diskussion sind, und welche Elemente sich andererseits nur auf Fragen nach den Zielen und Interessen beziehen und daher nicht wichtiger sind als die Frage: Ist Chemie richtig oder falsch? Angesichts dessen scheint es ratsam, meinen ursprünglichen Plan zu ändern und viel mehr Zeit auf Hintergrundannahmen und allgemeine Fragen verschiedener Art aufzuwenden, als ich zunächst vorhatte.

Im Laufe der Abhandlung werde ich auch einige Bemerkungen über die historischen Hintergründe der Position machen, die hier umrissen wird. Eine ganze Reihe von Kommentatoren haben angenommen, dass die neuere Arbeit zur generativen Grammatik auf irgendeine Weise eine Nebenerscheinung des Interesses an der Verwendung von Computern zu dem einen oder anderen Zweck ist oder sonstige technische Motivation hat, oder dass sie vielleicht irgendeinen obskuren Zweig der Mathematik bildet. Diese Auffassung ist mir unverständlich, und sie ist ganz sicher völlig falsch. Viel scharfsinniger sind jene Kritiker, die diese Forderung im Großen und Ganzen als eine Rückkehr zu den Anliegen und oft sogar den speziellen Doktrinen der traditionellen Sprachtheorie beschrieben haben. Dies ist richtig – anscheinend in einem

Maße, wie es viele Kritiker nicht erkennen. Ich stimme mit ihnen nur insofern nicht überein, als ich diese Beobachtung nicht als Kritik, sondern als ein eindeutiges Verdienst dieser Arbeit betrachte. Mir scheint nämlich, dass die moderne Untersuchung der Sprache, die der generativen Grammatik voranging, ernsthafte Mängel aufwies, da sie unfähig war, die traditionellen Fragen zu behandeln und außerdem die wesentliche Richtigkeit vieler traditioneller Lösungen und das Ausmaß, in dem sie eine fruchtbare Grundlage für die heutige Forschung liefern, nicht erkannte.
Zwischen dem, was der Sprecher über seine Sprache implizit weiß (wir können das seine *Sprachkompetenz* (competence) nennen), und dem, was er tut (seine *Sprachverwendung* (performance)), muss unterschieden werden. Eine Grammatik der traditionellen Sicht trägt der Sprachkompetenz Rechnung. Sie beschreibt die Fähigkeit des Sprechers, einen beliebigen Satz seiner Sprache zu verstehen und bei gegebenem Anlass einen angemessenen Satz zu produzieren. Wenn es sich um eine Lehrgrammatik handelt, versucht sie, dem Lehrenden diese Fähigkeit zu vermitteln; wenn es eine linguistische Grammatik ist, zielt sie darauf ab, die Mechanismen zu entdecken und bloßzulegen, die diese Leistung ermöglichen. Die Kompetenz eines Sprecher-Hörers kann im idealen Falle als System von Regeln ausgedrückt werden, die Signale und semantische Interpretationen dieser Signale aufeinander beziehen. Die Aufgabe des Grammatikers besteht darin, dieses System von Regeln zu entdecken; die Aufgabe der Sprachtheorie besteht darin, die generellen Eigenschaften beliebiger Regelsysteme zu entdecken, die die Grundlage menschlicher Sprachen bilden können, d.h., im Einzelnen herauszuarbeiten, was wir in traditioneller Ausdrucksweise die allgemeine *Sprachform* nennen können, die jeder besonderen Verwirklichung, jeder besonderen Sprache, zugrunde liegt.
Die Sprachverwendung liefert Material für die Erforschung der Sprachkompetenz. Gleichzeitig folgt aus einem vorrangigen Interesse an der Kompetenz keine Vernachlässigung der Fakten der Sprachverwendung und des Problems, diese Fakten zu erklären. Im Gegenteil, es ist schwer einzusehen, wie die Sprachverwendung anders ernsthaft untersucht werden könnte als auf der Basis einer expliziten Theorie der ihr zugrunde liegenden Sprachkompetenz, und tatsächlich sind Beiträge zum Verständnis der Sprachverwendung größtenteils Nebenprodukte der Untersuchung von Grammatiken gewesen, die die Sprachkompetenz darstellen.
Zu bemerken ist übrigens, dass man sich der Regeln für die Interpretation von Sätzen der Sprache, die man beherrscht, meistens nicht bewusst ist; noch gibt

es Grund anzunehmen, dass diese Regeln bewusst gemacht werden können. Es gibt ebenfalls keinen Grund für die Annahme, dass man sich auch nur der empirischen Konsequenzen dieser internalisierten Regeln voll bewusst sei – also der Art und Weise, in der aufgrund der Regeln der Sprache, die man (per definitionem perfekt) beherrscht, Signalen semantische Interpretationen zugeordnet werden. Das beinhaltet kein Paradox – im Gegenteil war genau dies zu erwarten.

Die gegenwärtige Forschung zur generativen Grammatik hat sich diesen traditionellen Rahmen von Interessen und Anliegen zu Eigen gemacht. Sie versucht jedoch auf grundlegende Weise, über die traditionelle Grammatik hinauszugehen. Wie wiederholt betont wurde, bauen traditionelle Grammatiken wesentlich auf die Intelligenz des Lesers. Sie formulieren nicht die Regeln der Grammatik, sondern geben Beispiele und Hinweise, die den intelligenten Leser in die Lage versetzen, auf irgendeine völlig ungeklärte Weise die Grammatik herauszufinden. Sie liefern keine Analyse der »faculté de langage«, die diese Leistung ermöglicht. Um die Untersuchung der Sprache über ihre traditionellen Grenzen hinauszuführen, muss man diese Beschränkung erkennen und Mittel entwickeln, sie zu überwinden. Auf dieses grundlegende Problem hat sich die gesamte Forschung zur generativen Grammatik gerichtet.

Der bemerkenswerteste Aspekt der Sprachkompetenz liegt in der, wie wir sagen können, »Kreativität der Sprache«, d.h. der Fähigkeit des Sprechers, neue Sätze zu produzieren, die von anderen Sprechern sofort verstanden werden, obwohl sie keine physikalische Ähnlichkeit mit »vertrauten« Sätzen aufweisen. Die fundamentale Bedeutung dieses kreativen Aspekts des normalen Sprachgebrauchs war mindestens seit dem 17. Jahrhundert bekannt und stand im Zentrum der allgemeinen Sprachwissenschaft Humboldts. Die moderne Linguistik hat es jedoch versäumt, dieses Hauptproblem in Angriff zu nehmen. Genau genommen ist es schon absurd, von des Hörers »Vertrautheit mit Sätzen« zu sprechen. Der normale Gebrauch der Sprache beinhaltet die Hervorbringung und Interpretation von Sätzen, die früher gehörten Sätzen nur insofern ähnlich sind, als sie durch die gleichen Regeln der Grammatik generiert wurden. Die einzigen Sätze, die in irgendeinem ernsthaften Sinn »vertraut« genannt werden können, sind Klischees oder feste Formulierungen. Dieser Umstand ist allgemein unterschätzt worden, selbst von jenen Linguisten (z.B. Jespersen), die dem Problem der Kreativität einige Aufmerksamkeit geschenkt haben. Dies geht deutlich hervor aus der üblichen Beschreibung des Sprachgebrauchs als einer Sache »grammatischer Gewohnheiten«. In der

Psychologie ist keine Bedeutung von »Gewohnheit« bekannt, nach der diese Charakterisierung der Sprache zuträfe. (Geradeso wie in der Psychologie oder der Philosophie kein Begriff von »Generalisierung« bekannt ist, der es uns erlaubte, neue Sätze im gewöhnlichen Sprachgebrauch als Generalisierungen vorhergehender Sprachverwendung zu charakterisieren.) Dass wir gewöhnlich den normalen Sprachgebrauch als eine Sache der »Gewohnheit« oder als auf »Generalisierungen« beruhend betrachten, darf nicht gegen die Erkenntnis blind machen, dass diese Charakterisierungen schlicht unzutreffend sind, wenn man die Begriffe in irgendeinem technischen oder wohl definierten Sinne verwendet. Sie können nur als Metaphern akzeptiert werden – höchst irreführende Metaphern, da sie dazu beitragen, den Linguisten in dem irrigen Glauben zu belassen, das Problem, dem kreativen Aspekt des normalen Sprachgebrauchs Rechnung zu tragen, sei im Grunde kein ernsthaftes.

Wir kehren nun zum Hauptthema zurück. Eine *generative Grammatik* (d.h. eine explizite Grammatik, die nicht auf die »faculté de langage« des Lesers baut, sondern vielmehr versucht, die Mechanismen dieser Fähigkeit zusammenzustellen) ist ein System von Regeln, die Signale und semantische Interpretationen dieser Signale aufeinander beziehen. Sie ist *deskriptiv adäquat* in dem Umfang, wie diese Zuordnung der Kompetenz des idealisierten Sprecher-Hörers entspricht. Die Idealisierung liegt (insbesondere) darin, dass wir bei der Untersuchung der Sprache von den vielen anderen Faktoren absehen, die mit der zugrunde liegenden Kompetenz zusammenwirken und die aktuelle Sprachverwendung hervorbringen (z.B. Begrenztheit des Gedächtnisses, Zerstreutheit und Verwirrung, Verschiebung der Absicht im Verlauf des Sprechens, etc.).

Wenn eine generative Grammatik Signale und semantische Interpretationen einander zuordnet, dann muss die Theorie der generativen Grammatik eine allgemeine, eine sprachunabhängige Methode bereitstellen, um die Signale und semantischen Interpretationen zu repräsentieren, die durch die Grammatiken einzelner Sprachen aufeinander bezogen werden. Diese Tatsache war seit den Anfängen einer Sprachtheorie bekannt, und die traditionelle Linguistik hat viele Versuche unternommen, Theorien einer universalen Phonetik und einer universalen Semantik zu entwickeln, die diese Forderung erfüllen könnten. Ohne ins Detail zu gehen, glaube ich, dass das allgemeine Problem einer universalen Phonetik ziemlich gut verstanden ist (und zwar seit mehreren Jahrhunderten), während die Probleme einer universalen Semantik immer noch im Dunkeln liegen. Wir besitzen einigermaßen vernünftige

Techniken der phonetischen Repräsentation, die für alle bekannten Sprachen offenbar annähernd adäquat sind, obwohl es natürlich auf diesem Gebiet noch viel zu lernen gibt. Im Gegensatz dazu erscheinen die unmittelbaren Aussichten für eine universale Semantik bedeutend trüber, obwohl dies sicherlich kein Grund ist, die Bemühungen aufzugeben (ganz im Gegenteil). Tatsächlich scheinen mir neuere Arbeiten von Katz, Fodor und Postal, auf die ich im dritten Abschnitt zurückkommen werde, neue und interessante Wege zu eröffnen, um diese traditionellen Fragen wieder aufzunehmen.

Die Tatsache, dass die universale Semantik sich in einem höchst unbefriedigenden Zustand befindet, bedeutet nicht, dass wir das Programm, Grammatiken zu konstruieren, die Signale und semantische Interpretationen gegenüberstellen, aufgeben müssen. Denn wenn auch nur wenig über einzelsprachunabhängige Systeme der semantischen Repräsentation gesagt werden kann, so ist doch recht viel bekannt über Bedingungen, die semantische Repräsentationen in Einzelfällen erfüllen müssen.

Wir wollen nun den neutralen technischen Begriff der »syntaktischen Beschreibung« (syntactic description) einführen. Wir verstehen eine syntaktische Beschreibung als ein (abstraktes) Objekt bestimmter Art, das dem Satz zugeordnet ist und eindeutig sowohl seine semantische Interpretation (der Begriff wird unspezifiziert gelassen, bis es genauere Einsichten der semantischen Theorie gibt)[1] als auch seine phonetische Form determiniert. Eine besondere Sprachtheorie muss die Menge der syntaktischen Beschreibungen der Sätze einer natürlichen Sprache spezifizieren. Das Ausmaß, in dem diese syntaktischen Beschreibungen den Bedingungen gerecht werden, von denen wir wissen, dass sie auf die semantischen Interpretationen angewendet werden müssen, liefert einen Maßstab dafür, wie erfolgreich und ausgearbeitet die jeweilige Sprachtheorie ist. Mit dem Fortschreiten der Theorie der generativen Grammatik wurde auch der Begriff der syntaktischen Beschreibung geklärt und ausgeweitet. Ich werde später einige jüngere Vorstellungen zu dem Problem besprechen, was genau die syntaktische Beschreibung eines Satzes konstituieren sollte, wenn die Theorie der generativen Grammatik deskriptiv adäquate Grammatiken liefern soll.

Man beachte, dass eine syntaktische Beschreibung (im Folgenden SB) Informationen über einen Satz vermitteln kann, die über seine phonetische Form und seine semantische Interpretation hinausgehen. So sollten wir von einer deskriptiv adäquaten Grammatik des Englischen erwarten, dass sie die Tatsache wiedergibt, dass die Ausdrücke (1) bis (3) in einer Reihenfolge angeordnet sind, die dem »Grad der Abweichung« vom Englischen entspricht, ganz unabhängig von der Frage, wie ihnen (in den Fällen (2) und (3)) Interpretationen gegeben werden können.

(1) the dog looks terrifying / der Hund sieht furchterregend aus

(2) the dog looks barking / der Hund sieht bellend aus

(3) the dog looks lamb / der Hund sieht Lamm aus

Eine generative Grammatik muss also mindestens die Zuordnung von Signalen und SBs bestimmen; und eine Theorie der generativen Grammatik muss eine generelle Charakterisierung der Klasse möglicher Signale (eine Theorie der phonetischen Repräsentation) und der Klasse möglicher SBs geben. Eine Grammatik ist deskriptiv adäquat in dem Maße, wie sie in verschiedener Hinsicht korrekt ist, insbesondere insoweit sie Signalen SBs zuordnet, die tatsächlich den empirisch gegebenen Bedingungen gerecht werden, denen ihre semantischen Interpretationen unterliegen. Wenn zum Beispiel zu einem Signal in einer bestimmten Sprache zwei semantische Interpretationen gehören (z.B. (4) und (5) im Englischen), so wird eine Grammatik dieser Sprache annähernd deskriptiv adäquat sein, wenn sie dem Satz zwei SBs zuordnet, und zwar adäquat in dem Maße, wie diese SBs auch den Grund der Ambiguität ausdrücken.

(4) they don't know how good meat tastes / sie wissen nicht, wie gut Fleisch schmeckt, bzw.: sie wissen nicht, wie gutes Fleisch schmeckt

(5) what disturbed John was being disregarded by everyone / was John irritierte, wurde von niemandem beachtet, bzw.: was John irritierte war, von niemandem beachtet zu werden

Im Fall (4) beispielsweise muss eine deskriptiv adäquate Grammatik nicht nur zwei SBs zuordnen, sondern muss dies auch auf eine Weise tun, dass in der einen die grammatischen Relationen von *good*, *meat* und *taste* sich wie in »meat tastes good« verhalten, die in der anderen dagegen wie in »meat which is good tastes Adjektiv« (wobei der Begriff »grammatische Relation« auf allgemeine Weise innerhalb der in Frage stehenden Sprachtheorie zu definieren ist), sodass dies die Grundlage für die alternativen semantischen Interpretationen bildet, die dem Satz zugeordnet werden können. Gleichermaßen muss sie im Fall (5) in der einen SB dem Paar *»disregard-John«* dieselbe grammatische Relation wie in »everyone disregards John« zuordnen, während sie in der anderen genau diese Relation dem Paar *disregard-what (disturbed John)* zuordnen muss und *disregard-John* überhaupt keine semantisch relevante grammatische Relation zuordnen sollte. Dagegen sollte eine deskriptiv adäquate Grammatik in den Fällen (6) und (7) nur jeweils eine SB zuordnen. Diese SB sollte im Fall (6) anzeigen, dass *John* mit *incompetent* wie in »John is incompetent« und mit *regard as (incompetent)* wie in »everyone regards John as incompetent« verbunden ist. Im Fall (7) muss die SB anzeigen, dass *our* mit *regard (as incompetent)* wie *us* mit *regard (as incompetent)* in »everyone regards us as incompetent« verbunden ist.

(6) what disturbed John was being regarded as incompetent by everyone / was John irritierte, war, dass er von jedermann als inkompetent betrachtet wurde

(7) what disturbed John was our being regarded as incompetent by everyone / was John irritierte, war, dass wir von jedermann als inkompetent betrachtet wurden

Gleichermaßen muss die Grammatik im Fall (8) vier verschiedene SBs zuordnen, von denen jede ein System grammatischer Relationen spezifiziert, auf dem eine der verschiedenen semantischen Interpretationen des Satzes beruht:

(8) the police were ordered to stop drinking after midnight / der Polizei wurde befohlen, nach Mitternacht aufzuhören zu trinken, bzw.: der Polizei wurde nach Mitternacht befohlen, aufzuhören zu trinken, bzw.: der Polizei wurde befohlen, das Trinken nach Mitternacht zu verhindern, bzw.: der Polizei wurde nach Mitternacht befohlen, das Trinken zu verhindern

Beispiele dieser Art sollten genügen, um das Problem zu illustrieren, das darin besteht, deskriptiv adäquate Grammatiken zu konstruieren und eine Grammatiktheorie zu entwickeln, die ganz allgemein die Begriffe, die in diesen besonderen Grammatiken auftreten, analysiert und untersucht. Aufgrund unzähliger Beispiele dieser Art ist es ganz offensichtlich, dass die Bedingungen für semantische Interpretationen ausreichend klar und inhaltsreich sind, um das Problem der Definition des Begriffs »syntaktische Beschreibung« und der Entwicklung von deskriptiv adäquaten Grammatiken (bezogen auf diesen Begriff der SB) zu konkretisieren. Und das ungeachtet der Tatsache, dass der Begriff »semantische Interpretation« selbst noch nicht weiter analysiert ist. Wir kommen später auf einige jüngere Vorstellungen zur semantischen Interpretation von SBs zurück.

Wie gesagt: Eine Grammatik soll Signale und SBs gegenüberstellen. Die SB, die einem Signal zugeordnet ist, muss die semantische Interpretation des Signals determinieren, auf eine Weise, deren Einzelheiten noch unklar sind. Darüber hinaus muss jede SB eindeutig das Signal determinieren, dessen SB sie ist (eindeutig, das heißt bis auf freie Variation). Die SB muss daher (I) eine semantische Interpretation determinieren, (II) eine phonetische Interpretation determinieren. Wir wollen als »Tiefenstruktur eines Satzes« jenen Teil der SB determinieren, der seine semantische Interpretation determiniert, und als »Oberflächenstruktur eines Satzes« jenen Teil der SB, der seine phonetische Form determiniert. Eine Grammatik muss demnach aus drei Komponenten bestehen: einer *syntaktischen Komponente*, die SBs generiert, die jeweils aus einer Oberflächenstruktur und einer Tiefenstruktur bestehen; einer *semantischen Komponente*, die einer Tiefenstruktur eine semantische Interpretation zuordnet; einer *phonologischen Komponente*, die einer Oberflächenstruktur eine phonetische Interpretation zuordnet. Die Grammatik insgesamt wird daher, wie verlangt wurde, phonetische Repräsentationen und semantische Interpretationen verbinden, wobei diese Zuordnung durch die syntaktische Komponente vermittelt wird, die Tiefen- und Oberflächenstrukturen als Elemente der SBs generiert.

Die Begriffe »Tiefenstruktur« und »Oberflächenstruktur« sind als Explikationen der Humboldtschen Begriffe »innere Form eines Satzes« und »äußere Form eines Satzes« intendiert. (Der allgemeine Begriff »Form« sollte vielleicht richtiger auf den Begriff »generative Grammatik« selbst bezogen werden.) Die Terminologie wird nahe gelegt durch den vertrauten Gebrauch in der gegenwärtigen analytischen Philosophie (z.B. Wittgenstein oder C.F. Hockett).

Es gibt gute Gründe (siehe unten Abschnitt IV) anzunehmen, dass die Oberflächenstruktur eines Satzes eine indizierte Klammerung ist, die ihn in seine fortlaufenden Konstituenten segmentiert, diese kategorisiert, die Konstituenten in weitere kategorisierte Konstituenten segmentiert, etc. So liegt (6) beispielsweise eine Oberflächenstruktur zugrunde, die diesen Satz in seine Konstituenten zerlegt (vielleicht: »what disturbed John«, »was«, »being regarded as incompetent by everyone«) und jeweils einer Kategorie zuordnet, die durch Indizierung angezeigt wird, dann jede Konstituente wiederum in Konstituenten segmentiert (z.B. »what disturbed John« vielleicht in »what« und »disturbed John«) und entsprechenden durch Indizierung angezeigten Kategorien zuordnet etc., bis die letzten Konstituenten erreicht sind. Informationen dieser Art werden in der Tat benötigt, um die phonetische Interpretation eines Satzes zu determinieren. Die indizierte Klammerung kann durch ein Baumdiagramm oder eine andere geläufige Notation dargestellt werden.

Es ist aber klar, dass sich die Tiefenstruktur von dieser Oberflächenstruktur unterscheiden muss. Zum einen drückt die Oberflächenrepräsentation die grammatischen Relationen überhaupt nicht aus, die, wie wir gerade festgestellt haben, entscheidend für die semantische Interpretation sind. Zum anderen dürfte im Fall eines mehrdeutigen Satzes, zum Beispiel (5), nur eine einzige Oberflächenstruktur zugeordnet werden, während sich die Tiefenstrukturen offensichtlich unterscheiden müssen. Beispiele dieser Art reichen aus, um zu zeigen, dass die Tiefenstruktur, die einem Satz zugrunde liegt, nicht einfach eine indizierte Klammerung des Satzes sein kann. Da es überzeugende Belege dafür gibt, dass die Oberflächenstruktur tatsächlich einfach eine indizierte Klammerung sein sollte, schließen wir, dass die Tiefenstruktur nicht mit der Oberflächenstruktur gleichgesetzt werden kann. Die Unmöglichkeit, auf der Oberflächenstruktur semantisch signifikante grammatische Relationen darzustellen (d.h. die Oberflächenstruktur als Tiefenstruktur zu verwenden), ist eine fundamentale Tatsache, die die Entwicklung der generativen Transformationsgrammatik, sowohl in ihrer klassischen als auch in ihrer modernen Form, motiviert hat.
Um zusammenzufassen: Eine vollständige generative Grammatik muss aus einer syntaktischen, einer semantischen und einer phonologischen Komponente bestehen. Die syntaktische Komponente generiert SBs, die jeweils eine Tiefenstruktur und eine Oberflächenstruktur enthalten. Die semantische Komponente ordnet der Tiefenstruktur eine semantische Interpretation zu, und die phonologische Komponente ordnet der Oberflächenstruktur eine phonetische Interpretation zu. Ein mehrdeutiger Satz hat mehrere SBs, die sich in ihren Tiefenstrukturen unterscheiden (obwohl das Umgekehrte nicht zutreffen muss).
Bisher habe ich wenig gesagt, das kontrovers wäre. Die bisherige Diskussion hat lediglich einen gewissen Interessenbereich und eine gewisse Klasse von Problemen abgegrenzt und einen natürlichen Rahmen vorgeschlagen, um diese Probleme zu behandeln. Die einzigen substanziellen Bemerkungen (d.h. sachlichen Behauptungen), die ich innerhalb dieses Rahmens bisher gemacht habe, bestehen darin, dass die Oberflächenstruktur eine indizierte Klammerung ist und dass Tiefenstrukturen sich im Allgemeinen von Oberflächenstrukturen unterscheiden. Die erste dieser Behauptungen ist gut abgesichert (siehe unten) und wird wahrscheinlich weitgehend akzeptiert. Die zweite ist gewiss einleuchtend genug, um keine ausführliche Rechtfertigung zu verlangen.

Um hierüber hinauszugehen und eine substanzielle Sprachtheorie zu entwickeln, müssen wir Folgendes leisten:

(9) (I) Entwicklung der Theorien der phonetischen und der semantischen Repräsentation
(II) eine generelle Ausarbeitung des Begriffs »syntaktische Beschreibung«
(III) eine Spezifizierung der Klasse möglicher generativer Grammatiken
(IV) eine generelle Ausarbeitung der Art und Weise, wie diese Grammatiken funktionieren, d.h., wie sie SBs generieren und ihnen phonetische und semantische Interpretationen zuordnen und dadurch phonetisch repräsentierte Signale mit semantischen Interpretationen verbinden

Bevor wir diese substanziellen Fragen erörtern, wollen wir uns versichern, dass das bisher Gesagte unbestritten ist. Gibt es in dieser Darstellung irgendetwas, gegen das man Einwände erheben könnte? Es ist kaum anzunehmen, dass die Notwendigkeit in Frage gestellt wird, in der oben vorgeschlagenen Weise zwischen Sprachkompetenz und Sprachverwendung zu unterscheiden. Nachdem man diese Unterscheidung gemacht hat, kann man sich der generellen Frage zuwenden, wie der Sprachkompetenz Rechnung zu tragen ist. Wer sich mit dieser Frage befasst, wird sofort der Tatsache der »Kreativität« gegenüberstehen und muss deshalb seine Aufmerksamkeit dem Problem zuwenden, wie generative Grammatiken zu konstruieren sind. Es ist letztlich wohl kaum möglich, eine vollständige generative Grammatik anders zu sehen als ein System von Regeln, die Signale mit semantischen Interpretationen in Beziehung setzen. Hat man sich dieses Ziel gesetzt, ist man sofort mit dem Problem konfrontiert, einen Begriff der »syntaktischen Beschreibung« zu entwickeln, der reich genug ist, einerseits die phonetische Interpretation, andererseits die semantische Interpretation zu vermitteln. Die Untersuchung zwischen Tiefen- und Oberflächenstruktur ergibt sich schon aus einer ganz flüchtigen Betrachtung des wirklichen sprachlichen Materials. Die skizzierten Schlussfolgerungen scheinen daher unausweichlich, wenn man sich an das Problem der Untersuchung der Sprachkompetenz macht. Man beachte, dass eine substanzielle Sprachtheorie eine Spezifizierung von (9 IV) wie von (9 III) einschließt. Zum Beispiel besteht ein wesentlicher Teil der Theorie der Phrasenstrukturgrammatik in der Spezifikation der Art und Weise, wie Kategorien und Relationen für generierte Ketten festgelegt werden. Eine derartige Spezifizierung wurde immer vorausgesetzt, wenn diese Theorie untersucht wurde.

Eine Veränderung in dieser Spezifizierung ist – geradeso wie eine Veränderung der Spezifizierung der Klasse (9 III) möglicher Grammatiken – eine Revision der Theorie. Dies nicht zu verstehen, führt unmittelbar zu Absurditäten. Wenn sich jemand also die Theorie der Phrasenstrukturgrammatik so vorstellt, dass die Technik der Interpretation (9 IV) unbestimmt gelassen ist, kann er leicht beweisen, dass eine Phrasenstrukturgrammatik der Sprache L den Sätzen von L genau die strukturellen Beschreibungen zuordnet, die ihnen auch irgendeine transformationelle Grammatik von L zuordnet, etc. Dieser Punkt sollte ohne weitere Erörterung klar sein.

Angenommen man entscheidet sich gegen die Untersuchung der Sprachkompetenz (und auch gegen die Untersuchung der Sprachverwendung im Rahmen einer Theorie der Sprachkompetenz) – so könnte man sich stattdessen für die Untersuchung der Sprachverwendung entscheiden oder für die Untersuchung der Oberflächenstrukturen oder der Lautmuster, die von der syntaktischen Struktur isoliert sind, oder für die Untersuchung der stimmhaften Frikative oder der vorderen Hälfte von Sätzen. Die einzige Frage, die bei der Realisierung irgendeiner dieser Vorschläge entstehen würde, wäre, ob es wahrscheinlich ist, bei derart willkürlicher Begrenzung des Untersuchungsgegenstandes irgendein interessantes Ergebnis zu erhalten. In jedem der genannten Fälle scheint das ziemlich unwahrscheinlich zu sein. Es ist ganz allgemein nicht einsichtig, warum jemand darauf bestehen sollte, einen isolierten Aspekt des allgemeinen Problems grammatischer Beschreibung zu untersuchen, außer er hätte Gründe für die Annahme, dass dieser Aspekt nicht durch den Charakter der anderen Aspekte der Grammatik berührt wird.[2]

Ich habe bisher nur die Frage der deskriptiven Adäquatheit von Grammatiken erörtert sowie das Problem der Entwicklung einer Sprachtheorie, die die Grundlage für die Konstruktion deskriptiv adäquater Grammatiken abgibt. Wie jedoch wiederholt betont wurde, können die Ziele der Sprachtheorie viel weiter gesteckt werden; und es ist tatsächlich schon eine Vorbedingung für die Untersuchung der deskriptiven Adäquatheit, dass sie höher angesetzt werden. Entscheidend ist es, auch die Frage nach der »Erklärungsadäquatheit« der Sprachtheorie zu stellen. Das Wesen dieser Frage kann in Form des folgenden Problems dargestellt werden: Wie ist ein hypothetischer Spracherwerbsmechanismus (language-acquisition device) AD zu konstruieren, der als »Ausgabe« eine deskriptiv adäquate Grammatik G für die Sprache L liefern kann, auf der Grundlage bestimmter primärer sprachlicher Daten aus

L als »Eingabe«; also ein Mechanismus, der schematisch wie in (10) wiederzugeben ist:

(10) primäre sprachliche Daten –> [AD] –> G

Ideal wäre es natürlich, dass der Mechanismus AD einzelsprachunabhängig ist – d.h., in der Lage ist, jede beliebige menschliche Sprache und nur menschliche Sprachen zu lernen. Mit anderen Worten, wir wünschen, dass er eine implizite Definition des Begriffs »menschliche Sprache« bereitstellt. Falls es uns gelänge, einen Spracherwerbsmechanismus dieser Art genau zu spezifizieren, könnten wir in der Tat behaupten, in der Lage zu sein, eine Erklärung der sprachlichen Intuition des Sprechers einer Sprache bzw. seiner unbewussten, ihm selbstverständlichen Kompetenz zu liefern. Diese Erklärung würde sich auf die Annahme stützen, dass die Spezifizierung des Mechanismus AD die Grundlage für den Spracherwerb liefert, wobei die primären sprachlichen Daten die Bedingungen vorgeben, nach denen sich die Entwicklung einer generativen Grammatik vollzieht. Die Schwierigkeiten, eine empirisch adäquate einzelsprachunabhängige Spezifizierung des AD zu entwickeln, sind allerdings zu offensichtlich, als dass sie eine ausgedehnte Erörterung erforderten; aber dass es äußerst wichtig ist, dieses Problem aufzuwerfen und ihm auf jeder Stufe der linguistischen Forschung intensiv nachzugehen, scheint mir ebenfalls außer Frage zu sein.

Um Erklärungsadäquatheit zu erreichen, können wir zwei parallele Wege einschlagen. Erstens müssen wir versuchen, eine so enge Spezifizierung der in (9) genannten Aspekte der Sprachtheorie zu erreichen, wie sie mit der bekannten Vielfalt der Sprachen verträglich ist. Wir müssen also in Bezug auf die sprachlichen Universalien eine so aussagekräftige Hypothese entwickeln, wie durch die zugänglichen Belege abzustützen ist. Diese Spezifizierung kann dann dem System AD als ihm wesentliche Eigenschaft zugeschrieben werden. Zweitens können wir eine generelle Bewertungsprozedur – ebenfalls als wesentliche Eigenschaft von AD – zu entwickeln versuchen, die es dem AD ermöglicht, ein bestimmtes Element der Klasse der Grammatiken, die die Spezifizierung (9) erfüllen, auf der Grundlage der vorgelegten sprachlichen Daten auszuwählen. (Oder, was auch denkbar wäre, eine kleine Menge von Alternativen auszuwählen, obwohl diese abstrakte Möglichkeit momentan kaum die Erörterung wert ist.) Diese Prozedur wird es dann ermöglichen, dass der Mechanismus eine der a priori möglichen Hypothesen auswählt – eine der zugelassenen Grammatiken –, die mit den empirisch gegebenen Daten aus einer Sprache kompatibel ist. Indem er eine solche Hypothese ausgewählt hat, hat er die durch die Grammatik beschriebene Sprache »gemeistert« (und weiß daher eine ganze Menge mehr, als er ausdrücklich »gelernt« hat). Wenn eine Sprachtheorie, die (9) spezifiziert, sowie eine Bewertungsprozedur gegeben sind, können wir immer dann einen Aspekt der Kompetenz des Sprechers erklären, wenn wir mit einer gewissen Plausibilität zeigen können, dass dieser Aspekt durch die am höchsten bewertete Grammatik der zugelassenen Art determiniert wird, welche mit Daten derjenigen Art kompatibel ist, denen der Sprecher tatsächlich ausgesetzt war.

Man beachte, dass eine Bewertungsprozedur (ein Einfachheitsmaß, wie in technischer Diskussion oft gesagt wird) selbst eine empirische Hypothese über die universalen Eigenschaften von Sprache darstellt; mit anderen Worten, es handelt sich um eine Hypothese über die Voraussetzungen des Spracherwerbs, die wahr oder falsch sein kann. Um diese Hypothese zu stützen oder zu widerlegen, müssen wir Belege zur tatsächlichen Beziehung zwischen primären sprachlichen Daten und deskriptiv adäquaten Grammatiken heranziehen. Wir müssen fragen, ob die vorgeschlagene Bewertungsprozedur tatsächlich das Bindeglied in dieser empirisch gegebenen Beziehung bilden kann. Eine Bewertungsprozedur hat deshalb ungefähr den Status einer physikalischen Konstanten; insbesondere ist es unmöglich, einen bestimmten Vorschlag aufgrund apriorischer Argumente zu stützen oder zu verwerfen.

Es ist wichtig zu erkennen, dass das gerade Gesagte keine Kontroversen birgt. Man kann sich dafür oder dagegen entscheiden, das Problem der Erklärungsadäquatheit zu behandeln. Wer sich entscheidet, das Problem zu übergehen, könnte (und wird meines Erachtens sicherlich) feststellen, dass er eine der wichtigsten Beweisquellen in Bezug auf die verbleibenden Probleme aus der Betrachtung ausgeschlossen hat (insbesondere in Bezug auf das Problem der deskriptiven Adäquatheit).[3] Seine Situation wäre dann ganz analog der Lage desjenigen, der sich entschieden hat, seine Aufmerksamkeit auf Oberflächenstrukturen (mit Ausschluss von Tiefenstrukturen) oder auf die vorderen Hälften von Sätzen zu beschränken. Er müsste zeigen, dass ihm die Beschränkung des Interesses einen lebensfähigen Gegenstand übrig lässt. In jedem Fall hat er gewiss keine Basis, um Einwände gegen den Ansatz anderer Linguisten zu machen, die die generelle Frage untersuchen, aus der er (meiner Meinung nach künstlich) eine Facette ausgegrenzt hat.

Ich hoffe, dass diese Bemerkungen ausreichen werden, um die völlige Sinnlosigkeit eines großen Teils der Debatte über spezifische Bewertungsprozeduren (Einfachheitsmaße) zu zeigen, die als empirische Hypothesen über die Sprachform im Laufe der Arbeit über generative Grammatik vorgeschlagen wurden. Man beachte übrigens, dass es einen interessanten, doch kaum verstandenen Sinn hat, von der »Einfachheit«, der »Eleganz« oder »Natürlichkeit« einer Theorie (der Sprache, der chemischen Bindungen, etc.) zu sprechen; dieser »absolute« Sinn von Einfachheit hat jedoch keine deutliche Relevanz für den Versuch, ein Bewertungsmaß (Einfachheitsmaß) als Teil der Grammatiktheorie zu entwickeln. Eine derartige Theorie ist eine empirische Hypothese, die wahr oder falsch sein kann, zu dem Zweck, einen gewissen Bereich sprachlicher Tatsachen zu erklären. Das »Einfachheitsmaß« ist ein konstitutiver Teil dieser empirischen Hypothese. Die Unterscheidung zwischen »Einfachheit« als absolutem Begriff der allgemeinen Erkenntnistheorie und »Einfachheit« als Teil der Grammatiktheorie ist wiederholt betont worden; trotzdem herrscht in diesem Punkt große Verwirrung. Da diese Unterscheidung nicht gemacht wurde, ist der größte Teil der in den letzten Jahren erschienenen Kritik der Bewertungsprozeduren hinfällig.

Anmerkungen

[1] Wenn wir in diesem Rahmen arbeiten, nehmen wir also an, dass ein semantisch mehrdeutiges Element zwei verschiedene lexikalische Eintragungen konstituiert; zwei syntaktische Beschreibungen mögen sich daher allein darin unterscheiden, dass sie verschiedene Elemente eines Paares homonymer Morpheme enthalten.

[2] Vielleicht können wir diesen Punkt durch Beispiele der letzteren Art klären. Es ist beispielsweise völlig berechtigt, Semantik isoliert von Phonologie oder Phonologie isoliert von Semantik zu untersuchen, da es gegenwärtig den Anschein hat, dass es keine nichttriviale Beziehung zwischen den Systemen der phonologischen und der semantischen Interpretation gibt; und dass semantische Überlegungen keine signifikante Rolle innerhalb der Phonologie spielen oder phonologische Überlegungen innerhalb der Semantik. Gleichermaßen scheint es völlig berechtigt, eine Theorie der syntaktischen Struktur ohne Grundbegriffe eigentlich semantischer Art zu entwickeln, da es gegenwärtig keinen Grund zu der Annahme gibt, dass a priori semantische Begriffe bei der Festlegung der Organisation der syntaktischen Komponente der Grammatik eine Rolle spielen. Andererseits wäre es absurd, Semantik (und ebenso absurd, wie mir scheint, Phonologie) isoliert von Syntax zu untersuchen, da die semantische Interpretation eines Satzes (wie die phonetische Interpretation) wesentlich von seiner Tiefen- (bzw. Oberflächen-)Struktur abhängt. Und es wäre absurd, eine allgemeine syntaktische Theorie zu entwickeln, ohne semantischen Überlegungen eine absolut entscheidende Rolle einzuräumen, da die Notwendigkeit, semantische Interpretationen zu fundieren, eines der vorrangigsten Erfordernisse ist, dem die Strukturen zu entsprechen haben, die die syn-

taktische Komponente generiert. Eine Erörterung dieser Punkte findet sich in Chomsky (1957; 1964), Lees (1957), Katz und Postal (1964) und in vielen anderen Arbeiten.

Man hat diese Fragen in der modernen Linguistik viel zu wenig beachtet. Das Ergebnis ist, dass in dieser Beziehung Verwirrung herrscht und viele dogmatische Behauptungen geäußert und oft genug wiederholt wurden, ohne dass der Versuch gemacht wurde, sie durch ernsthafte Argumente zu rechtfertigen oder zu stützen. Diese Probleme sind wichtig; obwohl keine dieser Fragen mit Sicherheit beantwortet werden kann, kann die Position, die der Linguist versuchsweise einnimmt, einen wichtigen Einfluss auf den Charakter seiner Arbeit ausüben.

[3] Dafür gibt es einen sehr einfachen Grund. Die Wahl einer deskriptiv adäquaten Grammatik für die Sprache L ist durch die Daten aus L immer (das heißt, für den Linguisten) sehr unterdeterminiert. Weitere relevante Daten können aus der Untersuchung deskriptiv adäquater Grammatiken anderer Sprachen hinzugezogen werden, aber nur, wenn der Linguist eine explanative Theorie der skizzierten Art besitzt. Eine empirische Abstützung kann eine derartige Theorie erfahren, indem sie mit Erfolg deskriptiv adäquate Grammatiken für andere Sprachen bereitstellt. Darüber hinaus legt sie im Vorhinein die Form der Grammatik von L fest sowie die Bewertungsprozedur, die aufgrund der gegebenen Daten zur Auswahl dieser Grammatik führt. Auf diese Weise erlaubt sie es Daten aus anderen Sprachen, eine Rolle bei der Rechtfertigung der gewählten Grammatik als einer empirischen Hypothese über die Sprecher von L zu spielen. Dieser Ansatz ist sehr natürlich. Wenn er ihm folgt, kommt der Linguist zu einem Schluss über die Sprecher von L auf der Grundlage einer unabhängig gestützten Annahme über das Wesen der Sprache im Allgemeinen – das heißt einer Annahme über die allgemeine »faculté de langage«, die den Spracherwerb ermöglicht. Die allgemeine explanative Sprachtheorie und die spezielle Theorie einer besonderen Sprache, die sich aus der Anwendung der allgemeinen Theorie auf Daten ergibt, haben jede einen psychologischen Gehalt, die Erstere als eine Hypothese über die angeborene mentale Struktur, die Letztere als eine Hypothese über die unbewusste, dem Sprecher selbstverständliche Kompetenz, die entsteht, indem er entsprechenden Erfahrungen ausgesetzt ist.

Gleichheit (1976)

Was wissen wir Ernsthaftes zu der Frage zu sagen: »Was ist die menschliche Natur?« Besteht die Möglichkeit, dass wir wenigstens hier und da Fortschritte im Verständnis der menschlichen Natur machen können? Können wir eine Theorie der tiefsten menschlichen Bedürfnisse entwickeln, der Natur der menschlichen Fähigkeiten und ihrer Variation innerhalb der Spezies und der Form, die diese Bedürfnisse unter unterschiedlichen sozialen Bedingungen annehmen? Eine Theorie, die gewisse Konsequenzen im Hinblick auf Fragen von menschlicher und gesellschaftlicher Bedeutung fordert oder zumindest bestimmte Schlussfolgerungen nahe legt? Im Prinzip begeben wir uns hier in den Bereich der wissenschaftlichen Forschung, obwohl dies bisher eher eine potenzielle als eine tatsächliche Wissenschaft ist.

Die Feststellung, dass sich die Menschen grundlegend von anderen Organismen der natürlichen Welt unterscheiden, kann kaum ernstlich bestritten werden. Wenn ein Wissenschaftler vom Mars das Leben auf der Erde studieren würde, käme er mit hoher Wahrscheinlichkeit zu diesem Schluss, besonders dann, wenn er die Veränderungen im Leben der betreffenden Organismen über eine längere Periode hinweg beobachten würde. Die genetische Konstitution heutiger Menschen unterscheidet sich nur sehr geringfügig von der ihrer Vorfahren vor vielen tausend Jahren, aber die menschliche Lebensweise hat sich, besonders in den letzten Jahrhunderten, beträchtlich verändert. Das ist bei keinem der anderen Organismen der Fall – es sei denn als Resultat menschlichen Eingreifens. Ein Beobachter vom Mars käme ferner gar nicht an der Tatsache vorbei, dass es in jedem einzelnen geschichtlichen Augenblick Überreste früherer, selbst steinzeitlicher Lebensweisen gibt, obwohl sich die Menschen, die ein solches Leben führen, genetisch praktisch nicht von denen unterscheiden, deren Leben sich höchst radikal verändert hat. Kurz: Er würde feststellen, dass Menschen insofern einzigartig sind, als sie eine Geschichte haben, in der es kulturelle Varianz und kulturelle Entwicklung gibt. Angesichts dessen würde sich unser hypothetischer Marsbewohner wohl die Frage stellen: »Warum ist das so?«

Eben diese Frage haben sich die Menschen natürlich seit Anbeginn der geschichtlichen Zeit in der ein oder anderen Form immer wieder gestellt. Und das ist ja auch nicht verwunderlich. Es ist ein spontanes Bedürfnis der Menschen, ihren Platz in der natürlichen Welt zu definieren. Die Frage »Worin besteht die Natur des Menschen?«, das heißt, die Frage nach der Kombination von Merkmalen, die die menschliche Spezies so radikal vom Rest der organischen Welt unterscheiden, ist eine tiefe und im Wesentlichen bis heute unbeantwortete wissenschaftliche Frage. Es ist verschiedentlich behauptet worden, sie entziehe sich dem Bereich möglicher wissenschaftlicher Forschung, da das spezifische Merkmal, das Menschen im Vergleich zu anderen Organismen auszeichnet, der Besitz einer unsterblichen Seele sei, die sich durch die Methoden der Wissenschaft nicht genauer erforschen lasse. Dabei sollten wir aber festhalten, dass aus der dualistischen Theorie von Körper und Geist durchaus nicht unabdingbar folgt, dass die Seele für die wissenschaftliche Forschung unzugänglich ist. Man könnte sich den von den Cartesianern angeführten Gründen anschließen und wie sie behaupten, der Mensch und nur der Mensch allein sei im Besitz der nichtmateriellen Qualität des cartesianischen Geistes, und dennoch, wie es angesichts späterer Entwicklungen wohl auch die Cartesianer getan hätten, darauf bestehen, dass es eine Wissenschaft des Geistes geben kann. Aber wenn wir von der Frage der wissenschaftlichen Erforschbarkeit einmal absehen, so steht doch fest, dass die menschliche Intelligenz höchst einzigartige Merkmale aufweist, die Elemente einer speziestypischen menschlichen Natur bilden. Wenn wir den Bereich der Untersuchung nicht von vornherein dogmatisch beschränken wollen, ist es eine empirische Frage, eine Frage der Wissenschaft, herauszufinden, worin die menschliche Natur wohl bestehen mag.

Das Staunen unseres hypothetischen Marsbewohners über die Einzigartigkeit der menschlichen Spezies würde vielleicht noch größer, wenn er etwas von moderner Biologie verstünde. So scheinen sich zum Beispiel die Mengen der DNA im befruchteten Ei einer Maus, eines Rinds, eines Schimpansen oder eines Menschen kaum voneinander zu unterscheiden. Stattdessen sind es offenbar nur durch eine komplizierte Analyse aufzudeckende strukturelle Unterschiede, die für den jeweiligen genauen Verlauf und Charakter der embryonalen Entwicklung verantwortlich sind. In einem komplexen und verwickelten System können kleine Unterschiede in den Ausgangsbedingungen bedeutende Unterschiede hinsichtlich Form, Größe, Struktur und Funktion des resultierenden Organismus und seiner einzelnen Komponenten zur Folge haben.

Auf dieses Phänomen stößt man in den Naturwissenschaften sehr häufig. Es lässt sich zum Beispiel anhand der Untersuchung des komplizierten Systems der menschlichen Sprache leicht demonstrieren. Wenn wir erst einmal eine linguistische Theorie haben, die aussagekräftig und komplex genug ist, ist es leicht zu zeigen, dass schon geringfügige Modifikationen der allgemeinen Bedingungen, denen sprachliche Regeln gehorchen müssen, zu mannigfaltigen und merkwürdigen Veränderungen im Bereich der von der Theorie vorausgesagten Tatsachen führen. Dieses Ergebnis basiert auf den komplexen Interaktionen, die notwendig sind, um mittels eines solchen allgemeinen Bedingungen unterliegenden Regelsystems Sätze zu erzeugen.

Falls sich die moderne Biologie im Wesentlichen auf der richtigen Spur befindet, muss die natürliche Selektion irgendwie eine besondere, genetisch höchst komplexe Eigenschaft hervorgebracht haben, die »eine neue Kraft« erzeugte: »den menschlichen Geist«, ein »einzigartiges Werkzeug, das zum ersten Mal einer biologischen Spezies die Macht gab, durch bewusste Manipulation der äußeren Welt ihre Beziehung zur Umwelt zu verändern«. Dieses neue Instrument bildete außerdem ein Mittel zum Ausdruck von Gedanken und Gefühlen, zur Schaffung von Kunst und Wissenschaft und für die Planung von Handlungen und die Einschätzung ihrer Konsequenzen, das alles im Tierreich Vorhandene weit in den Schatten stellt. Es wird oft vermutet, dass »der entscheidende Schritt« in der Entwicklung dieses einzigartigen Instruments, des menschlichen Geistes, »die Erfindung der Sprache gewesen sein muss«[1]. Auf eine bisher kaum verstandene Weise veränderte sich die genetische Ausstattung des Vormenschen, was schließlich zur Entstehung eines Lebewesens führte, in dem zusammen mit einem ganzen System »mentaler Organe« auch die menschliche Sprache wächst, und dieses Wesen konnte dann in einem, so weit wir wissen, in der natürlichen Welt nie dagewesenen Ausmaß dazu übergehen, selbst die Bedingungen zu schaffen, unter denen es lebt.

Die Bedeutung der Frage »Was ist die menschliche Natur?« geht über den Bereich der Wissenschaft hinaus. Wie wir bereits festgestellt haben, ist sie zugleich auch eine Kernfrage des sozialen Denkens. Was ist eine gute Gesellschaft? Vermutlich doch eine, die – soweit die materiellen Bedingungen es erlauben – zur Befriedigung der im Wesen des Menschen verankerten Bedürfnisse führt. Um Aufmerksamkeit und Respekt zu verdienen, sollte eine soziale Theorie in einem Konzept der menschlichen Bedürfnisse und der Menschenrechte wurzeln, aber dann ist sie zugleich eine Theorie über die menschliche Natur, da ansonsten der Ursprung und Charakter dieser Bedürfnisse und Rechte vollkommen im Dunkeln bliebe. Dementsprechend werden

die sozialen Strukturen und Beziehungen, die ein Reformer oder Revolutionär zu erreichen versucht, auf einem Konzept der menschlichen Natur basieren, selbst wenn dieses vielleicht vage und unpräzise ist.
Nehmen wir einmal mit Adam Smith an, die Neigung zu Schacher und Tauschhandel sei ein Kernelement der menschlichen Natur. Dann werden wir uns für die Schaffung einer frühkapitalistischen Gesellschaft von Kleinhändlern einsetzen, deren Wirken keiner Einschränkung durch Monopole, staatliche Intervention oder sozial kontrollierte Produktion unterliegt. Wir können aber auch die Konzepte eines anderen Denkers des klassischen Liberalismus, Wilhelm von Humboldts, übernehmen, der dem entgegenhält: »Forschen und Schaffen – darum drehen und darauf beziehen sich wenigstens, wenngleich mittelbarer oder unmittelbarer, alle Beschäftigungen des Menschen« und der ferner darauf besteht, dass wahre Schöpfung nur unter der Voraussetzung freier Entscheidungen jenseits von »Einschränkung und Leitung« stattfinden kann, also nur in einer Gesellschaft, in der die sozialen Fesseln durch frei geschaffene soziale Bande ersetzt worden sind. Und wir könnten weiter mit Marx der Meinung sein, dass »jedes Individuum nur in einem Zustand der Gemeinschaft mit anderen die Mittel hat, seine Neigungen in alle Richtungen zu entwickeln, also nur in einem Zustand der Gemeinschaft persönliche Freiheit möglich werden wird« – wobei persönliche Freiheit die Beseitigung der Entfremdung der Arbeit voraussetzt, die schon Humboldt verurteilte, nämlich einer Arbeitssituation, die »einen Teil der Arbeiter zu einer barbarischen Arbeit zurückwirft und den anderen Teil zur Maschine macht«[2]. Wenn wir von solchen Annahmen über die menschlichen Bedürfnisse ausgehen, erhalten wir ein ganz anderes Konzept der sozialen Ordnung, für deren Zustandekommen wir uns einsetzen sollten.
Einige Marxisten haben die Position vertreten, dass es »abgesehen von der historischen Existenz des Menschen keine Natur des Menschen gibt«[3] und dass »die menschliche Natur nichts *von der Natur Festgelegtes* ist, sondern im Gegenteil eine »Natur«, die *vom Menschen* in den Akten seiner »Selbsttranszendierung« als Naturwesen *selbst geschaffen* wird«[4]. Diese Interpretation stützt sich auf die Marxsche Äußerung, dass »die Natur, die in der menschlichen Geschichte – der Genesis der menschlichen Gesellschaft – entsteht, die wirkliche Natur des Menschen ist«[5], sowie auf einige andere Bemerkungen, die in eine ähnliche Richtung gehen. Selbst wenn wir uns dieser Meinung anschließen sollten, bliebe es dennoch dabei, dass der nächste Schritt der sozialen Veränderung Bedingungen schaffen sollte, die der »wirklichen Natur« in

einem gegebenen Stadium der historischen und kulturellen Entwicklung erlauben, sich maximal zu entfalten.

Stimmt es überhaupt, dass die Natur des Menschen in keiner Weise »von der Natur festgelegt« ist? Für die körperlichen Komponenten der menschlichen Natur gilt dies ja ganz offensichtlich nicht. Wenn etwa ein moderner marxistischer Denker wie Antonio Gramsci argumentiert, dass »die durch den Marxismus in die Politik und die Geschichtswissenschaften eingebrachte fundamentale Innovation in dem Beweis besteht, dass es keine abstrakte, festgelegte und unwandelbare »menschliche Natur« gibt, sondern dass die menschliche Natur in der Totalität der geschichtlich determinierten gesellschaftlichen Beziehungen besteht«[6], spricht er natürlich nicht von den physischen Organen des Menschen überhaupt, sondern von einem spezifischen Organ, nämlich dem menschlichen Gehirn und dessen Schöpfungen. Der Inhalt dieser Doktrin läuft darauf hinaus, dass das menschliche Gehirn, zumindest soweit es die höheren geistigen Funktionen angeht, unter den uns bekannten organischen Systemen der natürlichen Welt insofern einzigartig ist, als es keine genetisch determinierte Struktur hat, sondern letztlich eine *tabula rasa* ist, in die die Totalität der historisch bedingten gesellschaftlichen Beziehungen eingeschrieben wird. Diese Doktrin hat auf einen Teil der Linken schon immer eine fast magische Anziehungskraft ausgeübt.

In seinem Bericht über eine Diskussion, die kürzlich von der American Association for the Advancement of Science veranstaltet wurde, schreibt Walter Sullivan: »Der extremsten Auffassung zufolge, die hier von einigen Diskussionsteilnehmern vorgebracht wurde, sind menschliche Gehirne von jeglichen genetischen Einflüssen »abgekoppelt« – ihre jeweiligen Outputs sind wie bei Standardcomputern vollkommen durch die Programmierung bestimmt.«[7]

Als wissenschaftliche Hypothesen scheinen mir diese bereits vom radikalen Behaviorismus bekannten Annahmen wenig für sich zu haben. Solche Annahmen machen es so gut wie unmöglich, den Reichtum und die Komplexität der kognitiven Systeme des Menschen, die Uniformität ihres Wachstums und die bemerkenswerten qualitativen Unterschiede, die zwischen dem Menschen und anderen Arten bestehen, zu erklären. Jedenfalls sind bisher weder Beweise noch Argumente zur Unterstützung der Hypothese vorgebracht worden, dass das menschliche Gehirn sich so sehr von jeder anderen uns bekannten Struktur der natürlichen Welt unterscheidet, und es liegt vielleicht eine gewisse Ironie darin, dass solche Ansichten – nicht nur von Seiten der Linken

– formuliert werden, als seien sie das direkte Ergebnis irgendeiner Form von wissenschaftlichem Naturalismus. Mir scheint genau das Gegenteil der Fall zu sein. Das menschliche Gehirn ist tatsächlich in vielerlei Hinsicht einzigartig, und die mentalen Strukturen, die sich unter den durch äußere Erfahrung gegebenen Grenzbedingungen heranbilden – die kognitiven Strukturen, die »gelernt« werden, um einen gebräuchlichen und, wie ich meine, recht irreführenden Terminus zu gebrauchen –, rüsten den Menschen tatsächlich mit einem »einzigartigen Werkzeug« aus. Aber es ist schwer vorstellbar, dass diese »Einzigartigkeit« auf dem völligen Fehlen von Struktur beruhen soll, auch wenn diese Überzeugung sehr alt ist und weiterhin eine bemerkenswerte Macht über die moderne Vorstellungskraft ausübt. Das Wenige, was wir über das menschliche Gehirn und die kognitiven Strukturen des Menschen wissen, deutet auf etwas völlig anderes hin: nämlich darauf, dass ein hochgradig festgelegtes genetisches Programm die grundlegenden strukturellen Eigenschaften unserer »mentalen Organe« bestimmt und uns auf diese Weise ermöglicht, auf einheitliche Art und auf der Basis sehr begrenzter Erfahrung reiche und verwickelte Wissens- und Glaubenssysteme zu erwerben. Ich könnte hinzufügen, dass eine solche Sicht der Dinge, besonders in Bezug auf die menschliche Sprache, für Biologen keine Überraschung sein wird. Und ich denke, dass sie von Neurophysiologen wohl meist als etwas sehr Naheliegendes, wenn nicht gar Offensichtliches angesehen würde.

Wir müssen uns mit globalen und vagen Bemerkungen wie diesen nicht zufrieden geben. Zumindest im Bereich der Erforschung der menschlichen Sprache gibt es mittlerweile reichhaltige Hypothesen über den generellen Charakter des genetischen Programms, das für das Wachstum der Sprachfähigkeit sorgt und für die besonderen Formen, die dieses Wachstum annimmt. Diese Hypothesen besitzen meines Erachtens beträchtliche Überzeugungs- und Erklärungskraft. Ich sehe keinen Grund, weshalb wir nicht auch in anderen Bereichen zu vergleichbaren Ergebnissen kommen sollten, sobald wir einmal beginnen, die Struktur der kognitiven Fähigkeiten des Menschen zu verstehen. Wenn das, was ich bis jetzt gesagt habe, richtig ist, können wir uns die menschliche Natur als ein System vorstellen, wie wir es auch sonst in der biologischen Welt finden: ein System »mentaler Organe«, das auf physischen Mechanismen beruht, die bis jetzt noch weitgehend unbekannt sind, aber im Prinzip untersucht werden können. Dieses System ermöglicht eine einzigartige Form der Intelligenz, die sich in sehr unterschiedlichen Teilbereichen manifestiert: in der menschlichen Sprache, in unserem einzigartigen Vermögen zur Entwicklung der Konzepte von Zahl und abstraktem Raum, in der Fähigkeit, für bestimmte Bereiche der Welt wissenschaftliche Theorien zu konstruieren und in anderen Bereichen bestimmte Systeme der Kunst, des Mythos und des Rituals zu schaffen; in der Fähigkeit, menschliche Handlungen zu interpretieren, bestimmte Systeme sozialer Institutionen zu entwickeln und zu verstehen und anderem mehr. Wenn wir von der Hypothese eines »leeren Organismus« ausgehen, sind die Menschen mit Sicherheit in ihren intellektuellen Anlagen gleich. Genauer gesagt, sie sind sich dann gleich in ihrer Unfähigkeit, komplexe kognitive Strukturen der für den Menschen typischen Art zu entwickeln. Wenn wir jedoch annehmen, dass dieser biologische Organismus genau wie jeder andere seine spezifischen Fähigkeiten hat und dass sich unter diesen Fähigkeiten auch die Fähigkeit zur Entwicklung der menschlichen kognitiven Strukturen mit ihren spezifischen Eigenschaften befindet, dann ergibt sich daraus die Möglichkeit, dass es bezüglich der höheren geistigen Funktionen unter den einzelnen Menschen Unterschiede gibt. Tatsächlich wäre es überraschend – sollten die kognitiven Fähigkeiten wirklich so etwas wie »mentale Organe« sein –, wenn es solche Unterschiede nicht gäbe. Dass die Menschen sich in ihren körperlichen Merkmalen und Fähigkeiten unterscheiden, ist ja ganz offensichtlich; warum sollte es also im Charakter ihrer geistigen Organe und der physischen Strukturen, auf denen diese basieren, keine solchen genetisch festgelegten Unterschiede geben?

Die Erforschung spezifischer kognitiver Fähigkeiten wie des Sprachvermögens führt zu spezifischen und, wie ich meine, aussagekräftigen Hypothesen über den genetisch programmierten Schematismus der Sprache, sagt uns aber nichts über die Bandbreite der individuellen Variation. Vielleicht liegt das an der Unangemessenheit unseres analytischen Vorgehens. Es könnte aber durchaus sein, dass die grundlegenden sprachlichen Fähigkeiten, von schwer pathologischen Fällen abgesehen, tatsächlich so gut wie invariant sind. Zumindest finden wir in einem sehr weiten Bereich bis in viele Einzelheiten hinein keine Unterschiede in der Fähigkeit zum Erwerb und effizienten Gebrauch der menschlichen Sprache, obwohl es durchaus gewisse Unterschiede sowohl hinsichtlich des Systems, das erworben wird, als auch hinsichtlich der Gewandtheit, mit der es gebraucht wird, geben mag. Im letzteren Fall ist das ja ziemlich offensichtlich. Ich sehe keinen Grund dafür, hier irgendwelche Dogmen aufzustellen. Über andere kognitive Fähigkeiten ist so wenig bekannt, dass wir kaum auch nur spekulieren können. In der Praxis deutet alles darauf hin, dass die Menschen sich in ihren intellektuellen Fähigkeiten und deren Spezialisierung tatsächlich voneinander unterscheiden. Das wäre auch kaum weiter überraschend, wenn wir davon ausgehen, dass wir es hier mit ganz normalen biologischen Strukturen zu tun haben, auch wenn sie im vorliegenden Fall sehr verwickelt und bemerkenswert sind.

Viele Menschen, besonders solche, die sich selbst innerhalb des linken oder liberalen Spektrums ansiedeln würden, finden derartige Schlussfolgerungen anrüchig. Möglicherweise ist die Hypothese vom leeren Organismus zum Teil deswegen so attraktiv für die Linke, weil sie die erwähnten Möglichkeiten ausschließt; wenn es keinerlei Anlagen gibt, gibt es auch keine Varianz. Aber ich begreife nicht ganz, weshalb Schlussfolgerungen wie die genannte irgendwie beunruhigend sein sollten. So bin ich zum Beispiel fest davon überzeugt, dass keinerlei Übung oder Ausbildung mir die Fähigkeit hätten verschaffen können, Mittelstreckenmeister in der Leichtathletik zu werden, die Gödelschen Theoreme zu entdecken oder ein Beethoven-Quartett zu komponieren; dasselbe gilt für den allergrößten Teil der anderen unendlich vielen Gipfelpunkte dessen, was Menschen vollbringen können. Aber ich fühle mich dadurch, dass ich all das nicht kann, in keiner Weise herabgesetzt. Es genügt mir vollkommen, dass ich, genau wie wahrscheinlich jeder andere Mensch mit normalen Anlagen, fähig bin, das, was andere erreicht haben, zu schätzen und zum Teil zu verstehen, und gleichzeitig, soweit und auf die Art, wie ich das kann, meine eigenen, persönlichen Beiträge zu diesen Leistungen beizusteuern.

Innerhalb eines für die menschliche Art charakteristischen Rahmens, der weiten Raum für schöpferische Arbeit lässt – einschließlich der schöpferischen Betätigung, die darin liegt, das Werk anderer zu genießen –, variieren die Talente einzelner Menschen ganz beträchtlich. Darüber sollten wir uns freuen, statt es als schrecklichen Fluch zu betrachten. Diejenigen, die hier anderer Meinung sind, gehen offenbar von der stillschweigenden Voraussetzung aus, dass die Rechte oder die gesellschaftlichen Belohnungen der Menschen in irgendeiner Weise von ihren Fähigkeiten abhängen. Was die Rechte der Menschen angeht, liegt insofern (und nur insofern) eine gewisse Plausibilität in dieser Annahme, als in einer menschenwürdigen Gesellschaft die Möglichkeiten so weit wie möglich den Bedürfnissen der Menschen entsprechen sollten, und solche Bedürfnisse können nun einmal sehr speziell sein und mit ganz persönlichen Talenten und Fähigkeiten verbunden sein. Aber meine Freude am Leben wird durch die Tatsache, dass andere viele Dinge tun können, zu denen ich nicht fähig bin, bereichert, und ich sehe keinen Grund, diesen Menschen die Möglichkeit zu verweigern, ihre Talente im Einklang mit den Bedürfnissen der Gesellschaft als Ganzes zu entfalten. Natürlich werden dabei in jeder funktionierenden sozialen Gruppe in der Praxis schwierige Fragen aufgeworfen, ein prinzipielles Problem sehe ich hier jedoch nicht.

Was die sozialen Belohnungen betrifft, wird oft behauptet, in unserer Gesellschaft korreliere die Entlohnung teilweise mit dem IQ. Aber insoweit das stimmt, handelt es sich hier einfach um eine soziale Krankheit, die überwunden werden sollte, genau wie in einem früheren Stadium der menschlichen Geschichte die Sklaverei beseitigt werden musste. Es wird manchmal argumentiert, alle konstruktive und kreative Arbeit werde aufhören, wenn sie nicht zu materieller Belohnung führt, sodass die gesamte Gesellschaft gewinnt, wenn die Talentierteren besondere Belohnungen erhalten. Für die Masse der Bevölkerung lautet die Botschaft also: »Ihr seid besser dran, wenn ihr arm bleibt.« Man sieht leicht, weshalb diese Doktrin den Privilegierten gefällt, aber man kann sich schwer vorstellen, dass irgendjemand sie ernsthaft vertreten könnte, der die kreative Arbeit von Menschen kennen gelernt hat, die in der Kunst, der Wissenschaft, dem Handwerk oder ähnlichen Bereichen tätig sind. Die Standardargumente für die so genannte »Meritokratie« basieren meines Wissens weder auf Tatsachen noch auf logischen Erwägungen; sie beruhen auf apriorischen Überzeugungen, die noch dazu nicht sonderlich plausibel sind. Ich habe diese Frage an anderer Stelle diskutiert und werde sie hier nicht weiterverfolgen.[8]

Nehmen wir an, bei der Erforschung der menschlichen Natur stellt sich heraus, dass die kognitiven Systeme des Menschen durch unser genetisches Programm hochgradig strukturiert sind und dass es innerhalb dieses gemeinsamen Rahmens Variationen unter den einzelnen Individuen gibt. Das scheint mir eine vollkommen vernünftige Erwartung und darüber hinaus sehr wünschenswert zu sein. Soweit ich sehen kann, hat sie abgesehen von dem, was bereits skizziert wurde, keine Implikationen im Hinblick auf die Gleichheit von Rechten und Bedingungen.

Betrachten wir schließlich die Frage der »Rasse« und der intellektuellen Begabung. Halten wir noch einmal fest, dass nichts von dem, was man in dieser Frage an Entdeckungen machen könnte, in einer menschenwürdigen Gesellschaft irgendwelche sozialen Konsequenzen hätte. Einzelne Menschen sind das, was sie sind. Nur aufgrund von rassistischen Annahmen könnte gefolgert werden, dass sie als Beispiele einer Rasse betrachtet werden müssen, sodass aus der bloßen Entdeckung, dass die durchschnittliche Begabung einer

Rasse im Hinblick auf die und die Fähigkeit so und so groß ist, eine andere gesellschaftliche Behandlung des einzelnen Angehörigen dieser Gruppe folgen würde. Wenn wir rassistische Annahmen fallen lassen, haben die Tatsachen, wie immer sie aussehen mögen, keine sozialen Konsequenzen und sind zumindest unter diesem Gesichtspunkt keiner weiteren Forschung wert.

Wenn es irgendeinen Grund für die Untersuchung der Beziehung zwischen der Rasse und einer bestimmten Fähigkeit geben soll, muss er sich also aus der wissenschaftlichen Bedeutung der Frage ableiten. Hier ist es schwer, einen genauen Maßstab aufzustellen. Die Erforschung einer Frage hat, grob gesagt, dann wissenschaftlichen Wert, wenn ihre Resultate uns vielleicht etwas über irgendwelche allgemeinen Prinzipien der Wissenschaften sagen können. Man stellt keine Untersuchungen über die Dichte der Grashalme auf verschiedenen Rasenflächen oder über unzählige andere triviale und sinnlose Fragen an. Auch die Untersuchung von Fragen wie der Beziehung zwischen Rasse und IQ scheint praktisch keinerlei wissenschaftliche Bedeutung zu haben. Man könnte sich vorstellen, dass in der Erforschung der Korrelation zwischen teilweise erblichen Merkmalen ein gewisses Interesse liegen könnte, aber wenn jemand an einer derartigen Frage interessiert wäre, würde er sich gewiss nicht solche Charakteristika wie Rasse und IQ aussuchen, von denen jedes ein unverstandenes Amalgam komplexer Eigenschaften darstellt. Stattdessen würde er fragen, ob es eine Korrelation zwischen messbaren und klar definierbaren Merkmalen gibt, wie etwa der Farbe der Augen und der Länge des großen Zehs. Von daher ist schwer zu sehen, wie die Untersuchung von Rasse und IQ mit wissenschaftlichen Gründen gerechtfertigt werden kann.

Da diese ganze Untersuchung weder wissenschaftlich noch sozial von Interesse ist (abgesehen von der rassistischen Annahme, dass der Einzelne nicht als das betrachtet werden sollte, was er ist, sondern als der Durchschnitt seiner rassischen Kategorie), folgern wir, dass es eigentlich gar keinen vernünftigen Grund für sie gibt. Also stellt sich die Frage, weshalb sie mit einem solchen Eifer betrieben wird. Warum wird sie überhaupt ernst genommen? Hier richtet sich die Aufmerksamkeit ganz von selbst auf die erwähnten rassistischen Annahmen, die, wenn sie akzeptiert werden, der Untersuchung sehr wohl eine Bedeutung zuschreiben.

In einer rassistischen Gesellschaft kann man davon ausgehen, dass eine Untersuchung der Beziehung zwischen Rasse und IQ Vorurteile verstärken wird, ganz gleich, was bei der Untersuchung schließlich herauskommt. Wenn man schon mit Konzepten wie »Rasse« und »IQ« anfängt, steht zu erwarten, dass die Resultate jedweder Untersuchung vage und widersprüchlich und die Argumente komplex und für Laien schwierig nachvollziehbar sein werden. Für einen Rassisten wird das Urteil »nicht bewiesen« die Bedeutung »wahrscheinlich wahr« annehmen. Ein Rassist wird genügend Anlass finden, sich in seinen Vorurteilen zu aalen. Die bloße Tatsache, dass man sich mit der Frage beschäftigt, legt dem Publikum den Schluss nahe, das Ergebnis sei von Bedeutung und da es dies nur ist, wenn man von vornherein von rassistischen Annahmen ausgeht, stecken diese Annahmen implizit schon im ganzen Unternehmen selbst, selbst wenn sie nicht offen ausgesprochen werden. Aus Gründen wie diesen wäre zum Beispiel eine Untersuchung der genetischen Merkmale von Juden in Nazideutschland ein abscheuliches Projekt gewesen. Es kann kein Zweifel daran bestehen, dass die Erforschung von Rasse und IQ den Opfern des amerikanischen Rassismus enorm geschadet hat. Ich habe schon erlebt, wie schwarze Pädagogen lebhaft das Leid und die Verletzung beschrieben haben, die Kindern zugefügt werden, denen man zu verstehen gibt, die »Wissenschaft« habe dieses oder jenes über ihre Rasse bewiesen oder habe es zumindest für nötig befunden, diese Frage aufzuwerfen.

Wir können nicht einfach die Tatsache ignorieren, dass wir in einer zutiefst rassistischen Gesellschaft leben, auch wenn wir das nur zu gerne vergessen würden. Wenn die *New York Times* und der amerikanische UN-Botschafter Moynihan den ugandischen Diktator Idi Amin – vielleicht zutreffend – als »rassistischen Mörder« geißeln, führt das postwendend zu einem Aufwallen von Stolz im ganzen Land, und sie werden für ihren Mut und ihre Aufrichtigkeit gepriesen. Natürlich würde niemand so vulgär sein, darauf hinzuweisen, dass dieselben Leute in nicht allzu ferner Vergangenheit rassistischen Mord in einer Dimension unterstützt haben, die weit jenseits der wildesten Phantasien Amins liegt. Dass solche heuchlerischen Verlautbarungen fast nirgends Ekel und Entsetzen auslösen, spiegelt in erster Linie die machtvollen ideologischen Kontrollen wider, die uns davon abhalten, uns mit unseren eigenen Handlungen und ihren Konsequenzen auseinander zu setzen, und zeigt darüber hinaus die tiefe Verwurzelung unserer Nation in rassistischen Prinzipien. Die Opfer unserer Kriege in Asien wurden nie als vollwertige Menschen betrachtet, eine Tatsache, die zu unserer bleibenden Schande nur allzu leicht demonstriert werden kann. Was den Rassismus in den USA selbst betrifft, ist wohl kaum ein Kommentar nötig.

Als Wissenschaftler ist man wie jeder andere auch für die vorhersehbaren Konsequenzen seines Handelns verantwortlich. Das liegt auf der Hand und

wird im Allgemeinen auch anerkannt. Denken wir nur an die Beschränkungen für Experimente an menschlichen Versuchsobjekten. Im vorliegenden Fall wird eine Untersuchung der Beziehung zwischen Rasse und IQ in einer rassistischen Gesellschaft aus den gerade erwähnten Gründen ganz unabhängig von ihrem Ergebnis einen hohen sozialen Preis fordern. Ein Wissenschaftler, der sich dennoch mit solcher Forschung befasst, muss daher zeigen, dass sie so wichtig ist, dass sie diese Kosten aufwiegt. Wenn also jemand (zum Beispiel der Präsident der Bostoner Universität, John Silber) diese Untersuchung dadurch rechtfertigen will, dass sie zu einer Verfeinerung der Methodologie der Sozialwissenschaften führen könnte, gibt er uns einen Einblick in sein moralisches Kalkül: Der mögliche Beitrag zur Forschungsmethodologie wiegt die sozialen Kosten einer solchen Untersuchung in einer rassistischen Gesellschaft auf. Vertreter derartiger Auffassungen scheinen häufig zu glauben, sie verteidigen damit die akademische Freiheit, dabei verwirren sie die Dinge dadurch bloß. Das Thema der Freiheit der Forschung stellt sich hier in seiner ganz normalen Form: Bringt die fragliche Forschung Kosten mit sich und wenn ja, werden diese durch die Bedeutung der Forschung aufgewogen? Wissenschaftler haben kein besonderes Privileg, die wahrscheinlichen Konsequenzen ihres Tuns zu ignorieren.
Sobald die Frage von Rasse und IQ aufgeworfen wird, befinden sich die Menschen, die die schwerwiegenden sozialen Folgen solcher Forschung in einer rassistischen Gesellschaft erkennen und darüber besorgt sind, in gewisser Weise bereits in der Falle. Sie können solche Forschungsprojekte aus den angeführten Gründen ablehnen – und das sollten sie auch. Aber sie tun dies in einer rassistischen Gesellschaft, in der die Menschen noch gewohnt sind, Fragen von menschlicher und sozialer Bedeutung »technischen Experten« zu überlassen, die sich dann oft als Experten der Verschleierung und Verteidigung von Privilegien erweisen – »Experten der Legitimation«, wie Gramsci sie nannte. Die Konsequenzen sind offensichtlich. Oder sie können in die Arena von Argument und Gegenargument eintreten und so implizit die Überzeugung stärken helfen, es sei furchtbar wichtig, welche Ergebnisse diese Untersuchung bringt, womit sie stillschweigend die rassistische Annahme unterstützen, auf der diese Überzeugung letztlich basiert. Indem man angebliche Korrelationen zwischen Rasse und IQ (oder Rasse und X, was immer dieses X dann sein mag) bestreitet, wird man also unvermeidlich rassistische Annahmen zementieren. Das Dilemma ist nicht auf dieses eine Thema beschränkt. Ich habe es an anderer Stelle in Bezug auf die Debatte über Mord

und Aggression diskutiert.[9] In einer hochgradig ideologisierten Gesellschaft kann es sich kaum anders verhalten, eine unangenehme Tatsache, die wir bedauern mögen, der wir uns aber schwerlich entziehen können.

Wir leben und arbeiten unter gegebenen historischen Bedingungen. Wir können versuchen, sie zu verändern, aber ignorieren können wir sie nicht, weder in unserer beruflichen Arbeit, noch in den von uns verfochtenen Strategien für soziale Veränderung, noch in den direkten politischen Handlungen, an denen wir teilnehmen oder von denen wir Abstand nehmen. Bei der Diskussion von Freiheit und Gleichheit ist es sehr schwierig, Tatsachen von Werturteilen zu trennen. Wir sollten trotzdem versuchen, das zu tun und der empirischen Forschung ohne dogmatische Vorurteile in die Richtung zu folgen, in die sie führt, ohne dabei die Konsequenzen dessen, was wir tun, außer Acht zu lassen. Wir dürfen nie vergessen, dass unser Tun durch die Ehrfurcht vor dem Expertentum, das die sozialen Institutionen als eines der Mittel zur Durchsetzung von Passivität und Gehorsam verbreiten, verfälscht und verdreht wird.

Was wir als Wissenschaftler, als Gelehrte, als Verfechter einer Sache tun, hat Konsequenzen, genau wie unsere Weigerung, uns zu Wort zu melden oder zu handeln, definitiv Konsequenzen hat. In einer auf der Konzentration von Macht und Privileg basierenden Gesellschaft kommen wir an dieser Tatsache nicht vorbei. Daraus resultiert eine schwerwiegende Verantwortung, die der Wissenschaftler oder Gelehrte in einer menschenwürdigen Gesellschaft, in der die Einzelnen die Entscheidungen über ihr Leben und ihre Überzeugungen nicht an irgendwelche Autoritäten delegieren würden, so nicht zu tragen hätte. Wir können – und sollten – uns an die ganz einfachen Werte halten: Aufrichtigkeit und Wahrhaftigkeit, Verantwortlichkeit und innere Beteiligung an den Angelegenheiten der Welt. Aber nach diesen Richtlinien zu leben ist oft alles andere als einfach.

Anmerkungen

1 Zitate aus: Salvador E. Luria Life, *The Unfinished Experiment*. New York, Scribner's Sons, 1973.

2 Für Quellen und Diskussion ferner auch Frank E. Manuel, »In Memoriam: Critique of the Gotha Program, 1875 – 1975«, in: *Daedalus*, Winter 1976.

3 Fredy Perlman, »Essay on Commodity Fetishism«, in: *Telos*, Nr. 6. Somerville, Mass.: New England Free Press, 1968.

4 István Mészáros, *Marx's Theory of Alienation*. London, Merlin Press, 1970.

[5] István Mészáros, *Marx's Theory of Alienation*.

[6] Für Quellen und Diskussion siehe: Noam Chomsky, *Reflections on Language*. New York: Pantheon Books, 1975.

[7] Walter Sullivan, »Scientists Debate Questions of Race and Intelligence«, in: *New York Times*, 23, Februar 1976, S. 23.

[8] Siehe Noam Chomsky, *For Reasons of State*, Kapitel 7.

[9] Noam Chomsky, *American Power and the New Mandarins*. New York: Pantheon Books, 1969.

Noam Chomsky, 1996

Biografie II ... **und wieder zurück**
(1966 – 1979)

Mitte der 50er Jahre, als Chomsky ans MIT wechselt, erwartet ihn dort eine obskure Mischung von Aufgaben: Er forscht an einem von ihm abgelehnten Projekt, und er lehrt in einem praktisch überhaupt nicht definierten Bereich. Er unterrichtet Doktoranden in Deutsch und Französisch, obwohl er nie Französisch studiert hat und kaum Deutsch beherrscht. Da das naturwissenschaftlich orientierte MIT jedoch, wie Chomsky immer wieder betont, »immer ein Ort von recht großer Freiheit und Offenheit gewesen ist«, kann Chomsky auch seinen eigenen Interessen nachgehen. Er beginnt, Seminare in Sprachwissenschaft und Philosophie anzubieten. Zusammen mit einigen Kollegen, vor allem Morris Halle, Robert Lees und Marcel-Paul Schützenberger, kurz darauf auch noch Jerry Fodor, Jerry Katz und Paul Postal, gründet er selbst das Institut, das bis heute sein Arbeitgeber ist.

Mitte der 60er Jahre, nach dem Siegeszug der generativen Transformationsgrammatik, ist Chomsky mit nicht einmal 40 Jahren bereits eine »wissenschaftliche Celebrity«. Er ist seit 1961 ordentlicher Professor am MIT, 1965 erscheint sein in zahlreiche Sprachen übersetzter Klassiker zur Theorie der generativen Transformationsgrammatik *Aspekte der Syntaxtheorie*. 1966 erhält er den eigens für ihn geschaffenen Ferrari P. Ward Lehrstuhl für moderne Sprachen und Linguistik und hat nun die Möglichkeit, intellektuelle Arbeit und Forschung zu leisten, die ihn begeistert. Außerdem hat er bereits drei Kinder – Aviva, Diana und Harry – und führt ein glückliches Familienleben.

Diese familiäre und berufliche Situation mag sein anfängliches Zögern erklären, sich am Protest gegen den US-Krieg in Südostasien zu beteiligen. Sobald sein Entschluss jedoch feststeht, gibt es kein Zurück mehr. Von seinem ersten, ursprünglich im Juni 1966 in der Zeitschrift *Mosaic* erschienenen Artikel »Die Verantwortlichkeit der Intellektuellen« bis zu seinem unmittelbar nach dem Ende des Vietnamkriegs im April 1975 in *Ramparts* veröffentlichten Essay »Vom verrückten Jack zum Verrückten Henry« schreibt er Tausende von Seiten über diesen Krieg und veröffentlich Bücher wie *Amerika und die neuen Mandarine* (1969), *Im Krieg mit Asien* (1970), *Über Erkenntnis und Freiheit* (1971) und *Aus Staatsraison* (1973). Chomsky, der von sich selbst sagt, er sei von Natur aus eher ein Einsiedler, wird Teil einer Bewegung, die ihn derart in Beschlag nimmt, dass er 2001 im Rückblick sagt, zu dieser Zeit seien praktisch sämtliche Kontakte zu früheren Freunden und Bekannten, die nicht an der Opposition gegen den Vietnamkrieg teilnahmen, abgerissen.

Im August 1964 verabschiedet das US-Parlament nach einem von US-Geheimdiensten erfundenen Zwischenfall vor der Küste Nordvietnams mit nur zwei Gegenstimmen (nämlich der Senatoren Wayne Morse aus Oregon und Ernest Gruenling aus Alaska) die so genannte »Gulf of Tonkin Resolution«, die US-Präsident Lyndon B. Johnson zum Krieg gegen Nordvietnam ermächtigt. Die USA beginnen mit der Bombardierung Nordvietnams und eskalieren die Bombardierung Südvietnams, wo die kommunistisch geführte nationale Befreiungsfront FNL (Front National de Libération) knapp vor dem Sieg steht.

Ganz Südvietnam wird von der US-Luftwaffe systematisch bombardiert, die Wälder und Felder (und keineswegs nur der »Dschungel«) des Landes werden aus der Luft mit hochgiftigen Chemikalien traktiert, um den Guerillas der FNL Deckung und Nahrungsmittel zu entziehen. Die als »unzuverlässig«, da auf Seiten der FNL stehend eingestufte Bevölkerung riesiger Landstriche wird durch Bombardements und militärischen Terror in so genannten Wehrdörfern zusammengetrieben, deren Insassen der Gnade des von den USA gewaltsam an der Macht gehaltenen Militärregimes ausgeliefert sind.

Erst nachdem bereits Zehntausende von Vietnamesen gestorben sind, kommt 1965 der Protest, noch weit entfernt von seinem späteren Massencharakter, allmählich in Gang. Wie Chomsky sich in einem Brief von 1996 an seinen Biografen Robert Barsky erinnert, »hielt ich meine ersten Vorträge über den Krieg in Kirchen (wo dann vielleicht vier Leute kamen, nämlich der Veranstalter, ein Betrunkener, der sich verlaufen hatte, der Pfarrer und ein Typ, der darauf aus war, mich umzubringen) oder in der Wohnung eines Kriegsgegners, der ein paar Nachbarn eingeladen hatte«. Die erste große Demonstration gegen den Krieg auf dem Boston Common im Oktober 1965 stößt auf den wütenden Protest selbst ernannter amerikanischer Superpatrioten. In seinem Buch *Im Krieg mit Asien* beschreibt Chomsky die damalige Szenerie folgendermaßen:

»Am 15. Oktober 1965 nahmen schätzungsweise 70.000 Menschen an einer großen Antikriegsdemonstration teil. Die Demonstranten hörten Plädoyers für eine Beendigung der Bombardierung Nordvietnams und für eine ernsthafte Bereitschaft, auf Verhandlungsangebote Nordvietnams und Vermittlungsangebote der Vereinten Nationen einzugehen. Genauer gesagt: Das konnten sie hören, wenn sie überhaupt etwas hören konnten! Auf dem Boston Common zum Beispiel verstanden sie kein einziges Wort, da die Reden der Sprecher im Lärm der Zwischenrufer und Gegendemonstranten völlig untergingen.«

Aber mit der Eskalation des Kriegs gewinnt auch der Protest an Schwung. Im ganzen Land kommt es zu Demonstrationen, Massenveranstaltungen, Sit-ins. In Vietnam selbst gelingt es den USA nicht, den Widerstand der FNL zu brechen. Die Brutalität des US-Angriffs scheint das Gegenteil zu bewirken: Die Zahl der FNL-Guerillas wächst, und wie diverse US-Militäranalytiker verzweifelt anmerken, bewegt sich die Guerilla in der Bevölkerung ganz nach der Devise Mao Zedongs »wie der Fisch im Wasser«. Mit diesem erbitterten Widerstand konfrontiert, verweigern viele US-Soldaten in Vietnam den Kampf oder schießen sogar auf ihre Vorgesetzten (»*fragging*«). In den USA entsteht eine massive Bewegung zur Wehrdienstverweigerung: Einberufungsbefehle werden – häufig symbolträchtig mit Napalm – öffentlich verbrannt, viele junge Männer entziehen sich der Wehrpflicht durch Flucht nach Kanada. Während sie von »patriotischen« Politikern und der Presse zu Feiglingen gestempelt werden, widmet Chomsky sein Buch *Amerika und die neuen Mandarine* »den tapferen jungen Männern, die sich weigern, in einem verbrecherischen Krieg zu dienen«.

Chomsky beteiligt sich aktiv an diesem Widerstand und nimmt, ungeachtet seines »Widerwillens gegen Aktionismus«, an zahlreichen Demonstrationen teil. Zusammen mit dem Literaturprofessor Louis Kampf gibt er am MIT politische Seminare zu Vietnam und anderen politischen Themen – wobei er jedoch darauf achtet, linguistische und politikwissenschaftliche Veranstaltungen strikt auseinander zu halten. Michael Albert, ein Student aus jener Zeit, spielt heute eine wichtige Rolle bei der Verbreitung der Schriften Noam Chomskys. Zusammen mit Lydia Sargent gründete er in den 70ern den Verlag South End Press und in den 80ern die Zeitschrift *Z-Magazine* und schuf damit eine Plattform für die Veröffentlichung etlicher Bücher und Artikel Chomskys und anderer radikaler Autoren.

In den Jahren 1965 – 1967 nimmt die Opposition gegen den amerikanischen Krieg in Vietnam immer mehr den Charakter zivilen Ungehorsams an. Tausende von Bürgerinnen und Bürgern, darunter auch Chomsky, halten aus Protest gegen den Krieg einen Teil ihrer Einkommenssteuern zurück. Gleichzeitig organisieren Chomsky und andere Intellektuelle wie etwa der Historiker Howard Zinn und der Schriftsteller Hans Koning auch den Protest auf der Straße. Anfang Oktober erscheint – im Kontext der Vorbereitungen zu einer Antikriegsdemonstration in Washington – eine Anzeige in der *New York Times* und der *New York Review of Books*: »A Call to Resist Illigitimate Authority« – ausgearbeitet von der damals entstandenen und von Chomsky mitbegründeten Bürgerrechtsorganisation RESIST. Zur Protestkundgebung am 19. Oktober 1967 kommen Hunderttausende nach Washington. Die Demonstranten umzingeln das Pentagon, 13.000 Menschen werden verhaftet. Die tumultartige Szenerie beschreibt Norman Mailer in seinem unter dem Motto »Geschichte als Roman – Der Roman als Geschichte« veröffentlichten Buch *Heere in der Nacht*. Neben Chomsky, Mailer und vielen zumeist langhaarigen jungen Leuten landen an diesem Tag auch andere Prominente wie Susan Sontag, der Kinderarzt und Erfinder der »sanften Geburt« Dr. Benjamin Spock und der Pfarrer William Coffin im Gefängnis.

Der Aufruf zum Widerstand droht bald ernsthafte Konsequenzen zu haben. Fünf der Unterzeichner werden der Konspiration angeklagt und müssen mit einer Gefängnisstrafe von bis zu fünf Jahren rechnen. Chomsky wird lediglich als »Mitverschwörer« benannt, was aber seiner eigenen Aussage zufolge vor allem der Inkompetenz des FBI geschuldet ist. Vier der Angeklagten werden zu zwei Jahren Gefängnis verurteilt, und der Richter fasst die Stimmung, die gegen die Angeklagten gemacht wurde, in seiner Urteilsbegründung in die Worte: »Rebellion gegen das Gesetz ist das Wesen des Verrats.«

Auch Chomsky rechnet damals fest damit, über kurz oder lang ins Gefängnis zu müssen, weshalb seine Frau Carol ihre akademische Karriere wieder aufnimmt, um notfalls die Familie ernähren zu können. Es ist vermutlich der so genannten Tet-Offensive der FNL im Frühjahr 1968 zu verdanken, dass Chomsky und anderen führenden Exponenten der Antikriegsbewegung längere Haftstrafen erspart bleiben. Dieser Angriff des vietnamesischen Widerstands überzeugt beträchtliche Teile der US-Elite davon, dass das US-Militär Vietnam zwar zerstören, nicht aber ein lebensfähiges Besatzungsregime errichten kann. In diesen Jahren ist Chomsky ein Aktivist im vollen Sinn des Wortes, und in einem Gespräch mit David Barsamian in den 90er Jahren beschreibt er sein politisches Leben in den 60ern folgendermaßen: »Ob du es glaubst oder nicht, ich verbrachte früher eine Menge Zeit mit Organisationstätigkeit und damit, zu Versammlungen zu gehen … Ich ging in religiöser Treue zu allen Versammlungen, saß dort herum und war nutzlos und langweilte mich. Am Ende kristallisierte sich aus all dem auf der Basis gegenseitigen Einvernehmens eine Art Arbeitsteilung heraus, und jeder von uns tat die Dinge, die ihm einigermaßen lagen.« Was Chomsky besonders liegt, ist zu jener Zeit längst klar: die Abfassung fakten- und fußnotengespickter Essays und Bücher und Vorträge vor einem wachsenden Publikum überall in den USA und bald auch international – wobei Chomsky auch heute stets unterstreicht, dass er am liebsten vor einem so genannten Laienpublikum spricht: Die hermetischen Diskurse und gegenseitigen Selbstbeweihräucherungen von Eliteintellektuellen sind ihm zutiefst zuwider.

1971 unterstützt er Daniel Ellsberg bei der illegalen Veröffentlichung der berühmten *Pentagon Papers*, einer vom amerikanischen Verteidigungsministerium in Auftrag gegebenen geheimen Studie über den Vietnamkrieg, die nun auch der ungläubig staunenden liberalen Öffentlichkeit klar macht, in welchem Ausmaß die US-Regierung ihre eigene Bevölkerung belogen hat, nur um den Krieg in Vietnam zu legitimieren. Ellsberg, selbst Mitarbeiter des Verteidigungsministeriums, wurde dafür wegen Hochverrats vor Gericht gestellt.

Ein erheblicher Teil von Chomskys politischem Werk von 1966 – 1975 ist dem Thema Vietnam gewidmet. Sein 1970 erschienenes Buch *Im Krieg mit Asien* geht zum Teil auf seinen eigenen Besuch in Kambodscha, Laos und Nordvietnam zurück. So sagt er denn auch im Anhang seines 1969 erschienenen linguistisch-philosophischen Buchs *Sprache und Geist*, die Beendigung dieses Krieges sei seiner Ansicht nach so wichtig, dass »ich durchaus bereit wäre, mich äußerst stark für eine Bewegung zu engagieren, die dann endet, wenn der Vietnamkrieg endet, vorausgesetzt, dass diese Bewegung zur Beendigung des Krieges beitragen würde. Die Beendigung des Vietnamkrieges, scheint mir, sollte für jede radikale oder revolutionäre Bewegung in Amerika an absolut erster Stelle stehen.«

Dabei gehört Chomsky nicht zu jenen, die ein romantisches Bild der Widerstandsbewegungen in Indochina verbreiten – neben Vietnam werden in den 60er und 70er Jahren auch Laos und Kambodscha immer stärker in den Vietnamkrieg hineingezogen. Dies verdient hervorgehoben zu werden, da der überzeugte Anarchist Chomsky sich immer wieder gegen Verleumdungen seiner Gegner zur Wehr setzen muss, die ihn als Kommunist, Stalinist und später, aufgrund seiner Schriften über Kambodscha, sogar als Apologet des Regimes der Roten Khmer beschimpfen. Chomsky warnt bereits in den 60er Jahren eindringlich davor, die aus den nationalen Befreiungskriegen hervorgehenden Gesellschaften als Freiheitsparadiese zu verklären. Sehr zum Verdruss etlicher Antikriegsaktivisten, die statt Stars and Stripes die Flagge der FNL schwenkten, weist er auf den autoritären, staatssozialistischen Charakter der kommunistischen Bewegungen Indochinas und andernorts hin. Einen Hinderungsgrund für den Widerstand gegen den Krieg sieht er darin aber nicht: Stattdessen macht er darauf aufmerksam, dass unter den brutalen Bedingungen des Kriegs gerade die repressivsten und autoritärsten Gruppen des Widerstandes die größten Überlebenschancen haben – eine Sicht der Dinge, die sich mit der Machtergreifung der Roten Khmer in Kambodscha 1975 auf schreckliche Weise bewahrheitet.

Immer wieder bezieht Chomsky Stellung zur Vision einer gerechteren und freieren Gesellschaft nach anarchistischem Vorbild. Sein Buch *Aus Staatsraison* beginnt mit einem Zitat des antiautoritären Sozialisten Michail Bakunin: »Es gibt keinen Schrecken, keine Grausamkeit, kein Sakrileg und keinen Meineid, keinen Betrug, keine

Niedertracht, keinen zynischen Raub, keine freche Plünderung und keinen schäbigen Verrat, der noch nicht von den Vertretern der Staaten begangen wurde oder täglich begangen wird, unter keinem anderen Vorwand als jenen dehnbaren Worten, die so bequem sind und doch so schrecklich: ›*aus Staatsraison*‹.« Aber *Aus Staatsraison* handelt nicht nur vom Terror des US-Staates in Vietnam, sondern auch von den Möglichkeiten des Widerstands dagegen, und in den letzten beiden Kapiteln behandelt Chomsky die historischen, theoretischen und praktischen Grundlagen des Anarchismus. Unter Berufung auf Philosophen und Wissenschaftler wie Kant, Rousseau, von Humboldt und Russell legt er die These Bakunins von einem angeborenen Freiheitsinstinkt des Menschen dar, der, wie Chomsky mit der für ihn charakteristischen Vorsicht sagt, »wie wir hoffen können«, die Basis für den menschlichen Freiheitskampf über die Jahrhunderte hinweg bildet.

Ganz im Gegensatz zu der gerade unter Linken weit verbreiteten Auffassung, nach der die Umwelt der wichtigste Aspekt für die menschliche Entwicklung ist und damit auch das Gefühl für Freiheit und Gerechtigkeit im Menschen weckt, hält Chomsky das Empfinden für Freiheit, Gerechtigkeit und Moral für zutiefst im innersten Wesen des Menschen verankert. Den Beweis für die Richtigkeit dieser Auffassung liefere die Legitimation für den nie endenden Kampf für und um diese Werte. Und ganz im Sinne der aufklärerischen Idee der Perfektibilität des Menschen sieht Chomsky den Beitrag von Umwelt und Geschichte vor allem darin, dass diese dem Menschen im Lauf der Zeit eine immer bessere Einsicht in sein ureigenes Wesen ermöglichen. Die häufig von Liberalen und Linken vertretene Idee einer grenzenlosen Formbarkeit des Menschen durch die Umwelt verwirft Chomsky als wissenschaftlich unhaltbar und moralisch fragwürdig. In diesem Kontext steht auch seine erstmals im Dezember 1971 in der *New York Review of Books* erschienene und ebenfalls in *Aus Staatsraison* abgedruckte zweite Attacke gegen B.F. Skinner aus Anlass von dessen Buch *Jenseits von Freiheit und Würde*. Laut Chomsky liefern Skinners Theorien über die Formbarkeit menschlichen Verhaltens durch – von ihm »Verstärker« genannte – kontrollierte Umweltbedingungen keinerlei grundsätzlichen Einwand gegen eine Gesellschaft in Form »eines wohl organisierten Konzentrationslagers, mit Insassen, die einander bespitzeln, und mit in der Ferne rauchenden Gasöfen, vielleicht auch gelegentlich ein paar verbalen Hinweisen auf die Bedeutung dieses Verstärkers«. (Chomsky ist in seiner Rezension jedoch fair genug anzumerken, dass er dies Skinner keineswegs als Ziel unterstelle.)

Wissenschaftlich, so Chomsky, seien Skinners Ideen unhaltbar wegen ihrer Unschärfe und Inhaltslosigkeit. Ihnen stellt er in den 60er und 70er Jahren sein eigenes Forschungsprojekt der Linguistik entgegen. Durch die konkrete Erforschung der vielleicht menschlichsten aller menschlichen Fähigkeiten, der Sprache, sei es möglich, einen Einblick in einen wichtigen Aspekt der menschlichen Natur zu gewinnen. In diesem Sinne bezeichnet Chomsky denn auch in zahlreichen Publikationen, so etwa in *Sprache und Geist* und *Über Erkenntnis und Freiheit* (1971), die Sprache als »Spiegel des menschlichen Geistes«. Er schreibt eine Reihe technischer Artikel zur Linguistik, die außer in diversen Fachzeitschriften und Sammelbänden auch in seinen Büchern *Studien zu Fragen der Semantik* (1972) und *Essays über Form und Interpretation* (1977) erscheinen. 1977 wird außerdem der bereits erwähnte Band *Sprache und Verantwortung* publiziert, der diese Gedanken in einer auch für den interessierten Laien verständlichen Form dargelegt.

Ende der 60er, Anfang der 70er Jahre entbrennt in der linguistischen Gemeinde des MIT ein erbitterter Streit, den der Wissenschaftshistoriker Randy Harris etliche Jahre später in seinem gleichnamigen Buch als *Die linguistischen Kriege* (1993) bezeichnet. Gegenstand des Zanks sind eben jene »Fragen der Semantik«, zu denen Chomsky 1972 sein Buch veröffentlicht. Geht Chomsky 1964 noch davon aus, dass die Bedeutung von Sätzen nahtlos aus ihrer Tiefenstruktur abzulesen sei, revidiert er diese Idee sehr bald – und ist damit ursächlich an der Spaltung der aktuellen linguistischen Forschung beteiligt. Gegenüber jenen seit Bekanntwerden der Chomskyschen Revolution geführten Cocktail-Gesprächen, in denen die wahre Bedeutung von allem und jedem – von Zeichen, Sprache, Gesellschaft, Kunstwerken usw. – in seiner »Tiefenstruktur« verortet wird, versucht Chomsky deutlich zu machen, dass die Tiefenstruktur in der Linguistik bloß ein technischer Begriff ist, der nichts mit einem »tieferen Sinn« zu tun hat, und dass die Lösung der Frage, wie die Bedeutung von Sätzen mit ihrer Struktur zusammenhängt, nur durch konkrete Forschung gelöst werden kann. Die Meinungsverschiedenheit zwischen Chomsky und den »generativen Semantikern« am MIT und anderswo besteht darin, dass diese auf der Tiefenstruktur als Bedeutungsebene beharren und diese Idee immer weiter ausbauen.

Rückblickend ist es schwer verständlich, wie der Streit um eine technische Frage der Linguistik dermaßen starke Emotionen freisetzen konnte. Die Heftigkeit der Debatte wird ersichtlich an einer in der *New York Review of Books* zitierten Bemerkung George Lakoffs: »Er [Chomsky] benutzt schmutzige Methoden in seiner Argumentation und lässt keinen Trick aus.« Andere Protagonisten des Streits äußern sich noch heute hasserfüllt über Chomsky, während seine eigenen Stellungnahmen in einem ruhigen und sachlichen Ton gehalten waren. Chomsky sagt heute, er habe den »linguistischen Kriegen« wenig Bedeutung beigemessen und sei damals in erster Linie mit einem ganz anderen Krieg, nämlich dem in Vietnam, beschäftigt gewesen.

Ebenfalls in den 60er Jahren beginnt Chomsky, sich in eine andere Kontroverse einzumischen, nämlich in den eskalierenden arabisch-israelischen Konflikt, der mit dem so genannten Sechstage-Krieg am 5. Juni 1967 fast einen Weltkrieg auslöst. Die im Gefolge der Gründung Israels im Mai 1948 entstandenen Probleme – 750.000 palästinensische Flüchtlinge, Diskriminierung der Araber in Israel, Quasi-Kriegszustand zwischen Israel und seinen Nachbarn – werden nun durch die israelische Besetzung des Westjordanlandes und des Gazastreifens noch verschärft. Trotz familiärer Bedenken – seine harsche Kritik an Israel schmerzt vor allem seinen Vater – versäumt Chomsky die Gelegenheit nicht, sich neue Feinde zu machen. Schon die bloße Feststellung, es gebe im ehemaligen Mandatsgebiet Palästinas nunmehr zwei Nationen, und es sei ein Gebot elementarster Moral, dass den arabischen Palästinensern dieselben Rechte, einschließlich nationaler Rechte, zugestanden werden wie den israelischen Juden, lösen eine Serie wütender Proteste und Verleumdungen aus. Viele amerikanische Juden, aber auch andere Unterstützer der israelischen Position betrachten Chomsky nun als jüdischen »Nestbeschmutzer« – eine Sichtweise auf Chomsky und andere, gerade jüdische Kritiker der israelischen Sicherheitspolitik, die in den folgenden Jahrzehnten einen geradezu hysterischen Ton annimmt: Immer häufiger ist von »Antisemitismus« und »jüdischem Selbsthass« die Rede, und was Chomsky betrifft, so wird er in der Folge immer wieder als Apologet des palästinensischen Terrorismus hingestellt.

In Wirklichkeit war Chomsky jedoch immer ein scharfer Kritiker der Exzesse sowohl des arabischen als auch des jüdisch-israelischen Nationalismus. Auch in seinem 1974 veröffentlichten Band *Frieden im Nahen Osten?*, der wie die meisten seiner politischen Bücher eine Sammlung von Essays und Vorträgen aus den Jahren zuvor ist, vertritt er weiter seine frühere linkszionistische Position, nach der ein jüdisch-arabisches, auf gleichen Rechten für Palästinenser und Juden beruhendes Gemeinwesen die beste Lösung für diesen unheilvollen Konflikt wäre. Während er die palästinensische Befreiungsorganisation PLO wegen ihres Eintretens für einen »demokratischen, weltlichen Staat« ohne Erwähnung der nationalen Rechte der Juden scharf kritisiert, hält er die Politik der israelischen Führung aus *zweierlei* Gründen für katastrophal. Zum einen ist die Negation der Rechte der Palästinenser für Chomsky moralisch unhaltbar, zum anderen hält er die israelische Politik auch für die israelischen Juden für höchst gefährlich: Sie ist, so Chomskys oft geäußerte Meinung, in Wirklichkeit »eine Politik der Zerstörung und Vernichtung Israels«. So führt denn auch das israelische Beharren auf der Besatzung der im Krieg von 1967 eroberten Gebiete im Verein mit Israels Überheblichkeit gegenüber seinen arabischen Nachbarn im Oktoberkrieg von 1973 an den Rand der Katastrophe. Chomsky verweist darauf, dass Israel trotz seines sich entfaltenden Charakters als regionale Supermacht ein kleiner und verwundbarer Staat bleibt, der durch eine militärische Niederlage praktisch automatisch ausgelöscht würde: »Israel kann nur einmal verlieren«, schreibt er in *Frieden im Nahen Osten?* Der Nahostkonflikt bleibt ein Thema, auf das er in den nächsten 35 Jahren immer wieder zurückkommt.

Ende der 70er Jahre beginnt Chomsky sich systematisch in ein weiteres Thema einzuarbeiten, das ihn schon lange interessiert: die Funktionsweise der Massenmedien. Wenn Chomsky seit den 60er Jahren, wie in seinem in *Amerika und die neuen Mandarine* abgedruckten Essay, von der »Verantwortlichkeit der Intellektuellen« spricht, sind damit nicht zuletzt die Mitarbeiter der tonangebenden Medien gemeint. So gut wie all seine politischen Bücher und Essays sind eine dicht ineinander verwobene Darstellung von Fakten und deren Präsentation in den Medien oder der offiziellen Wissenschaft. 1978 macht Chomsky sich zusammen mit dem Wirtschaftswissenschaftler Edward S. Herman an die Ausarbeitung einer zweibändigen Studie mit dem Titel *Die politische Ökonomie der Menschenrechte*. Im ersten Band, *Die »Washington-Connection« und der Faschismus in der Dritten Welt,* kommen sie zu der schockierenden Schlussfolgerung, dass es in weiten Teilen der Welt eine systematische Korrelation zwischen US-Auslands- und Militärhilfe und massiven Menschenrechtsverletzungen gibt. Dies liegt laut Chomsky und Herman nicht an einer perversen Vorliebe der politischen und wirtschaftlichen Elite der USA für Mord und Folter, sondern an der trivialen Tatsache, dass politische Unterdrückung in der Dritten Welt ein gutes Geschäftsklima für die großenteils in den USA ansässigen Großkonzerne schafft. Wie sie anhand zahlreicher Beispiele zeigen, spielen die Medien gegenüber dieser von ihrem eigenen Staat gesponserten Unterdrückung keineswegs die Rolle des kritischen Wachhunds; im Gegenteil, der Terror US-freundlicher Regierungen in der Dritten Welt wie etwa des Suharto-Regimes in Indonesien oder der Mobutu-Diktatur in Zaire fällt für die Medien regelmäßig in eine Kategorie, die Chomsky und Herman als »konstruktiven Terror« ironisieren.

Im zweiten Band, *Nach der Katastrophe: Indochina nach dem Krieg und die Rekonstruktion der imperialen Ideologie*, untersuchen sie die Reaktion der Medien auf die Entwicklungen in Indochina nach dem Ende des Vietnamkriegs und kommen zu der Schlussfolgerung, dass die Medien die dortigen Nachkriegsregimes systematisch im schlechtesten Licht zeichnen: Der Terror von Feinden ist »bösartiger Terror«. Hinzu kommt in ihrer Analyse noch eine dritte Kategorie, der »gutartige Terror«, ein Terror in Gebieten, die für die US-Eliten ohne besonderes Interesse sind und über den die Medien daher nicht berichten. Ein typisches Beispiel ist die ehemalige portugiesische Kolonie Osttimor, eine Insel im Pazifik, die 1975 von Indonesien besetzt und deren Bevölkerung Opfer eines regelrechten Ausrottungskriegs durch das indonesische Militär wird. Während es zwischen 1974 und 1975 noch etliche Berichte über den Entkolonisierungsprozess gibt, schrumpft die Berichterstattung über Osttimor gerade zur Zeit des schlimmsten Terrors beinahe auf Null. Der in Indonesien herrschende Suharto ist ein »Freund« der USA; sein völkermörderischer Krieg daher für die US-Medien uninteressant. Gleichzeitig gibt es eine regelrechte Flut von Berichten über das seinem menschenverachtenden Charakter nach vergleichbare, aber »feindliche« Regime der Roten Khmer in Kambodscha. Chomsky und Herman weisen in minutiösen Analysen nach, dass sich die Medien dabei mit dem tatsächlichen Terror des Pol-Pot-Regimes keineswegs zufrieden geben, sondern eine enorme Menge von Übertreibungen, Verdrehungen und Verfälschungen hinzufügen.

Obwohl Chomsky und Herman mehrfach betonen, dass es ihnen um eine Analyse der *US-Medien*, nicht eine Bewertung des kambodschanischen Nachkriegsregimes geht, und dass sich einige der extremeren Einschätzungen dieses Regimes am Ende als richtig erweisen können, haftet seitdem vor allem dem bekannteren der beiden Autoren, nämlich Chomsky, der Makel an, ein Verteidiger des Pol-Pot-Regimes zu sein.

Chomsky bleibt davon unbeeindruckt. Für ihn ist dies nur ein weiterer Beweis dafür, dass die von ihm postulierte normative Rolle des Intellektuellen – »die Wahrheit zu sagen und Lügen aufzudecken« – in der »realen Welt« wenig zählt.

Noam Chomsky, 1996

Über den Widerstand[1] (1967)

Einige Wochen nach den Demonstrationen in Washington versuche ich noch immer, die Eindrücke einer Woche zu ordnen, deren Bedeutung ich nur schwer zu fassen und auszudrücken vermag. Vielleicht sind meine persönlichen Überlegungen anderen Menschen nützlich, die meine instinktive Abneigung gegen Aktionismus teilen, aber gerade auf eine ungewollte, jedoch unvermeidliche Krise zusteuern. Für viele der Teilnehmer symbolisierten die Demonstrationen in Washington den Übergang vom Andersdenken zum Widerstand (»from dissent in resistance«). Ich werde auf diese Losung und ihre Bedeutung zurückkommen, möchte jedoch schon zu Beginn klarstellen, dass ich sie nicht nur im Hinblick auf die Stimmung der Demonstrationen für zutreffend halte, sondern auch, wenn richtig interpretiert, als dem gegenwärtigen Stadium des Protests gegen den Krieg angemessen.

Diesem Protest wohnt eine unwiderstehliche Dynamik inne. Man kann damit beginnen, dass man über den Krieg Artikel schreibt und Vorträge hält, dass man auf verschiedene Weise dazu beiträgt, eine Atmosphäre der Beunruhigung und Empörung zu schaffen. Einige wenige, die Mut haben, werden zu direkten Aktionen übergehen, indem sie sich weigern, sich neben die »guten Deutschen« zu stellen, die wir alle verachten gelernt haben. Manche werden zu diesem Schritt gezwungen sein, wenn man sie zum Militärdienst einberuft. Die oppositionellen Senatoren, Schriftsteller und Professoren werden zusehen, wie junge Männer sich weigern, bei den bewaffneten Streitkräften zu dienen, in einem Krieg, den sie verabscheuen. Was weiter? Können jene, die gegen den Krieg schreiben und sprechen, sich dahinter zurückziehen, dass sie die Kriegsdienstverweigerung nicht gefordert und unterstützt, sondern nur geholfen haben, ein Meinungsklima zu schaffen, in dem jeder anständige Mensch sich weigern würde, an einem Krieg teilzunehmen? Ein sehr schwaches Argument. Auch ist es nicht gerade leicht, von einer Position der Sicherheit aus zuzusehen, wie andere gezwungen sind, einen verzweifelten und schmerzlichen Schritt zu tun. Tatsache ist, dass die meisten der 1.000 Einberufungsbefehle und andere Dokumente, die am 20. Oktober an das Justizministerium zurückgegeben wurden, von Männern stammten, die den Militärdienst umgehen könnten, die aber darauf bestanden, das Los derjenigen zu teilen, die weniger privilegiert sind. Auf solche Art erweitert sich der Kreis des Widerstandes. Ganz unabhängig davon kann man sich der Erkenntnis nicht entziehen, dass man in dem Maß, in dem man seinen Protest beschränkt, in dem Maß, in dem man Aktionen ablehnt, die einem offen stehen, die Mitschuld an den Handlungen der Regierung akzeptiert. Einige werden aus dieser Erkenntnis heraus handeln, werden mit aller Strenge eine moralische Frage aufwerfen, der sich kein Mensch guten Gewissens entziehen kann.

Am Montag dem 16. Oktober hörte ich im Boston Common, wie Howard Zinn erklärte, warum er sich schäme, ein Amerikaner zu sein. Ich beobachtete, wie mehrere 100 junge Leute, unter ihnen einige meiner Studenten, die grausame Entscheidung trafen, vor die kein junger Mensch gestellt werden dürfte: ihre Beziehung zum *Selective Service System* (System der selektiven Einberufung) abzubrechen. Die Woche ging am darauf folgenden Montag mit einer ruhigen Diskussion in Cambridge zu Ende, in der ich Schätzungen eines akademischen Beraters des Verteidigungsministeriums über die Anzahl von nuklearen Megatonnen hörte, die nötig sein würden, um Nordvietnam »auszulöschen«. (»Einige werden das schockierend finden, aber …«; »Kein Zivilbeamter in der Regierung hat meines Wissens diesen Vorschlag gemacht …«; »Wir wollen keine emotionalen Begriffe wie »Zerstörung« gebrauchen …«, usw.) Hier hörte ich auch einen führenden Experten für Sowjetrussland behaupten, dass sich der Kreml sehr genau darüber informiert, ob ein nationaler Befreiungskrieg Erfolg haben könne. Wenn ja, dann werden sie ihn unterstützen, egal wo. (Versucht man einem dieser Experten klar zu machen, dass der Kreml dieser Annahme zufolge, falls er vernünftig ist, in diesem Augenblick sicherlich Dutzende solcher Kriege unterstützt, da er auf diese Weise mit geringen Kosten das amerikanische Militär und unsere Gesellschaft zugrunde richten kann, so wird einem unterstellt, man verstünde die russische Seele nicht.)

Das Wochenende der Demonstrationen für den Frieden hinterließ lebhafte und intensive Eindrücke, über deren Implikationen ich mir nicht im Klaren bin. Am stärksten ist natürlich die Erinnerung an den Vorgang selbst, an Zehntausende junger Menschen, die sich um die Institution versammelten, die sie für die scheußlichste auf dieser Erde halten – worin ich ihnen zustimme – und forderten, dass sie aufhören solle, Elend und Vernichtung herbeizuführen. Zehntausende junger Menschen. Das ist es, was ich so schwer begreifen kann. Es ist traurig, aber wahr, dass es in einem überwältigenden Maß die jungen Menschen sind, die entsetzt aufschreien angesichts dessen, was sich vor unser aller Augen abspielt, die jungen Menschen, die geschlagen werden, wenn sie für ihre Sache einstehen, die jungen Menschen, die sich entscheiden müssen, ob sie Gefängnis und Ausweisung auf sich nehmen oder in einem abscheulichen Krieg kämpfen wollen. Sie müssen diese Entscheidung allein treffen, oder fast allein. Wir sollten uns fragen, warum das so ist.

Warum ist zum Beispiel Senator Mansfield »beschämt von dem Eindruck, den die jungen Menschen von diesem Land erwecken«, und warum schämt er sich nicht des Eindrucks, den die Institution hinterlässt, vor der diese jungen Menschen standen? Eine Institution, die von einem gesunden, freundlichen und unerhört vernünftigen Mann geleitet wird, der dem Kongress gelassen mitteilen kann, dass die Ausgaben für den Krieg in Vietnam die Gesamtsumme überschritten haben, die wir in Deutschland und Italien während des Zweiten Weltkriegs ausgegeben haben. Warum ist es möglich, dass Senator Mansfield in tönenden Worten von jenen sprechen kann, die unserem Engagement für »eine Regierung der Gesetze« den Rücken kehren – womit er eine kleine Gruppe von Demonstranten meint, nicht jene rund 90 verantwortlichen Männer des Senats, die zusehen, wie der Staat, dem sie dienen, die ausdrücklichen Bestimmungen der UN-Charta, also das höchste Gesetz des Landes, flagrant verletzt? Er weiß sehr wohl, dass es vor unserer Invasion in Vietnam keinen bewaffneten Angriff (gegen was auch immer) gab. Es war schließlich Senator Mansfield, der uns darüber informierte, dass man – »als man Anfang 1965 die militärischen Anstrengungen verschärfte – schätzte, dass sich nur etwa 400 nordvietnamesische Soldaten unter den feindlichen Kräften im Süden befanden, die damals eine Gesamtzahl von 140.000 erreichten«. Und es ist der Mansfield-Bericht, aus dem wir erfahren, dass sich zu jener Zeit bereits 34.000 amerikanische Soldaten in Vietnam aufhielten – unter Verletzung unseres »feierlichen Versprechens« von Genf im Jahre 1954.

Darauf möchte ich näher eingehen. Nach den ersten »Internationalen Protesttagen« im Oktober 1965 kritisierte Senator Mansfield die »Haltung absoluter Unverantwortlichkeit« der Demonstranten. Damals und auch später wusste er nichts zu sagen über die »Haltung absoluter Unverantwortlichkeit«, die er selbst und andere an den Tag legten, indem sie ruhig zusahen und Mittel bewilligten, als Städte und Dörfer Nordvietnams zerstört wurden, als Millionen von Flüchtlingen im Süden durch die amerikanischen Bombenangriffe aus ihrer Heimat vertrieben wurden. Er weiß nichts zu sagen über die

Achtung vor dem Gesetz oder die Moral derjenigen, die diese Tragödie geschehen ließen.
Ich spreche deshalb von Senator Mansfield, weil er keiner der prahlerischen Superpatrioten ist, die Amerika gern als Weltherrschaft sehen möchten, sondern vielmehr ein amerikanischer Intellektueller im besten Sinn, ein gelehrter und vernünftiger Mann – ein Mann von der Art, wie sie der Schrecken unserer Zeit ist. Vielleicht ist das nur meine persönliche Sicht, aber wenn ich mir anschaue, was in unserem Land vorgeht, dann finde ich nicht einen Curtis LeMay am erschreckendsten, mit seinem launigen Vorschlag, unsere Feinde zurück in die Steinzeit zu bombardieren. Am erschreckendsten finde ich die besonnenen Abhandlungen politischer Wissenschaftler darüber, wie viel Gewalt notwendig sein würde, um unsere Ziele zu erreichen, oder welche Regierungsform für uns in Vietnam annehmbar wäre. Was ich erschreckend finde, ist die Distanziertheit und der Gleichmut, mit denen wir eine unbeschreibliche Tragödie betrachten und erörtern. Wir alle wissen, dass wir vor Empörung platzen würden, wenn Russland oder China das auf dem Gewissen hätten, was wir in Vietnam getan haben.
Ich glaube, es gab bei der Planung der Demonstrationen in Washington einen ernsten Fehler. Man hatte damit gerechnet, dass nach dem Marsch auf das Pentagon verschiedene Ansprachen gehalten würden, und dass jene, die zu passivem Widerstand entschlossen waren, sich dann von der Menge absondern und wenige 100 Meter weiter über einen offenen Platz zum Pentagon gehen würden. Ich hatte mich gegen eine Beteiligung am passiven Widerstand entschieden und wusste nicht, was im Einzelnen geplant war. Wie jedermann wissen dürfte, ist es sehr schwer, in solchen Dingen zwischen Rationalisierung und Rationalität zu unterscheiden. Ich glaubte jedoch, die ersten größeren Aktionen des passiven Widerstands müssten genauer definiert und eindeutiger in ihrer Parteinahme für diejenigen sein, die den Kriegsdienst in Vietnam verweigern, die also die wirkliche Last des Andersdenkens tragen. Obwohl ich den Standpunkt derjenigen akzeptierte, die ihren Hass gegen den Krieg noch nachdrücklicher zu äußern wünschten, war ich nicht davon überzeugt, dass der passive Widerstand gegen das Pentagon sinnvoll oder wirksam sein könnte.
In jedem Fall verlief alles ganz anders, als man erwartet hatte. Einige 1000 Menschen versammelten sich, um die Ansprachen zu hören, aber die Mehrzahl der Demonstranten ging direkt zum Pentagon. Einige, weil sie sich zu direkten Aktionen verpflichtet fühlten, viele aber, weil sie einfach mitgerissen

wurden. Von der Rednerbühne aus, auf der ich stand, konnte man schwer erkennen, was sich am Pentagon abspielte. Wir sahen nur die wogende Menge. Aus zweiter Hand erfuhr ich, dass die Demonstranten die erste Reihe der Truppen überrannt, eingekreist und sich auf den Stufen des Pentagons niedergelassen hatten. Bald stellte sich heraus, wie verkehrt es war, dass die Organisatoren der Demonstration und die Gruppe von Menschen meist mittleren Alters, die sich um sie herum versammelt hatten, bei der Rednertribüne geblieben waren, während die Demonstranten selbst, von denen die meisten recht jung waren, sich beim Pentagon aufhielten. (Ich erinnere mich, Robert Lowell, Dwight McDonald, Monsignore Rice, Sidney Lens, Benjamin Spock, seine Frau Dagmar Wilson und Donald Kalish in der Nähe der Tribüne gesehen zu haben.) Dave Dellinger machte den Vorschlag zu versuchen, an das Pentagon heranzukommen. Wir fanden eine Stelle, die noch nicht von Demonstranten blockiert war, und gingen weiter vor zu den Ketten der Soldaten, die einige Meter vom Gebäude entfernt standen. Dellinger schlug vor, dass diejenigen, die bei der Versammlung noch nicht gesprochen hatten, doch jetzt, mittels eines kleinen tragbaren Lautsprechers, direkt zu den Soldaten sprechen sollten. Von diesem Augenblick an sind meine Erinnerungen ziemlich fragmentarisch. Monsignore Rice sprach, ich nach ihm. Als ich sprach, rückte die Kette der Soldaten vor, bewegte sich auf mich zu – ein ziemlich seltsames Gefühl. Ich erinnere mich nicht mehr an das, was ich sagte; der Sinn war vermutlich der, dass wir hier seien, weil wir nicht wollten, dass die Soldaten töteten und getötet würden. Aber ich erinnere mich an das Gefühl, dass die Art, wie ich es ausdrückte, mir lächerlich und irrelevant erschien.
Die sich nähernden Soldaten hatten die kleine Gruppe, die mit Dellinger gekommen war, zum Teil auseinander getrieben. Jene von uns, die hinter der Reihe der Soldaten zurückgeblieben waren, schlossen sich wieder zu einer Gruppe zusammen. Dann begann Dr. Spock zu sprechen. Ganz plötzlich tauchte von irgendwo eine weitere Reihe Soldaten auf, dieses Mal in enger Formation und mit Gewehren in den Händen. Sie bewegte sich langsam vorwärts. Wir setzten uns auf den Boden. Wie ich schon sagte, hatte ich nicht die Absicht, an irgendeiner Form des passiven Widerstands teilzunehmen – bis zu diesem Augenblick. Als sich dieser groteske Organismus langsam näherte – um so grotesker, als es sich bei seinen Zellen unverkennbar um Menschen handelte –, wurde mir klar, dass man diesem »Ding« nicht erlauben durfte, unser Tun und Lassen zu bestimmen. Dann wurde ich von einem Beamten verhaftet, angeblich, weil ich die Soldaten behindert hatte.

Ich muss dazu sagen, dass die Soldaten – soweit ich sehen konnte (und das war nicht sehr weit) – ziemlich unglücklich über diese ganze Angelegenheit zu sein schienen. Sie waren so höflich, wie man nur sein kann, wenn man den Befehl hat (ich nehme an, das war der Befehl), passive und ruhige Menschen, die sich weigern fortzugehen, wegzustoßen und zu prügeln. Die Polizisten verhielten sich, wie vorauszusehen war, ganz anders. Sie erinnerten mich an jene, die ich einige Jahre zuvor in einem Gefängnis in Jackson, Mississippi, beobachtet hatte: Sie lachten, als uns ein alter Mann seinen selbst gemachten blutigen Verband um sein Bein zeigte und zu beschreiben versuchte, wie die Polizei ihn geprügelt hatte. In Washington wurden vor allem Mädchen und Jungen von den Beamten geprügelt, ganz besonders Jungen mit langen Haaren. Nichts schien den Sadismus der Beamten mehr anzustacheln als der Anblick eines Jungen mit langen Haaren. Und doch – obwohl ich Zeuge einiger Gewalthandlungen der Beamten war – schien mir ihr Verhalten zumeist zwischen Gleichgültigkeit und verächtlichem Abscheu angesiedelt zu sein. Uns zum Beispiel hielt man ein oder zwei Stunden in einem Polizeiwagen fest, bei geschlossenen Türen und mit nur wenigen Luftlöchern für frische Luft – man kann nicht vorsichtig genug sein, bei derart wilden Verbrechertypen.

Im Schlafsaal des Gefängnisses und auch nach meiner Entlassung hörte ich viele Geschichten, deren Wahrheitsgehalt ich nicht bezweifle: über den Mut der jungen Leute, von denen viele richtig eingeschüchtert wurden durch den Terror, der spät in der Nacht einsetzte, als die Kameramänner des Fernsehens und die meisten Journalisten schon gegangen waren. Stunde um Stunde saßen sie ruhig da, die ganze kalte Nacht hindurch; viele wurden getreten und geprügelt und hinter die Reihen der Polizisten geschleppt. Ich hörte auch betrübliche Geschichten über Demonstranten, die die Soldaten provoziert hatten – gewöhnlich waren es solche, die nicht in den ersten Reihen standen. Das ließ sich mit nichts rechtfertigen. Soldaten sind, ohne es zu wissen, Werkzeuge des Terrors, und man beschimpft und attackiert keinen Knüppel, auch wenn er dazu verwendet wird, jemanden zu Tode zu prügeln. Auch diese Soldaten sind Menschen, die Gefühle haben, an die man vielleicht appellieren kann. Es gibt tatsächlich Beweise dafür, dass ein Soldat, vielleicht waren es auch drei oder vier, den Gehorsam verweigerte und arretiert wurde. Die Soldaten sind schließlich fast in der gleichen Lage wie die Kriegsdienstverweigerer. Wenn sie den Befehlen gehorchen, werden sie durch das, was sie tun, brutalisiert; wenn sie den Gehorsam verweigern, hat das schwere persönliche

Konsequenzen für sie. Sie verdienen es, bemitleidet, nicht aber missbraucht zu werden. Doch sollten wir in dieser Angelegenheit den Sinn für Proportionen wahren. Alles, was ich gesehen oder gehört habe, spricht dafür, dass die Demonstranten bei der Auslösung von Gewalttätigkeiten nur eine kleine Rolle spielten.

Das Argument, dass Widerstand gegen den Krieg unbedingt gewaltlos bleiben muss, scheint mir zwingend zu sein. Als Taktik ist Gewalttätigkeit absurd. Niemand kann in dieser Beziehung mit der Regierung konkurrieren, und die Zuflucht zur Gewalt, die mit Sicherheit fehlschlagen wird, kann nichts bewirken als gerade jene zu verschrecken und abzustoßen, die erreicht werden könnten. Die Ideologen und Administratoren gewaltsamer Repression werden dadurch nur noch mehr ermutigt. Und hegt man nicht die Hoffnung, dass jene, die am gewaltlosen Widerstand teilnehmen, dadurch bessere, vorbildlichere Menschen werden? Jeder müsste davon beeindruckt sein, wie sehr die Bürgerrechtsbewegung diejenigen, die in ihr herangereift sind, geprägt, ihren Charakter und ihr Leben verändert hat. Was immer sie sonst erreicht haben mag – dieser Beitrag der Bürgerrechtsbewegung zur amerikanischen Gesellschaft ist unschätzbar. Vielleicht kann das Programm eines entschiedenen gewaltlosen Widerstandes unter den besonderen Umständen, in denen wir heute leben, das Gleiche bei vielen anderen bewirken. Es ist nicht ausgeschlossen, dass unser Land dadurch vor einer schrecklichen Zukunft bewahrt bleibt, vor einer weiteren Generation von Menschen, die sich für clever halten, wenn sie die Bombardierung Nordvietnams als eine Frage der Taktik und Kostenwirksamkeit diskutieren; bewahrt bleiben vor einer weiteren Generation von Menschen, die sich hinter unseren Versuch stellen, Südvietnam zu erobern, ungeachtet der menschlichen Kosten, die sie genau kennen, und die platt versichern, dass »unser wichtigstes Motiv Eigeninteresse ist – das Eigeninteresse unseres Landes in dieser schrumpfenden Welt«[2].

Zurück zu den Demonstrationen. Ich war, das muss ich gestehen, erleichtert, Menschen, die ich seit Jahren schätzte, in dem Schlafsaal des Gefängnisses wiederzusehen – Norman Mailer, Jim Peck, Dave Dellinger und etliche andere. Ich glaube es war für viele der jungen Menschen, die sich ebenfalls dort befanden, beruhigend zu sehen, dass sie nicht völlig getrennt waren von einer Welt, die sie kannten, und von Menschen, die sie bewunderten. Es war bewegend zu sehen, dass hilflose junge Menschen, die sehr viel zu verlieren hatten, bereit waren, für ihre Überzeugung ins Gefängnis zu gehen – junge Lehrer staatlicher Universitäten, College-Schüler, die eine blendende Zukunft hätten, wenn sie bereit wären, sich gleichschalten zu lassen, und viele andere, die ich nicht identifizieren konnte.

Was wird als Nächstes geschehen? Offenbar stellt sich jeder diese Frage. Die Losung »Vom Andersdenken zum Widerstand« ist, wie ich meine, sinnvoll, aber ich hoffe, sie wird nicht so interpretiert werden, dass das Andersdenken nun eingestellt werden soll. Andersdenken und Widerstand sind keine Alternativen, sondern Aktivitäten, die einander ergänzen sollten. Es gibt keinen Grund, warum jene, die es ablehnen, Steuern zu zahlen, die sich weigern, Kriegsdienst zu leisten, oder an anderen Formen des Widerstands teilnehmen, nicht auch zu Kirchengemeinden oder Stadträten sprechen oder sich an der Wahlpolitik beteiligen sollten, um Friedenskandidaten und Volksentscheidungen gegen den Krieg zu unterstützen. Nach meiner Erfahrung haben sich jene, die sich dem Widerstand verschrieben haben, stets auch am stärksten für solche Überzeugungskampagnen eingesetzt.

Doch lassen wir das Thema des Widerstands für einen Augenblick außer Acht. Ich glaube, dass die Zeit des »geduldigen Erklärens« noch keineswegs vorbei ist. Seit die Särge heimkommen und die Steuern erhöht werden, sind viele Leute, die zuvor der Propaganda der Regierung geglaubt haben, in zunehmendem Maße bereit zu dem Versuch, selbstständig zu denken. Die Gründe für diesen Sinneswandel mögen bedauerlich sein; die Chancen für eine Aufklärungsarbeit sind gleichwohl sehr günstig.

Außerdem bietet der jüngste Richtungswechsel in der Regierungspropaganda gute Möglichkeiten für eine kritische Analyse des Kriegs. Die Verteidigung des amerikanischen Kriegs in Vietnam enthält neuerdings einen Ton schriller Verzweiflung. Man hört jetzt weniger darüber, dass wir den Südvietnamesen »Frieden und Freiheit bringen«, als über unser »nationales Interesse«. Außenminister Rusk grübelt über die Gefahren, die uns von einer Milliarde Chinesen drohen. Der Vizepräsident macht uns klar, dass wir den »militanten asiatischen Kommunismus« mit seinem »Hauptquartier in Peking« bekämpfen und dass ein Sieg des »Viet Kong« eine direkte Bedrohung für die Vereinigten Staaten wäre. Eugene Rostow behauptet, dass es »nicht gut ist, Modellstädte aufzubauen, wenn sie innerhalb von 20 Jahren wieder bombardiert werden«, etc. Dieser Richtungswechsel der Propaganda macht es der kritischen Analyse um vieles leichter, das Problem Vietnam in seinem Kern zu treffen, der in Washington und Boston, nicht in Saigon und Hanoi liegt.

Im Grunde hat die bemühte Aufmerksamkeit, die die Opposition gegen den Krieg den politischen und sozialen Problemen Vietnams schenkt, fast etwas Lächerliches an sich. Jene, die vor einer Generation gegen die Eroberung der Mandschurei durch Japan opponierten, legten den Akzent nicht auf die politischen, sozialen und wirtschaftlichen Probleme der Mandschurei, sondern auf die Japans. Sie beteiligten sich nicht an sinnlosen Diskussionen über das genaue Ausmaß der Unterstützung für den Marionettenherrscher, sondern fragten nach den Ursachen des japanischen Imperialismus. Heute haben es die Kriegsgegner viel leichter, auf die Ursachen der Aggression aufmerksam zu machen: auf unser eigenes Land, seine Ideologie und seine Institutionen. Wir können fragen, welchem »Interesse« gedient ist mit den 100.000 Toten und 100 Milliarden Dollar, die für den Versuch, ein kleines Land auf der anderen Hälfte der Erdkugel zu unterdrücken, geopfert worden sind. Wir können hinweisen auf die Absurdität der Vorstellung, dass wir »China eindämmen«, wenn wir unabhängige und im Volk verwurzelte Kräfte an seiner Grenze vernichten. Wir können hinweisen auf den Zynismus der Behauptung, wir seien in Vietnam, »weil Frieden und Freiheit für den Amerikaner untrennbar sind« und weil eine »Unterdrückung der Freiheit« nicht »unbehelligt geschehen« darf (so wiederum das Bürgerkomitee). Wir können fragen, warum jene, die diese Behauptung aufstellen, nicht den Vorschlag machen, ein amerikanisches Expeditionsheer nach Taiwan, nach Rhodesien, nach Griechenland oder nach Mississippi zu schicken, anstatt nur nach Vietnam. Hier, wie sie uns glauben machen wollen, beschreitet der Hauptaggressor Mao Zedong auf seine hinterlistige Art den Weg Hitlers, indem er ohne Truppen Aggressionen verübt und die Eroberung der Welt ankündigt durch die Erklärung seines Sprachrohrs Lin Piao, dass einheimische nationale Befreiungskriege von China nicht viel mehr erwarten können als Beifall. Wir können fragen, warum Minister McNamara solche Erklärungen als eine neue Version von Hitlers *Mein Kampf* bezeichnet – oder warum jene, die zugeben, dass »ein kommunistisches Regime in Vietnam wahrscheinlich anti-chinesisch wäre«[3], trotzdem Erklärungen unterzeichnen, die beteuern, dass wir in Vietnam den expansionistischen Aggressoren aus Peking gegenübertreten. Wir können fragen, welche Faktoren der amerikanischen Ideologie es intelligenten und gut informierten Menschen so leicht machen zu sagen, dass wir »für Südvietnam nichts anderes wollen als Freiheit, damit es seine Zukunft selber gestalten kann« (Bürgerkomitee) – obwohl sie sehr genau wissen, dass das von uns eingesetzte Regime all jene ausgeschlossen hat, die sich am

Kampf gegen den französischen Kolonialismus beteiligten, »und das mit Recht« (Außenminister Rusk 1963); – obwohl sie genau wissen, dass wir seitdem versucht haben, einen »Volksaufstand« (General Stillwell) zu unterdrücken, der von der einzigen »politischen Partei mit wirklicher Massenbasis in Südvietnam« (Douglas Pike) angeführt wird; dass wir über die Zerschlagung der buddhistischen Opposition wachten; dass wir den Bauern die »freie Wahl« zwischen der Saigoner Regierung und der Nationalen Befreiungsfront ließen, indem wir sie in Dörfern zusammengepfercht haben, aus denen die Kader und Anhänger der FNL durch die Polizei entfernt wurden (Roger Hilsman) – und so weiter. Eine vertraute Geschichte. Und wir können hervorheben, was jedem, der auch nur einen Funken politischer Intelligenz besitzt, ins Auge springen muss: dass das gegenwärtige Weltproblem nicht die »Eindämmung Chinas«, sondern die Eindämmung der Vereinigten Staaten ist.

Wichtiger noch – wir können die wirklich entscheidende Frage stellen: Angenommen, es läge im »nationalen Interesse« der Vereinigten Staaten, ein kleines Land in einen Trümmerhaufen zu verwandeln, weil es sich weigert, unserem Willen nachzugeben, wäre es dann legitim und richtig von uns, in diesem »nationalen Interesse« zu handeln? Die Rusks und die Humphreys und das Bürgerkomitee sagen ja. Nichts könnte uns deutlicher vor Augen führen, dass wir den Weg einschlagen, den die faschistischen Aggressoren vor einer Generation gegangen sind.

Wir leben hier natürlich unter politischen Bedingungen, die sich deutlich von denen der deutschen oder japanischen Bürger damals unterscheiden. Hier braucht es keinen Heldenmut zum Protest. Uns stehen viele Wege offen zu lernen, dass es nicht ein Gesetz für die Vereinigten Staaten und ein anderes für den Rest der Menschheit gibt, dass niemand uns zum Richter und Henker Vietnams oder irgendeines anderen Landes ernannt hat. Viele Wege der politischen Aufklärung, in und außerhalb der Universität, sind in den letzten zwei Jahren erprobt worden. Kein Zweifel, diese Bemühungen sollten fortgesetzt und ausgedehnt werden, so weit es unser Engagement zulässt.

Einige scheinen zu glauben, der Widerstand werde die Friedensbewegung »anschwärzen« und es ihr erschweren, potenzielle Anhänger durch normalere Kanäle zu erreichen. Ich stimme diesem Einwand nicht zu, aber ich glaube, man sollte ihn nicht so einfach abtun. Die Kriegsgegner, die Vietnam vor der Vernichtung zu retten hoffen, müssen die Fragen, die sie aufwerfen, und die Mittel, die sie anwenden, so aussuchen, dass sie einen möglichst großen Teil der Massen für ihre Ziele gewinnen können. Nun besteht gewiss kein Mangel an eindeutigen Fragen und angemessenen Mitteln. Warum also sollte man sich wegen zwielichtiger Fragen zu fragwürdigen Aktionen hinreißen lassen? Mir scheint die (bisher) gut organisierte Kriegsdienstverweigerung eine Aktion zu sein, die nicht nur sehr entschieden und mutig ist, sondern auch breite Unterstützung erhalten und politisch wirksam werden könnte. Vielleicht gelingt es ihr auch, die Frage der passiven Mitschuld am Krieg, die bisher nur zu leichtfertig beiseite geschoben wurde, in den Brennpunkt zu rücken. Wer sich diesem Problem stellt, vermag sich vielleicht sogar von dem ideologischen Druck des amerikanischen Alltags frei zu machen, der den Verstand abtötet, und sich ernsthaft Gedanken zu machen über Amerikas Rolle in der Welt und über die Ursachen dieses kriminellen Verhaltens in der amerikanischen Geschichte.

Überdies glaube ich, dass jener Einwand gegen den Widerstand falsch formuliert ist. Die »Friedensbewegung« existiert nur in der Phantasie der paranoiden Rechten. Wer gegen einige der angewandten Mittel und verfolgten Absichten etwas einzuwenden hat, kann den Krieg auf andere Weise bekämpfen. Man wird ihn darum aus einer Bewegung, die nicht existiert, nicht ausschließen. Er hat es allein sich selbst zuzuschreiben, wenn er von den anderen Mitteln des Protests, die zur Verfügung stehen, keinen Gebrauch macht.

Anmerkungen

1 Dieser Essay erschien zuerst in der *New York Review of Books* (7. Dezember 1967) und wird hier leicht verändert wiedergegeben. Die erwähnten Demonstrationen fanden vor dem Justizministerium und dem Pentagon am Wochenende des 19. – 21. Oktober 1967 statt. Die Rückgabe der Einberufungsbefehle an das Justizministerium war eines der Ereignisse, die zu der Verhaftung von Dr. Benjamin Spock, Rev. William Sloane Coffin, Mitchell Goodman und Michael Ferber und zu ihrer Verurteilung zu zwei Jahren Gefängnis wegen »Verschwörung« führten. Die Demonstration vor dem Pentagon, an der Schätzungen zufolge einige 100.000 Menschen teilnahmen, war eine eindrucksvolle und unvergessliche Manifestation des Widerstands gegen den Krieg.

2 Bürgerkomitee für Frieden und Freiheit, *New York Times*, 26. Oktober 1967.

3 Ithiel de Sola Pool, *Asian Survey*, August 1967.

**»Ein Experte
ist ein Mensch,
der den Konsens
der Mächtigen
in Worte fasst.«**

Bemerkungen zum Anarchismus[1] (1970)

Ein Franzose mit Sympathien für den Anarchismus schrieb in den 90er Jahren des vorigen Jahrhunderts: »Der Anarchismus hat einen breiten Rücken; geduldig wie Papier kann er alles ertragen« – einschließlich derjenigen, so fügte er hinzu, deren Taten »ein Todfeind des Anarchismus nicht besser hätte vollbringen können«[2]. Viele Denk- und Handlungsweisen sind als »anarchistisch« bezeichnet worden. Es wäre ein hoffnungsloses Unterfangen, wollte man all diese einander widersprechenden Tendenzen in eine allgemeine Theorie oder Ideologie einordnen. Und selbst wenn wir bloß aus der Geschichte des libertären Denkens eine lebendige, in Entwicklung begriffene Tradition herauslösen wollten, wie es Daniel Guérin in seinem Buch *Anarchismus* tut, so bliebe es immer noch schwierig, ihre Lehre als eine spezifische und bestimmte Theorie der Gesellschaft und ihres Wandels zu formulieren. Der anarchistische Historiker Rudolf Rocker, der anhand von Grundlinien, die der Arbeit Guérins vergleichbar sind, eine systematische Konzeption der Entwicklung des anarchistischen Denkens zum Anarchosyndikalismus vorgelegt hat, traf wohl den Sachverhalt richtig, als er schrieb, der Anarchismus sei »kein festes, in sich geschlossenes Gesellschaftssystem, sondern eher ein bestimmter Trend in der geschichtlichen Entwicklung der Menschheit, der im Gegensatz zur geistigen Führerschaft sämtlicher klerikaler und Regierungsinstitutionen nach freier, ungehinderter Entfaltung aller Individuen und gesellschaftlichen Kräfte im Leben strebt. Selbst Freiheit ist nur ein relativer, kein absoluter Begriff, da sie stets danach trachtet, sich zu vergrößern und weitere Kreise in vielfältigerer Weise zu erfassen. Für den Anarchisten ist Freiheit kein abstrakter philosophischer Begriff, sondern die lebendige, konkrete Möglichkeit für jedes menschliche Wesen, all seine Kräfte, Fertigkeiten und Talente, mit denen die Natur es ausgestattet hat, zu voller Entfaltung zu bringen und auf gesellschaftliche Belange zu wenden. Je weniger diese natürliche Entfaltung des Menschen von kirchlicher oder politischer Führerschaft beeinflusst wird, desto wirksamer und harmonischer gestaltet sich die menschliche Persönlichkeit, desto eher wird sie zum Maß für die geistige Kultur der Gesellschaft, in der sie herangewachsen ist.«[3]

Man mag sich fragen, welchen Wert es haben soll, einen »bestimmten Trend in der geschichtlichen Entwicklung der Menschheit« zu erforschen, wenn er sich nicht in einer spezifischen und detaillierten Gesellschaftstheorie artikuliert. In der Tat pflegen viele Kommentatoren den Anarchismus als utopisch, formlos, primitiv oder sonstwie mit den Realitäten einer komplexen Gesellschaft unvereinbar abzutun. Man könnte jedoch auch ganz anders argumentieren: dass auf jeder geschichtlichen Stufe unser Bemühen darin zu liegen habe, die Formen von Autorität und Unterdrückung zu beseitigen, die aus einer Zeit stammen, in der sie womöglich durch die Bedürfnisse nach Sicherheit oder Fortbestand oder ökonomischer Entwicklung gerechtfertigt sein mochten, die aber heute den materiellen und kulturellen Mangel eher steigern als verringern. Ist dies der Fall, so gibt es keine Doktrin eines für Gegenwart und Zukunft festgelegten gesellschaftlichen Wandels, ja nicht einmal unbedingt einen spezifischen und unveränderlichen Begriff von den Zielen, auf die gesellschaftlicher Wandel gerichtet sein sollte. Unser Verständnis der Natur des Menschen oder auch der Vielfalt möglicher Gesellschaftsformen ist gewiss noch so rudimentär, dass jedes weit reichende Theorem mit großer Skepsis zu betrachten ist, ebenso wie Skepsis auch am Platze ist, wenn wir hören, dass die »menschliche Natur« oder die »Effizienzforderungen« oder »die Komplexität des modernen Lebens« diese oder jene Form von Unterdrückung und autokratischer Herrschaft erfordern.
Dennoch gibt es zu einem bestimmten Zeitpunkt allen Grund, eine spezifische Realisierung dieses bestimmten Trends in der geschichtlichen Entwicklung der Menschheit so herauszuarbeiten – freilich in den Grenzen unseres Verständnisses –, dass sie den Aufgaben des Augenblicks entspricht. Für Rocker »ist das Problem, das sich unserer Zeit stellt, das der Befreiung des Menschen aus dem Fluch der ökonomischen Ausbeutung und der politischen wie gesellschaftlichen Versklavung«; und die Methode ist für ihn weder die Eroberung und Ausübung der Staatsmacht noch der blöd machende Parlamentarismus, sondern »das ökonomische Leben der Völker von Grund auf neu zu gestalten und es im Geist des Sozialismus aufzubauen«. »Doch nur die Produzenten selbst eignen sich für diese Aufgabe, da sie das einzige wertschöpfende Element in der Gesellschaft sind, aus dem eine neue Zukunft erstehen kann. Ihnen muss die Aufgabe zukommen, die Arbeit von all den Fesseln zu befreien, die die ökonomische Ausbeutung ihr auferlegt hat, die Gesellschaft von allen Institutionen und Verfahrensweisen der politischen Gewalt zu befreien und den Weg zu öffnen zu einem Verband freier Gruppen

von Männern und Frauen, der gegründet ist auf kooperativer Arbeit und Verwaltung der Sachen im Interesse der Gemeinschaft. Die mühsam sich plackenden Massen in Stadt und Land auf dieses große Ziel vorzubereiten und sie als kämpferische Kraft zusammenzufügen, dies ist das Ziel des modernen Anarchosyndikalismus, und in ihm erschöpft sich sein ganzer Zweck.«

Als Sozialist geht Rocker davon aus, »dass die wirkliche, endliche, vollständige Befreiung der Arbeiter nur unter einer Bedingung möglich ist: der Aneignung des Kapitals, d.h. der Rohstoffe und sämtlicher Arbeitsmittel, einschließlich des Bodens, durch die Gesamtheit der Arbeiter«[4]. Als Anarchosyndikalist insistiert er zudem darauf, dass die Organisationen der Arbeiter »nicht nur die Ideen, sondern auch die Tatsachen der Zukunft selbst« in der vorrevolutionären Periode schaffen, dass sie die Struktur der zukünftigen Gesellschaft in sich selbst verkörpern – und er schaut voraus auf eine Revolution, die ebenso den Staatsapparat zerstört wie die Enteigner enteignet. »Was wir an die Stelle der Regierung setzen, ist industrielle Organisation.« »Anarchosyndikalisten sind davon überzeugt, dass eine sozialistische Wirtschaftsordnung nicht durch Dekrete und Statuten einer Regierung geschaffen werden kann, sondern nur durch solidarische Zusammenarbeit der Hand- und Kopfarbeiter in jedem besonderen Produktionszweig, das heißt durch Übernahme der Leitung aller Betriebe durch die Produzenten selbst, und zwar so, dass die einzelnen Gruppen, Betriebe und Zweige der Industrie unabhängige Mitglieder des allgemeinen ökonomischen Organismus sind und systematisch Produktion und Distribution der Produkte im Interesse der Gemeinschaft und aufgrund freier wechselseitiger Zustimmung weiterführen.«

Rocker schrieb zu einer Zeit, als diese Vorstellungen auf dramatische Weise in Praxis umgesetzt wurden: in der spanischen Revolution. Unmittelbar vor ihrem Ausbruch hatte der anarchosyndikalistische Ökonom Diego Abad de Santillan geschrieben: »Angesichts des Problems der gesellschaftlichen Transformation kann die Revolution den Staat nicht als Mittel ansehen, sondern sie hängt zwangsläufig von der Organisation der Produzenten ab. Wir haben uns an diese Norm gehalten und finden keinerlei Verwendung für die Hypothese einer der organisierten Arbeit übergeordneten Macht zur Durchsetzung einer neuen Ordnung der Dinge. Wir wären jedem dankbar, der uns erklärt, welche Funktion der Staat in einer Wirtschaftsorganisation haben soll, in der das Privateigentum abgeschafft ist und in der Parasitentum und besondere Privilegien keinen Platz finden. Die Unterdrückung des Staates kann keine langwierige Sache sein; es muss Aufgabe der Revolution sein, mit dem Staat Schluss zu machen. Entweder die Revolution verschafft den Produzenten gesellschaftlichen Wohlstand, in welchem Falle diese sich für die nötige kollektive Distribution selbst organisieren und der Staat überflüssig ist, oder die Revolution verschafft den Produzenten keinen gesellschaftlichen Wohlstand, in welchem Falle sie eine Lüge war und der Staat fortbestehen würde. Unser Bundeswirtschaftsrat ist keine politische Macht, sondern eine ökonomische und administrativ regelnde. Er empfängt seine Richtlinien von unten und handelt in Übereinstimmung mit den Resolutionen der regionalen und nationalen Versammlungen. Er ist ein Verbindungsstück und sonst gar nichts.«[5]

Engels hat seine Ablehnung dieser Konzeption in einem Brief aus dem Jahre 1883 wie folgt ausgedrückt: »Die Anarchisten stellen die Sache auf den Kopf. Sie erklären, die proletarische Revolution müsse damit *anfangen*, dass sie die politische Organisation des Staates abschafft. Aber ihn (den Staat) in einem solchen Augenblick zerstören, das hieße, den einzigen Organismus zerstören, vermittelst dessen das siegende Proletariat seine eben eroberte Macht geltend machen, seine kapitalistischen Gegner niederhalten und diejenige ökonomische Revolution der Gesellschaft durchsetzen kann, ohne die der ganze Sieg enden müsste in einer Niederlage und in einer Massenabschlachtung der Arbeiterklasse, ähnlich derjenigen nach der Pariser Kommune.«[6]

Im Gegensatz dazu haben die Anarchisten – am wortgewaltigsten Bakunin – vor den Gefahren der »roten Bürokratie« gewarnt, die sich als »die niederträchtigste und schrecklichste Lüge unseres Jahrhunderts«[7] erweisen werde. Der Anarchosyndikalist Fernand Pelloutier stellte die Frage: »Muss denn der Übergangsstaat, dem wir uns zu unterwerfen haben, unbedingt und unausweichlich das kollektive Gefängnis sein? Kann er denn nicht aus einer freien Organisation bestehen, die einzig durch die Anforderungen von Produktion und Konsumtion begrenzt wird, und aus der alle politischen Institutionen verschwunden sind?«[8]

Ich erhebe nicht den Anspruch, die Antwort auf diese Frage zu kennen. Es scheint aber klar zu sein, dass die Chancen für eine wirklich demokratische Revolution, in der die humanistischen Ideale der Linken erreicht werden, nicht sehr groß sind, solange diese Frage nicht in irgendeiner Form positiv beantwortet wird. Martin Buber hat das Problem bündig erfasst, als er schrieb, man könne der Natur der Sache nach von »einem Bäumchen, das in eine Keule verwandelt worden ist, nicht erwarten, dass es Blätter hervorbringt«[9]. Die Frage, ob die Staatsmacht erobert oder zerstört werden müsse, ist das, was Bakunin als seinen wichtigsten Streitpunkt mit Marx ansah.[10] In der einen oder anderen Form ist das Problem in den 100 Jahren seither immer wieder aufgetreten und hat die »libertären« von den »autoritären« Sozialisten getrennt.

Trotz Bakunins Warnungen vor der roten Bürokratie und trotz ihrer Erfüllung unter Stalins Diktatur wäre es offenkundig ein grober Fehler bei der Interpretation jener Debatten vor 100 Jahren, wollte man die Behauptungen der zeitgenössischen sozialen Bewegungen als ihre historischen Ursprünge nehmen. Insbesondere ist es verkehrt, den Bolschewismus als »Marxismus in der Praxis« anzusehen. Die linke Kritik am Bolschewismus, die von den historischen Umständen der russischen Revolution ausgeht, kommt der Sache sehr viel näher. »Der antibolschewistische linke Flügel der Arbeiterbewegung kritisierte die Leninisten, weil sie bei der Ausnutzung der russischen Umwälzungen zu strikt proletarischen Zielen nicht weit genug gingen. Sie wurden zu Gefangenen ihrer Umgebung und benutzten die internationale radikale Bewegung, um spezifisch russische Bedürfnisse zu befriedigen, die bald mit den Bedürfnissen des bolschewistischen Parteistaates synonym wurden. Die ›bourgeoisen‹ Aspekte der russischen Revolution wurden nun im Bolschewismus selbst entdeckt: Der Leninismus wurde beurteilt als Teil der internationalen Sozialdemokratie, der sich nur in taktischen Fragen von ihr unterschied.«[11]

Wollte man in der anarchistischen Tradition eine einzelne Leitidee suchen, so müsste man sie wohl in dem erkennen, was Bakunin in einem Text zur Pariser Kommune über sich selbst schrieb: »Ich bin ein fanatischer Anhänger der Freiheit, die ich als die einzige Bedingung erachte, unter der Intelligenz, Würde und menschliches Glück sich entwickeln und heranwachsen können. Nicht die bloß formale Freiheit, die vom Staate gewährt, bemessen und reguliert wird, eine ewige Lüge, die in Wahrheit nichts mehr darstellt als das Privileg einiger, begründet auf der Sklaverei der Übrigen; nicht die individualistische, egoistische, schäbige und unechte Freiheit, die gepriesen wird von der Schule J.-J. Rousseaus und den anderen Schulen des bürgerlichen Liberalismus, der Erwägungen anstellt über die angeblichen Rechte aller Menschen, repräsentiert durch den Staat, der die Rechte eines jeden beschränkt – eine Idee, die unweigerlich zur Beschränkung der Rechte jedes Einzelnen bis auf Null hinführt. Nein, ich meine die einzige Art von Freiheit, die den Namen wert ist, Freiheit, die in der vollen Entfaltung aller materiellen, intellektuellen und moralischen Kräfte, die latent in jedem Menschen stecken, besteht; Frei-

heit, die keine anderen Einschränkungen anerkennt als die von den Gesetzen unserer eigenen, individuellen Natur bedingten, die eigentlich nicht als Einschränkungen angesehen werden können, da diese Gesetze nicht von einem äußeren Legislator neben oder über uns auferlegt worden, sondern immanent und inhärent sind, indem sie die eigentliche Grundlage unseres materiellen, intellektuellen und moralischen Seins bilden – sie limitieren uns nicht, sondern sind die realen und unmittelbaren Bedingungen unserer Freiheit.«[12]
Diese Ideen entstammen der Aufklärung, sie haben ihre Wurzeln in Rousseaus *Discours sur l'origine et les fondements de l'négalité parmi les hommes*, in Wilhelm von Humboldts Ideen zu einem Versuch, die *Grenzen der Wirksamkeit des Staates* zu bestimmen, in Kants Beharren auf der Freiheit als Vorbedingung für die Erlangung der Reife zur Freiheit, nicht als Geschenk, das erst nach Erreichen dieser Reife zu erwarten ist (so in Kants Verteidigung der Französischen Revolution). Als der industrielle Kapitalismus als neues und unvorhergesehenes System von Ungerechtigkeit sich entfaltete, war es der libertäre Sozialismus, der die radikale humanistische Botschaft der Aufklärung und der klassisch-liberalen Ideale bewahrte und erweiterte, als diese zu einer Rechtfertigungsideologie der aufkommenden Gesellschaftsordnung pervertiert wurden. Tatsächlich sind genau unter denselben Voraussetzungen, unter denen der klassische Liberalismus zu seiner Opposition gegen staatliche Eingriffe ins gesellschaftliche Leben gekommen war, auch die kapitalistischen Gesellschaftsverhältnisse unerträglich. Das wird deutlich z.B. an dem klassischen Werk Humboldts, *Die Grenzen der Wirksamkeit des Staates*, das John St. Mill vorwegnahm und vielleicht auch inspirierte. Diese klassische Schrift liberalen Denkens ist ihrem Wesen nach – freilich im Vorgriff – tief antikapitalistisch. Ihre Ideen mussten zur Unkenntlichkeit entstellt werden, um sich in eine Ideologie des industriellen Kapitalismus verwandeln zu lassen.
Humboldts Vision einer Gesellschaft, in der die sozialen Fesseln durch gesellschaftliches Übereinkommen ersetzt sind und Arbeit frei in Angriff genommen wird, erinnert an den jungen Marx, der über die »Entfremdung« oder »Entäußerung der Arbeit« handelte, die besteht, wenn »die Arbeit dem Arbeiter äußerlich ist, d.h. nicht zu seinem Wesen gehört, (so)dass er sich daher in seiner Arbeit nicht bejaht, sondern verneint, nicht wohl, sondern unglücklich fühlt, keine freie physische und geistige Energie entwickelt, sondern seine Physis abkasteit und seinen Geist ruiniert«. Entfremdete Arbeit »wirft einen Teil der Arbeiter zu einer barbarischen Arbeit zurück und macht den anderen Teil zur Maschine«, womit sie dem Menschen seinen »Gattungs-

charakter« der »freien bewussten Tätigkeit« und des »produktiven Lebens« raubt. Ebenso dachte Marx an einen neuen Typus menschlichen Wesens, dessen »größter Reichtum« darin liegen würde, »den *anderen* Menschen als Bedürfnis (zu) empfinden«. Und die Assoziierung der Arbeiter war für Marx die reale Voraussetzung für die »völlige Wiedergewinnung des Menschen«.[13] Es ist richtig, dass klassisch-libertäres Denken sich staatlichen Eingriffen in das gesellschaftliche Leben widersetzte aufgrund seiner Annahmen über das menschliche Bedürfnis nach Freiheit, Verschiedenheit und freier Assoziation. Doch unter denselben Annahmen sind auch die kapitalistischen Produktionsverhältnisse, Lohnarbeit, Konkurrenz, die Ideologie des »Besitzindividualismus« usw. gleichermaßen von Grund auf antihuman. Somit ist der libertäre Sozialismus eigentlich als Erbe der liberalen Ideen der Aufklärung anzusehen. Rudolf Rocker beschreibt den modernen Anarchismus als »den Zusammenfluss jener beiden großen Ströme, die während und seit der Französischen Revolution so charakteristischen Ausdruck im geistigen Leben Europas gefunden haben: Sozialismus und Liberalismus«. Die klassisch-liberalen Ideen, so argumentiert er, sind durch die Realitäten der kapitalistischen Wirtschaftsformen zugrunde gerichtet worden. Anarchismus ist zwangsläufig antikapitalistisch, insofern er sich »der Ausbeutung des Menschen durch den Menschen widersetzt«. Aber der Anarchismus widersetzt sich auch der »Herrschaft des Menschen über den Menschen«. Er betont beharrlich: »*Der Sozialismus wird frei sein oder er wird nicht sein*. In der Anerkennung dessen liegt die genuine und tiefe Rechtfertigung für die Existenz des Anarchismus.«[14] So gesehen könnte man den Anarchismus als den freiheitlichen Flügel des Sozialismus ansehen. Und genau dies ist der Geist, in dem Daniel Guérin seine Untersuchung des Anarchismus in Angriff genommen hat, sowohl in *Anarchismus* wie auch in seinen übrigen Schriften.[15] Guérin zitiert Adolph Fischer: »Jeder Anarchist ist ein Sozialist, aber nicht jeder Sozialist ist unbedingt ein Anarchist.« Ebenso hatte Bakunin in seinem »anarchistischen Manifest« von 1865, dem Programm seiner geplanten internationalen revolutionären Brüderschaft, das Prinzip verankert, nach dem jedes Mitglied zunächst einmal Sozialist sein musste.

Ein konsequenter Anarchist muss sich dem Privateigentum an Produktionsmitteln und der Lohnsklaverei als Bestandteil dieses Systems widersetzen, weil sie unvereinbar mit dem Prinzip sind, dass Arbeit frei in Angriff genommen und von den Produzenten selbst kontrolliert werden muss. Sozialisten schauen vorwärts auf eine Gesellschaft, in der – wie Marx es ausdrückte – »die

Arbeit nicht nur Mittel zum Leben, sondern selbst das erste Lebensbedürfnis geworden« ist[16] – eine Unmöglichkeit, wenn der Arbeiter durch äußere Autorität oder Zwang zur Arbeit getrieben wird, statt aus innerem Antrieb nach ihr zu streben. »Keine Form der Lohnarbeit«, so betont Marx, »obgleich die eine Missstände der andren überwältigen mag, kann die Missstände der Lohnarbeit selbst überwältigen.«[17] Ein konsequenter Anarchist hat sich nicht nur der entfremdeten Arbeit allgemein zu widersetzen, sondern auch der verblödenden Spezialisierung der Arbeit, die sich in einem System breit macht, von dem Marx schrieb: »Alle Mittel zur Entwicklung der Produktion schlagen um in Beherrschungs- und Exploitationsmittel des Produzenten, verstümmeln den Arbeiter in einen Teilmenschen, entwürdigen ihn zum Anhängsel der Maschine, vernichten mit der Qual seiner Arbeit ihren Inhalt, entfremden ihm die geistigen Potenzen des Arbeitsprozesses, im selben Maße, worin Letzterem die Wissenschaft als selbstständige Potenz einverleibt wird.«[18]
Marx sah das nicht als unvermeidliche Begleiterscheinung der Industrialisierung, sondern als Kennzeichen der kapitalistischen Produktionsverhältnisse. Die zukünftige Gesellschaft habe dafür zu sorgen, dass der heutige Teilarbeiter, der zum bloßen Teilmenschen verstümmelt ist, durch das allseitig entwickelte Individuum ersetzt wird, das zu einer Vielfalt von Arbeiten gleich fähig ist, und dem die verschiedenen gesellschaftlichen Funktionen nur ebenso viele Möglichkeiten zu freier Ausübung seiner natürlichen Fähigkeiten sind.[19] Vorbedingung dafür ist allerdings die Abschaffung von Kapital und Lohnarbeit als gesellschaftliche Kategorien (um nicht von den industriellen Armeen des »Arbeitsstaates« zu sprechen oder den verschiedenen modernen Formen von Totalitarismus oder Staatskapitalismus). Die Verstümmelung des Menschen zum bloßen Anhängsel der Maschine, zu einem Spezialwerkzeug in der Produktion, wäre im Prinzip durch richtige Entwicklung und Anwendung der Technologie eher zu überwinden als noch weiter zu verschärfen, freilich nicht unter den Bedingungen einer autokratischen Kontrolle der Produktion durch diejenigen, die den Menschen zu einem Instrument für ihre Ziele machen und dabei seine, um mit Humboldt zu sprechen, individuellen Zwecke außer Acht lassen.
Anarchosyndikalisten haben versucht, bereits unter dem Kapitalismus »freie Assoziationen von freien Produzenten« zu schaffen, die sich dem militanten Kampf zu verschreiben und die Übernahme der Produktionsorganisation auf demokratischer Basis vorzubereiten hätten. Solche Assoziationen sollten »praktische Schulen des Anarchismus« sein.[20] Und wenn das Privateigentum

an Produktionsmitteln nach Proudhons oft zitiertem Satz nur eine Art »Diebstahl« ist – »die Enteignung der Schwachen durch die Starken«[21] –, dann kann auch die Produktionskontrolle durch eine Staatsbürokratie, wie gut ihre Absichten sein mögen, gleichfalls nicht die Bedingungen schaffen, unter denen die Arbeit, die Hand- wie die Kopfarbeit, zum »ersten Lebensbedürfnis« wird. Also müssen beide Formen von Kontrolle überwunden werden.
Bei seinem Angriff auf das Recht zu privater oder bürokratischer Kontrolle über die Produktionsmittel steht der Anarchist an der Seite derer, die für die »dritte und letzte Emanzipationsphase der Geschichte« kämpfen – die erste Phase machte aus Sklaven Leibeigene, die zweite aus Leibeigenen Lohnarbeiter und die dritte, die in einer abschließenden Befreiungstat das Proletariat abschaffen wird, legt die Kontrolle über die Ökonomie in die Hände von freien und freiwilligen Produzentenassoziationen (Fourier, 1848).[22] Die unmittelbare Gefahr für die »Zivilisation« ist 1848 auch von Tocqueville bemerkt worden: »Solange das Recht auf Eigentum Ursprung und Fundament vieler anderer Rechte war, ließ es sich leicht verteidigen – oder besser gesagt, es wurde gar nicht angegriffen; es war die Trutzburg der Gesellschaft, während die übrigen Rechte gleichsam ihre äußeren Befestigungsanlagen waren; es hatte die Hitze des Angriffs nicht selbst zu ertragen, und es gab in der Tat keinen ernsthaften Versuch, diese Trutzburg zu erstürmen. Doch heute, da das Recht auf Eigentum als letzte unzerstörbare Bastion der aristokratischen Welt gilt, da es schutzlos übrig geblieben ist, einziges Privileg in einer gleichgeschalteten Gesellschaft, ist die Lage verändert. Man stelle sich nur vor, was in den Herzen der Arbeiterklassen vorgehen mag, wenn ich auch zugebe, dass sie bislang noch ruhig sind. Gewiss, sie lassen sich weniger als früher durch politische Leidenschaften im strengen Sinne entflammen; aber sehen Sie denn nicht, dass ihre Leidenschaften, weit entfernt von politischer Natur, nun gesellschaftlich geworden sind? Sehen Sie denn nicht, dass Schritt für Schritt sich Ideen unter ihnen ausbreiten, deren Ziel nicht bloß die Beseitigung dieses oder jenes Gesetzes, dieses Ministers oder jener Regierung ist, sondern die Zerstörung der tiefsten Fundamente der Gesellschaft selbst?«[23] Die Arbeiter von Paris haben das Schweigen gebrochen und machten sich daran, »das Eigentum, die Grundlage aller Zivilisation, ab(zu)schaffen! Jawohl, meine Herren, die Kommune wollte jenes Klasseneigentum abschaffen, das die Arbeit der vielen in den Reichtum der wenigen verwandelt. Sie beabsichtigte die Enteignung der Enteigner. Sie wollte das individuelle Eigentum zu einer Wahrheit machen, indem sie die Produktionsmittel, den Erdboden und das

Kapital, jetzt vor allem die Mittel zur Knechtung und Ausbeutung der Arbeit, in bloße Werkzeuge der freien und assoziierten Arbeit verwandelt.«[24] Die Kommune wurde freilich im Blut ertränkt. Als die Truppen der Versailler Regierung Paris aus den Händen seiner Bewohner zurückeroberten, gab sich wieder einmal die Natur jener »Zivilisation« zu erkennen, die die Pariser Arbeiter mit ihrem Angriff auf die »tiefsten Fundamente der Gesellschaft selbst« zu überwinden suchten. Wie Marx bitter, aber zutreffend schrieb: »Die Zivilisation und Gerechtigkeit der Bourgeoisordnung tritt hervor in ihrem wahren, gewitterschwangern Licht, sobald die Sklaven in dieser Ordnung sich gegen ihre Herren empören. Dann stellt sich diese Zivilisation und Gerechtigkeit dar als unverhüllte Wildheit und gesetzlose Rache. Die höllischen Taten der Soldateska spiegeln den eingebornen Geist jener Zivilisation, deren gemietete Vorkämpfer und Rächer sie sind. Die Bourgeoisie der ganzen Welt sieht der Massenschlächterei *nach* der Schlacht wohlgefällig zu, aber sie entsetzt sich über die Entweihung von Dach und Fach!«[25]

Trotz der gewaltsamen Zerschlagung der Kommune meinte Bakunin, Paris habe eine neue Ära eröffnet, »die der endgültigen und vollständigen Emanzipation der Volksmassen und die ihrer zukünftigen wahren Solidarität, ungeachtet und quer über alle Staatsgrenzen hinweg … die nächste Revolution des Menschen, international und in Solidarität, wird die Auferstehung von Paris sein« – eine Revolution, auf die die Welt noch heute wartet. Der konsequente Anarchist sollte also ein Sozialist sein, allerdings ein besonderer Sozialist. Er widersetzt sich nicht nur der entfremdeten und spezialisierten Arbeit und zielt nicht nur auf die Aneignung des Kapitals durch die Gesamtheit der Arbeiter, sondern er besteht beharrlich darauf, dass diese Aneignung direkt vollzogen wird, nicht durch eine Elitekraft, die im Namen des Proletariats handelt. Kurzum, er ist gegen »die Organisierung der Produktion durch die Regierung. Sie bedeutet Staatssozialismus, das Kommando der Staatsfunktionäre über die Produktion und das Kommando der Manager, Wissenschaftler, Betriebsfunktionäre im Betrieb. Ziel der Arbeiterklasse ist die Befreiung von Ausbeutung. Dieses Ziel wird nicht und kann nicht erreicht werden durch eine neue herrschende und regierende Klasse, die sich an die Stelle der Bourgeoisie setzt. Es wird nur durch die Arbeiter selbst verwirklicht, indem diese selbst die Herren der Produktion sind.«

Diese Sätze stammen aus den »Fünf Thesen zum Klassenkampf« von dem linken Marxisten Anton Pannekoek, einem der bedeutendsten Theoretiker der rätekommunistischen Bewegung.[26] Und in der Tat fließt der radikale

Marxismus mit anarchistischen Strömungen zusammen. Als weiteres Beispiel betrachte man die folgende Charakterisierung des »revolutionären Sozialismus«: »Der revolutionäre Sozialist ist davon überzeugt, dass Staatseigentum nur in einem bürokratischen Despotismus enden kann. Wir haben gesehen, warum der Staat nicht in der Lage ist, die Industrie demokratisch zu kontrollieren. Die Industrie kann nur von den Arbeitern demokratisch besessen und kontrolliert werden, indem diese Komitees zur Verwaltung der Industrie direkt aus ihren eigenen Reihen wählen. Sozialismus wird ein zutiefst industrielles System sein; seine Grundlagen werden industriellen Charakter haben. Folglich werden die Ausführenden der gesellschaftlichen Tätigkeiten und der Industrien der Gesellschaft unmittelbar in den lokalen und zentralen Räten der gesellschaftlichen Verwaltung vertreten sein. Auf diese Weise werden die Machtbefugnisse dieser Delegierten aus denen aufsteigen, die die Arbeit verrichten, und sie werden mit den Bedürfnissen der Gemeinschaft übereinstimmen. Wenn das Industrieverwaltungskomitee zusammentritt, so wird es jede Phase der gesellschaftlichen Aktivität repräsentieren. Daher tritt an die Stelle des kapitalistischen politischen oder geographischen Staates das Industrieverwaltungskomitee des Sozialismus. Der Übergang von dem einen zum anderen System wird die *soziale Revolution* sein. Während der bisherigen Geschichte bedeutete der politische Staat stets die Regierung *über Menschen* durch herrschende Klassen; die Republik des Sozialismus wird sein die Regierung *über Industrie*, die im Interesse der Gesamtheit verwaltet wird. Erstere bedeutete die ökonomische und politische Unterwerfung der vielen; Letztere wird die ökonomische Freiheit aller bedeuten – und wird daher eine wahre Demokratie sein.«

Diese programmatische Erklärung steht in William Pauls *The State, its Origins and Function*, geschrieben Anfang 1917 – kurz vor Lenins *Staat und Revolution*, seinem wohl libertärsten Werk. Paul war Mitglied der von Marx und De Leoni beeinflussten Socialist Labour Party und gehörte später zu den Gründern der British Communist Party. Seine Kritik am Staatssozialismus ähnelt der libertären Lehre der Anarchisten in ihrem Prinzip: Da Staatseigentum und Management zu bürokratischem Despotismus führen müssen, hat die soziale Revolution sie zu ersetzen durch die gesellschaftliche Organisation der Industrie mit direkter Arbeiterkontrolle. Viele ähnliche Aussagen ließen sich anführen. Weit wichtiger ist jedoch, dass diese Ideen in spontanen revolutionären Aktionen verwirklicht worden sind, so zum Beispiel in Deutschland und Italien nach dem Ersten Weltkrieg und 1936 in Spanien (und dort nicht nur auf dem flachen Lande, sondern auch im industrialisierten Barcelona). Man könnte argumentieren, dass die natürliche Form des revolutionären Sozialismus in einer Industriegesellschaft eine rätekommunistische Form ist. In ihr spiegelt sich die Einsicht, dass Demokratie ernstlich eingeschränkt wird, wenn das Industriesystem unter der Kontrolle einer irgendwie gearteten autokratischen Elite steht, gleichgültig, ob in Form von Eigentümern, Managern und Technokraten, einer »Avantgarde«-Partei oder einer Staatsbürokratie. Unter den Bedingungen autoritärer Herrschaft lassen sich die klassischen Ideale des libertären Denkens, wie sie von Marx und Bakunin und anderen Revolutionären weiterentwickelt worden sind, keinesfalls verwirklichen; unter Zwang ist der Mensch nicht frei, seine eigenen Möglichkeiten zu entfalten, und der Produzent bleibt ein »Fragment menschlichen Wesens«, degradiert zum Werkzeug in einem von oben geleiteten Produktionsprozess.

Der Ausdruck »spontane revolutionäre Aktion« könnte in die Irre führen. Die Anarchosyndikalisten zumindest haben Bakunins Hinweis stets sehr ernst genommen, dass die Arbeiterorganisationen »nicht nur die Ideen, sondern auch die Tatsachen der Zukunft selbst« schaffen müssen, und zwar schon in der vorrevolutionären Periode. Insbesondere die Errungenschaften der Volksrevolution in Spanien waren das Ergebnis langjähriger Organisations- und Erziehungsarbeit als Teil einer langjährigen Tradition von Engagement und Militanz. Die Resolutionen des Madrider Kongresses vom Juni 1931 und des Kongresses in Saragossa vom Mai 1936 haben die Handlungen der Revolution in vieler Hinsicht vorgezeichnet, ebenso auch die ein wenig andersartigen Ideen von Santillan, die er in seinem detaillierten Bericht über die von der Revolution zu errichtenden gesellschaftlichen und ökonomischen Organisationen umrissen hat. Guérin schreibt: »Die spanische Revolution war relativ reif in den Köpfen der libertären Denker und im Bewusstsein des Volkes.« Und es gab durchaus Arbeiterorganisationen mit der notwendigen Struktur, Erfahrung und Einsicht, um die Aufgabe einer Rekonstruktion der Gesellschaft in Angriff zu nehmen, als Anfang 1936 mit Francos Staatsstreich die Unruhen zur sozialen Revolution explodierten. Der Anarchist Augustin Souchy schreibt in seiner Einleitung zu einer Sammlung von Dokumenten über die Kollektivierung in Spanien: »Jahrelang sahen die Anarchisten und Syndikalisten Spaniens ihr höchstes Ziel in der sozialen Transformation der Gesellschaft. In ihren Gewerkschafts- und Gruppenversammlungen, ihren Zeitungen, Broschüren und Büchern diskutierten sie das Problem der sozialen

Revolution unaufhörlich und in systematischer Weise.«[27] All dies stand hinter den spontanen Errungenschaften, hinter der konstruktiven Arbeit der Spanischen Revolution.

Die Ideen des libertären Sozialismus im genannten Sinne sind in den Industriegesellschaften des letzten halben Jahrhunderts von der Oberfläche verschwunden. Die herrschenden Ideologien waren die des Staatssozialismus und des Staatskapitalismus (der in den USA aus Gründen, die nicht im Verborgenen liegen, einen zunehmend militarisierten Charakter angenommen hat).[28] Doch in den letzten Jahren ist ein neues Interesse zum Vorschein gekommen. Die zitierten Thesen von Anton Pannekoek habe ich in einer aktuellen Kampfschrift radikaler französischer Arbeiter (*Informations Correspondance Ouvrière*) gefunden. William Pauls Ausführungen über den revolutionären Sozialismus werden in einem Papier zitiert, das Walter Kendall für die Nationale Konferenz über Arbeiterkontrolle in Sheffield, England, März 1969, verfasst hat. In England ist die Bewegung für Arbeiterkontrolle in den letzten Jahren eine bedeutsame Kraft geworden; sie hat mehrere Konferenzen organisiert und eine breite Kampfliteratur hervorgebracht, und sie zählt Vertreter einiger der wichtigsten Gewerkschaften zu ihren aktiven Anhängern. Die Vereinigte Maschinenbau- und Gießereiarbeitergewerkschaft zum Beispiel hat das Programm einer Verstaatlichung der Grundstoffindustrien unter »Arbeiterkontrolle auf allen Ebenen« als ihre offizielle Politik angenommen.[29] Ähnliche Entwicklungen gibt es auch auf dem Kontinent. Und natürlich hat der französische Mai 1968 das wachsende Interesse am Rätekommunismus und verwandten Vorstellungen in Frankreich und Deutschland sowie in England weiter verstärkt.

Angesichts der allgemein konservativen Grundstimmung unserer hochgradig ideologisierten Gesellschaft ist es nicht allzu überraschend, dass die USA von diesen Entwicklungen relativ unberührt geblieben sind. Aber auch dies kann sich ändern. Die Erosion der Mythologie des Kalten Krieges macht es immerhin möglich, derlei Fragen in weiten Kreisen aufzuwerfen. Wenn die derzeitige Repressionswelle zurückgeschlagen werden kann, und die Linke ihre eher selbstmörderischen Neigungen zu überwinden vermag und auf dem im letzten Jahrzehnt Erkämpften aufbaut, dann sollte wohl das Problem einer wirklich demokratischen Organisation der Industriegesellschaft mit demokratischer Kontrolle am Arbeitsplatz und in der Gemeinschaft zum vorherrschenden intellektuellen Thema für all jene werden, die für die Probleme der heutigen Gesellschaft empfänglich sind. Und in dem Maße, wie sich eine

Massenbewegung für den libertären Sozialismus herausbildet, dürfte die Spekulation wohl auch zur Aktion voranschreiten.
In seinem Manifest von 1865 sagte Bakunin voraus, ein Element der sozialen Revolution werde »jener intelligente und wahrhaft edle Teil der Jugend« sein, »der, obgleich seiner Geburt nach zu den privilegierten Klassen zählend, in seinen hochherzigen Überzeugungen und brennenden Bestrebungen die Sache des Volkes zu der seinen macht«. Vielleicht kann man im Aufkommen der Studentenbewegung der 60er Jahre erste Schritte zur Erfüllung dieser Prophezeiung sehen.
Daniel Guérin hat das unternommen, was er einen »Rehabilitierungsprozess« des Anarchismus nennt. Er argumentiert, meines Erachtens durchaus überzeugend: »Die konstruktiven Ideen des Anarchismus behalten ihre Vitalität, sodass sie, wenn erneut überprüft und gesichtet, dem zeitgenössischen sozialistischen Denken zu einem neuen Anfang verhelfen können … (und) zur Bereicherung des Marxismus beitragen.«[30] Vom »breiten Rücken« des Anarchismus hat Guérin diejenigen Ideen und Aktionen ausgewählt, die sich als libertär-sozialistisch beschreiben lassen. Dies ist nur natürlich und angemessen. In diesen Rahmen fügen sich sowohl die bedeutenderen Sprecher des Anarchismus wie auch die von anarchistischen Stimmungen und Idealen animierten Massenaktionen ein. Guérin behandelt nicht nur das anarchistische Denken, sondern auch das spontane Handeln der Kräfte des Volkes, die im Laufe des revolutionären Kampfes neue Gesellschaftsformen praktisch schaffen. Er behandelt die gesellschaftliche ebenso wie die intellektuelle Kreativität. Zudem versucht er, aus den konstruktiven Errungenschaften der Vergangenheit Lehren zu ziehen, die die Theorie der gesellschaftlichen Befreiung bereichern. Für diejenigen, die die Welt nicht nur verstehen, sondern auch verändern wollen, ist dies die richtige Art, die Geschichte des Anarchismus zu erforschen. Guérin beschreibt den Anarchismus des 19. Jahrhunderts als wesentlich doktrinär, während das 20. Jahrhundert für die Anarchisten eine Zeit »revolutionärer Praxis« gewesen sei.[31] Dieses Urteil spiegelt sich auch in seinem neuen Buch *Anarchismus*. Seine Interpretation des Anarchismus verweist bewusst auf die Zukunft.
Arthur Rosenberg hat einmal gesagt, Volksrevolutionen zeichneten sich dadurch aus, dass sie »einen feudalen oder zentralistischen Gewaltapparat« durch ein »kommunales« oder »sowjetmäßiges Gemeinwesen« zu ersetzen versuchten, das seinerseits »bereits eine Zerschlagung und Auflösung des alten Staates« darstelle. Ein solches Gemeinwesen sei entweder direkt so-

zialistisch oder doch jedenfalls eine »extreme Form der Demokratie, ... die Voraussetzung für den Sozialismus, der nur bei einem Höchstmaß menschlicher Freiheit vollendet werden kann.« Dieses Ideal, so fügt Rosenberg hinzu, habe Marx mit den Anarchisten gemein.[32] Ein Befreiungskampf solcher Art steht freilich im Gegensatz zu der vorherrschenden Tendenz nach Zentralisierung im ökonomischen und politischen Leben.

Vor einem Jahrhundert schrieb Marx, die Pariser Arbeiter und auch ein Teil der Mittelklasse »fühlte(n), dass es nur noch eine Wahl gab: die Kommune oder das Kaisertum, gleichviel unter welchem Namen. Das Kaisertum hatte diese Mittelklasse ökonomisch ruiniert durch seine Verschleuderung des öffentlichen Reichtums, durch den von ihm großgezogenen Finanzschwindel, durch seine Beihilfe zur künstlich beschleunigten Zentralisation des Kapitals und die dadurch bedingte Enteignung eines großen Teils dieser Mittelklasse. Es hatte sie politisch unterdrückt, sie sittlich entrüstet durch seine Orgien, es hatte ihren Voltairianismus beleidigt durch Überlieferung der Erziehung ihrer Kinder an die unwissenden Brüderlein, es hatte ihr Nationalgefühl als Franzosen empört, indem es sie kopfüber in einen Krieg stürzte, der für alle die Verwüstung, die er anrichtete, nur einen Ersatz ließ – die Vernichtung des Kaisertums.«[33] Das elende Zweite Kaiserreich war »die einzig mögliche Regierungsform zu einer Zeit, wo die Bourgeoisie die Fähigkeit, die Nation zu beherrschen, schon verloren und wo die Arbeiterklasse diese Fähigkeit noch nicht erworben hatte«.[34]

Es ist nicht besonders schwer, diese Bemerkungen so umzuformulieren, dass sie auf die imperialen Systeme der 70er Jahre unseres Jahrhunderts passen. Das Problem der »Befreiung des Menschen aus dem Fluch der ökonomischen Ausbeutung und der politischen wie gesellschaftlichen Versklavung« ist immer noch das Problem unserer Zeit. Solange dies nicht anders wird, werden uns die Lehren und die revolutionäre Praxis des libertären Sozialismus als Inspiration und Anleitung dienen.

Anmerkungen

1 Dieses Kapitel ist eine überarbeitete Fassung meiner Einleitung zur amerikanischen Ausgabe von Daniel Guérins *Anarchismus. Begriff und Praxis.* Frankfurt 1967.

2 Octave Mirbeau, zitiert in James Joll, *The Anarchists*. Boston 1964, S. 145 f.

3 Rudolf Rocker, *Anarchosyndicalism*. London 1938.

[4] Zitiert in Rocker, a.a.O., S. 77. Dieses und das folgende Zitat stammen aus Michael Bakunin, »The Program of the Alliance«, in: Bakunin on Anarchy. Sam Dolgoff (Hrsg. und Übers.), New York 1972.

[5] Diego Abad de Santillan, *After the Revolution*. New York 1937, S. 86.

[6] Zitiert in Robert C. Tucker, *The Marxian Revolutionary Idea*. New York 1969. (Originaltext: Marx/Engels, *Werke* Bd. 36).

[7] Brief an Herzen und Ogareff, 1866, zitiert in Daniel Guérin, *Jeunesse du socialisme libertaire*. Paris 1959, S. 119.

[8] Fernand Pelloutier, zitiert in Joll, *Die Anarchisten*, a.a.O. Die Quelle ist *L'Anarchisme et les syndicats ouvriers*, in: *Les Temps nouveaux*. 1895. Der volle Text ist abgedruckt bei Daniel Guérin, *Ni Dieu, ni Maître*. Lausanne o. J., einer hervorragenden Sammlung historischer Texte des Anarchismus.

[9] Martin Buber, *Der utopische Sozialismus*. Köln.

[10] »Kein Staat, so demokratisch er auch in seinen Formen sein möge«, schrieb Bakunin, »ja nicht einmal eine ultrarote politische Republik, ist in der Lage, dem Volk zu geben, wessen es bedarf, nämlich die freie Organisation seiner Interessen von unten nach oben ohne jede Einmischung, jede Bevormundung oder Zwang von oben. Denn jeder Staat, selbst der im höchsten Maße republikanische und demokratische, ja sogar der so genannte Volksstaat, wie ihn Marx sich vorstellt, ist seinem Wesen nach nichts anderes als die Leitung der Masse von oben nach unten durch eine gelehrte und schon dadurch privilegierte Minderheit, die angeblich die wahren Interessen des Volkes besser begreift als das Volk selbst.« – »Denn das Volk wird kein leichteres Leben haben, wenn der Stock, der es schlägt, seinen eigenen Namen trägt.« (Michael Bakunin, *Staatlichkeit und Anarchie* (1873), deutsche Erstübersetzung von Alexandra Petrow, Berlin 1972.) – Mit dem Stock meinte Bakunin natürlich die demokratische Republik. Marx sah die Sache freilich anders.

[11] Paul Mattick, *Marx and Keynes: The Limits of the Mixed Economy*. Boston 1969, S. 295.

[12] Michail Bakunin, *La Commune de Paris et la notion de l'Etat*, in: *Ni Dieu, ni Maître*, Guérin, a.a.O.

[13] Zitiert in Shlomo Avineri, *The Social and Political Thought of Karl Marx*. London 1968.

[14] Rocker, *Anarchosyndicalism*, a.a.O., S. 28.

[15] Siehe die genannten Werke von Guérin.

[16] Karl Marx, *Kritik des Gothaer Programms* (MEW Bd. 19).

[17] Karl Marx, *Grundrisse der Kritik der Politischen Ökonomie*. Berlin 1953.

[18] Karl Marx, *Das Kapital* (Bd. 1 = *MEW* Bd. 23).

[19] Avineri, a.a.O., gibt hierfür Stellen aus dem *Kapital* an.

[20] Pelloutier, *L'Anarchisme et les syndicats ouvriers*, a.a.O.

[21] Proudhon, *Was ist das Eigentum?* (1841). Der Satz »Eigentum ist Diebstahl« gefiel Marx nicht. Er sah darin ein logisches Problem, da Diebstahl die legitime Existenz von Eigentum voraussetzt. Siehe dazu Avineri, a.a.O.

[22] Zitiert in Martin Buber, *Der utopische Sozialismus*, a.a.O.

[23] Zitiert in J. Hampden Jackson, *Marx, Proudhon and European Socialism*. New York 1962.

[24] Karl Marx, *Der Bürgerkrieg in Frankreich* (*MEW* Bd. 17).

[25] Ebd.

[26] Hier nach dem englischen Text übersetzt.

[27] In dem Sammelband *Collectivisations: L'Oeuvre constructive de la Révolution espagnole*. Paris 1971, S. 8.

[28] Zur genaueren Diskussion siehe Paul Mattick, *Marx und Keynes*, a.a.O. und Michael Kidron, *Rüstung und wirtschaftliches Wachstum*. Frankfurt 1971.

[29] Siehe Hugh Scanlon, *The Way Forward for Worker's Control*, Institut for Worker's Control Pamphlet Series, Nr. 1, Nottingham 1968. Scanlon ist Präsident der »Amalgamated Engineering and Foundryworkers' Union«, einer der größten britischen Gewerkschaften. Das Institut wurde als Ergebnis der 6. Konferenz über Arbeiterkontrolle vom März 1968 gegründet und dient als Zentrum zur Verbreitung von Informationen und Organisierung von Untersuchungsarbeiten.

[30] Guérin, *Ni Dieu, ni Maître*, a.a.O., Einleitung.

[31] Ebd.

[32] Arthur Rosenberg, *Geschichte des Bolschewismus* (1932). Frankfurt 1966.

[33] Karl Marx, *Der Bürgerkrieg in Frankreich* (*MEW* 17).

[34] Ebd.

Noam Chomsky, 2004, Cambridge, Massachusetts

Worin besteht die intellektuelle Verantwortung von Schriftstellern? (1995)

Ich möchte von vornherein klarstellen, dass ich zu dieser Frage abgesehen von Binsenweisheiten wenig zu sagen habe. Einzig die Tatsache, dass sie so häufig bestritten werden – weniger in Worten, dafür umso mehr in Taten – gibt mir das Recht, heute darüber zu sprechen.

Zu einigen Fragen kann man etwas sagen, andere lösen nur Verwirrung aus. Manchmal ist die Fragestellung zu schwierig, wie bei vielen Fragen in der wissenschaftlichen Forschung, die dort, wo sie zu neuen Erkenntnissen führt, an die Grenzen unseres Verständnisses vorstößt. Manchmal ist die Fragestellung zu einfach und die Antworten können in einem einzigen Satz gegeben werden. Das sind die Fragen, mit denen man nie so richtig fertig wird. Die Frage, die ich diskutieren soll, gehört – zumindest für mich – in diese Gruppe.

In gewisser Weise ist die Antwort zu leicht: Die intellektuelle Verantwortung des Schriftstellers und jedes anständigen Menschen besteht darin, die Wahrheit zu sagen. Nebenbei bemerkt verstehe ich »intellektuelle Verantwortung« hier in einem engen Sinn; es gibt viele Dimensionen, die ich beiseite lasse, wie zum Beispiel die ästhetische Dimension.

Auch wenn man auf dieser allgemeinen Ebene eine einfache Antwort geben kann, kommt es schnell zu Vorbehalten. Es ist zum Beispiel ein moralisches Gebot, die Wahrheit über wichtige Themen herauszufinden, sie, so gut man kann, in Worte zu fassen und sie dem richtigen Publikum mitzuteilen. Die dadurch aufgeworfenen Fragen werden schwieriger und sind manchmal fast nicht zu beantworten.

Die Verantwortung, die Wahrheit herauszufinden und auszusprechen, kann oft schwierig sein und persönliches Risiko mit sich bringen, besonders für Menschen in angreifbaren Positionen. Das gilt selbst für Gesellschaften, die sehr frei sind; in anderen Gesellschaften können die Folgen natürlich noch schwerwiegender sein.

Wenden wir uns nun dem zweiten Aspekt zu: Wie finden wir heraus, was wichtig ist? Hier gibt es viele Gründe: Einige Fragen sind wichtig, weil sie von intellektuellem Interesse sind. Denken sie nur an Fragen wie: Haben die Neurowissenschaften uns irgendetwas über das Bewusstsein oder andere Phänomene des Geistes zu sagen? Allerdings ist dieser intellektuelle Faktor nicht

das, was uns heute beschäftigt. Vielmehr spreche ich von der moralischen Dimension, die mit den wahrscheinlichen Auswirkungen des eigenen Handelns besonders auf das menschliche Leben zu tun hat.
Die Verantwortung des Schriftstellers als *moralisch Handelndem* besteht darin, einem potenziell handlungsfähigen Publikum die Wahrheit über wesentliche Dinge im Leben zugänglich zu machen. Das bedeutet es, ein moralisch handelnder Mensch zu sein. Man sollte annehmen, dass diese Aussage unbestreitbar ist, aber das ist leider nicht der Fall. Denn die intellektuellen Gemeinschaften, zu denen wir (mehr oder weniger) gehören, weisen dieses elementare moralische Prinzip vehement zurück. Gemessen an dem natürlichen Maßstab, der Relation von Handlungsmöglichkeiten und tatsächlichem Handeln, sind wir historisch gesehen wohl ziemlich tief gesunken.
Ich werde auf diese unangenehme Vermutung noch zurückkommen, aber betrachten wir zunächst das Thema, über das ich hier reden soll. Schon seit vielen Jahren wollte ich Australien besuchen, aber der unmittelbare Anlass war eine Einladung, über Osttimor zu sprechen.
1978 habe ich mich bei den Vereinten Nationen zu dieser Frage geäußert. Meine Aussage wurde in der rechtsgerichteten Zeitschrift *Inquiry* veröffentlicht. Am Ende dieser Aussage formulierte ich eine Tatsache, die nur schwer zu überlesen war; da sie dennoch meist sorgfältig ignoriert wurde, möchte ich sie hier wiederholen. Zur damaligen Zeit wurden zwei große Verbrechen im selben Teil der Welt verübt (in Kambodscha und Osttimor), die dem Charakter und Ausmaß nach ungefähr vergleichbar sind. In einigen Aspekten unterscheiden sich die beiden Verbrechen allerdings auch, was Licht auf die Frage wirft, die wir hier diskutieren. Zählen wir einige der Aspekte auf, die unter einigermaßen vernünftigen und integren Menschen nicht umstritten sind.
Beginnen wir mit den Gräueltaten der Roten Khmer:

1. Es waren Verbrechen gegen die Menschlichkeit.
2. Sie konnten einem offiziellen Feind zugeschrieben werden.
3. Sie waren ideologisch nützlich und boten eine Rechtfertigung für die 25 Jahre währenden Verbrechen der USA in Indochina und für weitere gerade verübte oder geplante Verbrechen. Sie wurden sehr bewusst missbraucht für die Wiederherstellung des Glaubens an die eigene Rechtschaffenheit und als Grund, weitere Verbrechen zu begehen (wir müssen foltern und töten »um einen neuen Pol Pot zu verhindern«, besagte die Doktrin).
4. Niemand hatte eine Idee, wie man die Verbrechen der Roten Khmer eindämmen, geschweige denn beenden könnte.

5. Sie riefen im Vergleich zu anderen Verbrechen eine gewaltige Entrüstung und Empörung hervor und sie wurden von einem Ausmaß an Lügen und einer Verdrehung von Tatsachen begleitet, die sogar Stalin beeindruckt hätten (keine Übertreibung!). Es war sogar unmöglich, Lügen richtig zu stellen: Die Entlarvung einer Unwahrheit führte nur dazu, dass die Lüge mit noch größerer Inbrunst wiederholt und dass der Lügner mit Beifall bedacht wurde. Es spielte keine Rolle, wie kindisch und absurd die Fälschungen waren – schon die gemäßigste Mahnung, sich an die Wahrheit zu halten (eine Wahrheit, die schon schlimm genug war) löste regelrechte Hysterie und erneute Lügen aus.
6. Diese Verbrechen wurden zum generellen Symbol des Bösen, sie befinden sich – in einer Galerie mit denen Hitlers und Stalins – auf der offiziellen Liste der Schrecken des 20. Jahrhunderts.

Wenden wir uns nun den Gräueltaten in Osttimor zu und vergleichen wir sie Punkt für Punkt mit denen der Roten Khmer:

1. Es waren Verbrechen gegen die Menschlichkeit, aber zudem Verbrechen, die im Rahmen direkter Aggression begangen wurden, also Kriegsverbrechen, die klar in den Zuständigkeitsbereich des internationalen Rechts fallen.
2. Die Spur der Verantwortung für diese Verbrechen führt direkt nach Washington und zu den Verbündeten der USA.
3. Da die Verantwortung eindeutig bei den USA und ihren Verbündeten lag, waren sie ideologisch gefährlich.
4. Für die Verantwortlichen wäre es sehr leicht gewesen, die Aggression zu beenden. Es handelte sich nicht um Bosnien, Ruanda oder Tschetschenien. Es bestand keine Notwendigkeit, Truppen zu entsenden, Sanktionen zu verhängen oder auch nur Warnungen auszusprechen. Es hätte ausgereicht, den Geldhahn zuzudrehen.
5. Tiefes Schweigen war die einzige Reaktion – von den wiederholten Lügen des US-Außenministeriums und der indonesischen Generäle einmal abgesehen. Auch hier wurde in einem Ausmaß gelogen, das Stalin verzückt hätte. (Ich beschränke mich hier auf Nordamerika, obwohl diese Beobachtungen auch sonst weitgehend gültig sind.)
6. Die vom Westen unterstützten Verbrechen sind kein Symbol des Bösen und kein Fleck auf unserer weißen Weste.

Das Muster ist verblüffend und es erfordert großes Talent, es nicht wahrzunehmen und bestimmte Schlussfolgerungen daraus zu ziehen. Es ist ein Qualitätsbeweis unseres Erziehungs- und Ausbildungssystems, dass es solche Begabungen mit großem Erfolg fördert.

Ich möchte die beiden letzten Punkte noch ein wenig ausführen. Mein Artikel in *Inquiry* war in den USA (und meines Wissens auch in Kanada) der erste, der sich speziell Osttimor widmete und der zweite, der sich überhaupt mit der Materie befasste. Und das nach drei Jahren massiver Gräueltaten, vielleicht den schlimmsten seit dem Holocaust (in Relation zur Bevölkerungszahl), die zudem hauptsächlich von amerikanischen Steuerzahlern finanziert wurden. Währenddessen überboten sich Washington und die Intellektuellen an Eigenlob: »Die Menschenrechte seien die Seele unserer Außenpolitik«, so der Mann, der den Waffenfluss nach Indonesien beschleunigte, während die Gräueltaten ihren Höhepunkt erreichten und den Tätern aufgrund der Brutalität ihres Angriffs die Waffen knapp wurden. All das wurde verschwiegen, obwohl die Fakten zugänglich waren. In den amerikanischen und kanadischen Medien wurde nicht mehr über Osttimor berichtet, obwohl die Berichterstattung vor der indonesischen Invasion recht ausführlich gewesen war.

Später gab man zu, die Geschehnisse seien problematisch gewesen, vielleicht sogar »eine Schande für Indonesien« (wie die *New York Times* schrieb). Wir haben es versäumt, die Menschen gut genug zu beobachten, die nicht nach unseren zivilisierten Normen handeln, und wir haben uns zu wenig bemüht, Handlungen zu verhindern, die wir durch unsere militärische und diplomatische Unterstützung erst möglich machten. Aber das ist verständlich, da wir damals mit anderem beschäftigt waren. Die Gräueltaten, die wir nichts ahnend übersehen haben, waren unglückliche Irrtümer eines Führers, dessen Menschenrechtsbilanz »wechselvoll« ist, wie der Asienkorrespondent der *New York Times* erklärte. Nichtsdestoweniger blieb dieser Führer ein »Gemäßigter« (*Christian Science Monitor*), der »im Kern gutwillig« ist und von »Propagandisten für die Guerillas« in Osttimor, die »von der Grausamkeit der Armee und ihrer Anwendung von Folter sprechen«, auf unfaire Art kritisiert wird (*Economist*).

Als die (fortdauernden) Verbrechen in Osttimor schließlich teilweise eingestanden wurden, wobei wir uns immer von jeder Verantwortung für unsere bewusste und ausschlaggebende Rolle freisprachen, empfand es niemand als anstößig, an eine noch nicht lange zurückliegende Episode der Geschichte zu erinnern:

die heftige Begeisterung über die »unglaubliche Massenschlächterei«, die von den »indonesischen Gemäßigten« im Jahr 1965 verübt wurde. Diese Worte stammen von der *New York Times*, die zusammen mit ihren Pressekollegen in hemmungslose Freude über die Nachrichten von »kochendem Blutbad« (*Times*) ausbrachen, das von dem führenden liberalen Kommentator der *Times* beifällig als »ein Silberstreifen am Horizont in Asien« beschrieben wurde. Angesehene Kommentatoren lobten Washington für die Zurückhaltung und die Bescheidenheit bezüglich des eigenen Beitrags zu den Erfolgen der Gemäßigten. Die Autoren der *Times* fanden dieses Verhalten klug, da eine allzu lautstarke Freundschaftsbekundung den neuen Herrschern des Landes »leicht schaden könnte«. Gleichzeitig sei es angebracht, »großzügige Zusagen über die Lieferung von Reis, Baumwolle und Maschinen« zu machen und die Hilfslieferungen an Indonesien wieder aufzunehmen, die unterbrochen wurden, während das »unglaubliche Blutbad« die Dinge wieder in Ordnung brachte.

Diese Episode, die uns eine Menge über die Wirklichkeit unserer moralischen Prinzipien verrät, ist aus unserem Gedächtnis verschwunden. Ich habe sie in einem kürzlich erschienenen Buch (*The Year 501*) besprochen. Man muss die Texte lesen, um es überhaupt glauben zu können. Aber was das betrifft, besteht kaum Anlass zur Sorge: Die Angelegenheit wird weiterhin vergessen bleiben, wie es sich gehört.

Jeder halbwegs informierte Mensch weiß, dass es in derselben Region und in denselben Jahren noch ein anderes Beispiel für das gab, was bereits der Vergleich zwischen Kambodscha und Osttimor demonstriert. Ich meine das »Jahrzehnt des Völkermords« in Kambodscha, wie die Jahre 1969 bis 1979 von der einzigen unabhängigen (von Finnland eingesetzten) Regierungskommission genannt wurden: ein weiteres Thema, das aus der offiziellen Geschichte gestrichen wurde (nicht dass es jemals wirklich in die Geschichtsschreibung eingegangen wäre), und das uns noch mehr über die westliche Zivilisation lehren würde, wenn wir nur bereit wären, hinzusehen.

In diesen Bemerkungen habe ich kaum mehr als die Oberfläche angerissen. Die Wahrheit ist weitaus schlimmer, und es sollte uns klar sein, welchem Kapitel der Geschichtsschreibung sie angehört. Davon abgesehen, stehen diese Beispiele nicht allein und sind nicht einmal ungewöhnlich. Während wir hier sprechen, geschehen vergleichbare Verbrechen in allen Teilen der Welt. Nehmen wir Lateinamerika, traditionell in der Machtsphäre der USA und somit der Ort, an dem sich am besten die Werte demonstrieren lassen, die die Welt von heute dominieren. Die Hälfte der US-Militärhilfe geht an Kolumbien; diese Hilfe ist unter Clinton noch angewachsen. Kolumbien ist das Land, das die schlimmsten Menschenrechtsverletzungen in der südlichen Hemisphäre verübt. Die furchtbaren Verbrechen des führenden Nutznießers der US-Militärhilfe und -ausbildung werden regelmäßig von Menschenrechtsorganisationen, der Kirche und anderen in Grauen erregenden Einzelheiten dokumentiert. Dennoch wird darüber kaum berichtet, und es gibt kaum Reaktionen darauf – abgesehen von kleinen Solidaritätsorganisationen und kaum erhältlichen Publikationen. Was durch den Filter gelangt, sind die offiziellen Märchen vom Krieg gegen die Drogen, die von Menschenrechtsgruppen und allen anderen qualifizierten Beobachtern als absurd eingestuft werden, von der Freien Presse aber in religiöser Manier als Tatsachen beschworen werden.

Auf Tausenden detailliert dokumentierten Seiten wurde zweifelsfrei gezeigt, dass es sich hier um ein typisches Muster handelt, aber diese Dokumentationen werden ignoriert oder mit rituellem Hohn abgetan als »Tirade«, »das Übliche«, »Verschwörungstheorie« oder »antiamerikanisch« (ein interessanter Begriff, der dem Lexikon des Totalitarismus entlehnt ist). All dies sind Kampfbegriffe, die unsere Kultur bereithält, um die Gefahren des Denkens abzuwehren und die Gläubigen vor unerwünschten Tatsachen zu beschützen. Es ist interessant, zeitgenössische Verteidiger doktrinärer Reinheit mit mittelalterlichen Denkern zu vergleichen, die Häresien ernst nahmen und ihnen mit durchdachten Argumenten begegneten. Ein solches Niveau an Integrität ist heute selten geworden, und vielleicht lohnt es sich, über diese Tatsache nachzudenken.

Wenn wir die Binsenwahrheit, von der ich eingangs sprach, auf die soeben erwähnten Fälle anwenden, ergeben sich folgende Konsequenzen: Die Verantwortung westlicher Intellektueller bestand darin, einem westlichen Publikum die Wahrheit über »die Schande des Westens« zu vermitteln, einem handlungsfähigen Publikum, das die Verbrechen leicht, schnell und auf effektive Weise beenden konnte. Das ist einfach, unzweideutig und offensichtlich richtig. Als sie sich dafür entschieden, die Gräueltaten der Roten Khmer zu verurteilen, war das schön und gut, solange sie versuchten, sich an die Wahrheit zu halten. Aber das war nur von geringer Bedeutung, solange sie keine alternativen Handlungsvorschläge machten; solche Vorschläge machte niemand. Auch über Dschingis Khan sollte mal die Wahrheit gesagt werden, aber diese Aufgabe ist wohl kaum von allzu großer moralischer Dringlichkeit.

Betrachten wir nun den dritten Teil des moralischen Imperativs etwas genauer: den Adressaten. Der Adressat ist dann richtig gewählt, wenn er die Wahrheit nutzen kann: zur Aufklärung, in erster Linie aber zugunsten eines menschlichen Handelns, das hilft, Leiden und Qual zu lindern. Das ist wieder eine Binsenwahrheit, obwohl es auch hier Meinungsverschiedenheiten gibt, sogar zwischen Menschen, die sich eigentlich über die grundlegenden Fragen einig sind.

Gerne möchte ich ein Beispiel aus meiner persönlichen Erfahrung geben. Ich habe mich viele Jahre meines Lebens intensiv an den Aktivitäten pazifistischer Gruppen beteiligt, an direkten Aktionen sowie an Fortbildungen und der Organisation von Projekten. Wir haben Tage im Gefängnis verbracht, und es ist nur ein seltsamer Zufall, dass daraus nicht viele Jahre wurden. Das schafft Bande der Freundschaft und Loyalität, aber es bringt auch Meinungsverschiedenheiten zum Vorschein. So vertreten zum Beispiel meine Freunde und Mitkämpfer unter den Quäkern bei der Sabotage illegitimer Autorität die Losung: »Der Macht die Wahrheit entgegenhalten.« Ich bin hier völlig anderer Meinung. »Die Macht« ist die vollkommen falsche Adresse und die ganze Mühe kaum mehr als eine Form der Selbstbefriedigung. Es ist Zeitverschwendung und ein nutzloses Unterfangen, Henry Kissinger, den Topmanagern von General Motors oder anderen, die in repressiven Institutionen Macht ausüben, die Wahrheit entgegenzuhalten – Wahrheiten, die die meisten von ihnen nur allzu gut kennen.

Auch hier ist ein Vorbehalt angebracht: Insoweit solche Menschen sich aus ihrem institutionellen Rahmen lösen und zu menschlichen Wesen, moralisch Handelnden werden, gilt für sie nichts anderes als für jedermann sonst. Aber in ihren institutionellen Rollen als Menschen, die Macht haben, lohnt es sich ebenso wenig, sie anzusprechen, wie bei den schlimmsten Tyrannen, die ja auch menschliche Wesen sind, ganz gleich, wie schrecklich ihre Taten sein mögen.

Der Macht die Wahrheit entgegenzuhalten ist nicht sonderlich rühmenswert. Man sollte sich ein adäquates Publikum aussuchen – und davon abgesehen (das ist ein weiterer wichtiger Vorbehalt), sollte es nicht als ein Publikum gesehen werden, sondern als Gemeinschaft mit einem gemeinsamen Anliegen, an der man auf konstruktive Weise teilnehmen möchte. Wir sollten nicht *zu*, sondern *mit* Menschen sprechen. Das gilt für jeden guten Lehrer und sollte ebenfalls für jeden Schriftsteller und Intellektuellen gelten. Wir sehen also, dass selbst die Frage nach der Wahl des Publikums nicht trivial ist.

Kehren wir nun zu den entscheidenderen Aspekten der Frage zurück, zum Aussprechen der Wahrheit über wesentliche Dinge. Die Verpflichtung dazu mag offensichtlich scheinen, sie ist es aber nicht – zumindest nicht in bestimmten Kulturen, zu denen auch unsere gehört. Aber westliche Intellektuelle verstehen diesen Punkt trotzdem sehr gut und haben zumindest in einem Fall keine Schwierigkeiten, elementare moralische Prinzipien anzulegen: bei offiziellen Feinden, wie beispielsweise dem stalinistischen Russland.
In der stalinistischen Gesellschaft und ihrem aufgezwungenen Wertesystem bestand die Verantwortung der Intellektuellen darin, dem Interesse der Macht zu dienen: mit angemessenem Entsetzen die schrecklichen (wirklichen oder angeblichen) Taten offiziell vorgegebener Feinde aufzulisten und die Verbrechen des Staates und seiner Handlanger zu kaschieren oder zu beschönigen. Russische Intellektuelle, die diesem Bild entsprachen, wurden gefeiert und mit Ehrungen überhäuft; diejenigen, die sich diesen Forderungen verweigerten, wurden bekanntlich ganz anders behandelt.
Im Westen verhielt es sich genau umgekehrt: Russische Intellektuelle, die sich an das hielten, was von ihnen erwartet wurde, wurden verachtet und als Kommissare und Apparatschiks verurteilt. Wer hingegen die an ihn gestellten Forderungen zurückwies, wurde als Dissident geehrt, als ein Mensch, der die Wahrheit über wesentliche Dinge sagt. Dass sie die Verbrechen des Westens weder verurteilten noch abstritten, war für anständige Menschen nicht von Interesse.
Die Unterschiede zwischen Kommissar und Dissident gehen auf die Ursprünge der Geschichtsschreibung zurück. Man sehe sich die Dialoge Platons an oder, noch dramatischer, die Bibel. Die Intellektuellen, die sich zu Lebzeiten Achtung und Ehre erwarben, wurden Jahrhunderte später als falsche Propheten verdammt: die Höflinge, die Kommissare. Diejenigen, die viel später als Propheten galten, wurden zu Lebzeiten wie Verbrecher behandelt. Sie sagten die Wahrheit über wesentliche Dinge, angefangen bei geopolitischen Analysen bis hin zu moralischen Werten und wurden bestraft wie so viele, die die Sünde der Aufrichtigkeit und Integrität begehen.
Die Strafe ist unterschiedlich hart, je nach Gesellschaftsform. Im Russland Breschnjews konnte sie Verbannung oder Exil bedeuten. In einer typischen US-Dependance wie El Salvador ist das wahrscheinliche Schicksal, nach grausamer Folter in Stücke gehackt in einem Graben liegen gelassen zu werden oder von US-ausgebildeten Elitebataillons den Schädel weggeblasen zu bekommen. In einem schwarzen Getto in den USA kann die Strafe ebenfalls

grausam sein – in jüngerer Zeit wurden zwei schwarze Bürgerrechtler im Gestapo-Stil ermordet. Die Umstände sind bekannt und unbestritten, angesichts der Opfer der Aktion werden sie allerdings als unbedeutend eingestuft. Diese Opfer werden derselben Kategorie zugerechnet wie die der endlosen Gräueltaten, die wir anderswo tolerieren, finanzieren oder selbst direkt ausführen. Sollte dies nicht ohnehin offensichtlich sein, so ist es zumindest nicht schwer zu beweisen, und das ist wiederum bezeichnend für die vorherrschenden Werte.

Gehen wir noch einen Schritt zurück. In feindlichen Staaten oder in der fernen Vergangenheit haben wir keine Schwierigkeiten, den Kommissar vom Dissidenten zu unterscheiden. Aber wenn wir uns moralischen Wahrheiten zuwenden und den Blick auf uns selbst richten, kehren sich die Urteile um, und wir bleiben dem allgemeingültigen Muster treu: Die Kommissare werden geehrt, die Dissidenten für ihre Niedertracht verurteilt. Auch das ist nur zu offensichtlich.

Die Prinzipien, die wir umso vehementer vertreten, je mehr unsere eigene Verantwortung abnimmt, liegen völlig klar auf der Hand. Aber da sie so häufig und oft mit großer Empörung bestritten werden, werde ich sie noch einmal auflisten und mit dem Fall beginnen, über den allgemeine Einigkeit besteht.

1. Wenn ein sowjetischer Intellektueller die Wahrheit über amerikanische Verbrechen sagte, brachte ihm das kein großes Lob von unserer Seite ein. Es gab genug Kommissare, die das tun konnten, und die Bürger der Sowjetunion hatten wichtigere Dinge zu tun. Die sowjetischen Verbrechen in Polen und der Tschechoslowakei waren mit den Verbrechen der USA in Mittelamerika nicht im entferntesten vergleichbar. Trotzdem war es die moralische Pflicht des sowjetischen Intellektuellen, seine Aufmerksamkeit auf Erstere zu konzentrieren, selbst wenn dadurch weitaus schlimmere Verbrechen außerhalb der sowjetischen Macht der allgemeinen Aufmerksamkeit entgingen.
2. Wenn ein sowjetischer Intellektueller amerikanische Verbrechen übertrieb oder erfand, wurde er zum Gegenstand der Verachtung.
3. Wenn ein sowjetischer Intellektueller amerikanische Verbrechen ignorierte, war das nicht von Bedeutung. Unsere Bewunderung für Dissidenten blieb die gleiche, auch wenn sie es ablehnten, zu diesen Verbrechen etwas zu sagen.

4. Wenn ein sowjetischer Intellektueller amerikanische Verbrechen leugnete oder herunterspielte, war das ebenfalls eine Angelegenheit von geringer Bedeutung bzw. Bedeutungslosigkeit. Ihre Verantwortung bezog sich nur auf ihr eigenes Land.
5. Wenn ein sowjetischer Intellektueller sowjetische Verbrechen ignorierte oder rechtfertigte, war das verbrecherisch.

Bemerkenswert ist, dass es an Informationen über westliche Verbrechen nicht fehlte, zumindest wenn wir den staatlich geförderten Studien der Zentren für Russlandforschung in den Vereinigten Staaten Glauben schenken, denen zufolge 1979 etwa 96 Prozent der besser gestellten Mittelschicht und 77 Prozent der Arbeiter ausländische Radiosendungen hörten. Selbst diese entstellten Versionen lieferten genügend Informationen, um angemessen auf US-Verbrechen zu reagieren. Aber die fehlende Reaktion war nicht weiter von Bedeutung. Die Prinzipien sind stichhaltig und lassen sich ohne große Änderungen auch auf unsere Gesellschaften anwenden.
1. Wenn westliche Intellektuelle die Wahrheit über die Verbrechen der UdSSR, Pol Pots oder Saddam Husseins (nachdem er im August 1990 offiziell zum Feind erklärt worden war) sagen, ist das gut, aber ohne großen moralischen Stellenwert.
2. Wenn sie solche Verbrechen übertreiben oder erfinden, werden sie zum Gegenstand der Verachtung.
3. Wenn sie solche Verbrechen ignorieren, ist das von geringer Bedeutung.
4. Wenn sie solche Verbrechen leugnen oder verharmlosen, ist das ebenfalls nicht besonders wichtig.
5. Wenn sie die Verbrechen, in die ihr eigener Staat verwickelt ist, ignorieren oder rechtfertigen, ist das verbrecherisch.

So viel ist offensichtlich, aber ich muss zugeben, dass ich mich nicht in allen Punkten daran halte. Ich würde die Schlussfolgerungen 3 und 4 für westliche Intellektuelle nicht akzeptieren und habe einen derartigen Standpunkt immer abscheulich gefunden. Vielleicht kann man für diese scheinbare Unstimmigkeit eine Rechtfertigung vorbringen, die sich auf die besondere Verantwortung beruft, die sich aus dem Besitz von Privilegien ergibt. Man beachte, dass eine solche Rechtfertigung Argumente erfordert, die keineswegs auf der Hand liegen. Die restlichen Punkte sollten klar sein, wobei Punkt 5 natürlich bei weitem der wichtigste ist.

Dies gilt für die Fälle, die ich vorhin erwähnt habe, und für andere, die gegenwärtig von großer Bedeutung sind. Unternehmen wir einmal ein einfaches Gedankenexperiment. Stellen wir uns vor, die UdSSR hätte nach dem sowjetischen Abzug aus Afghanistan unverändert weiter bestanden. Nehmen wir an, irgendein sowjetischer Intellektueller würde sich dann über die schrecklichen Gräueltaten des siegreichen afghanischen Widerstands erregen, besonders über die des islamisch-fundamentalistischen Fanatikers Gulbuddin Hekmatyar. Das würde kaum jemanden beeindrucken, selbst wenn dieser Intellektuelle zuvor gegen die sowjetische Invasion protestiert hätte – hätte er das nicht getan, wäre sein Verhalten verachtenswert. Nehmen wir an, eine Zeitschrift hätte die Invasion Afghanistans kritisch unterstützt und würde nun – zusammen mit einem Aufruf zu Verhandlungen mit den oppositionellen Kräften (nicht mit den Terroristen, die diese in Afghanistan angeblich anführten) und Klagen über die Kosten des Krieges – fragen, ob die Gräueltaten Hekmatyars »eine Neueinschätzung unserer Opposition gegen den Krieg in Afghanistan erfordert«. Ich zitiere hier den Titel eines in der amerikanischen Zeitschrift *Dissent* abgedruckten Symposiums, wobei ich »Vietnam« durch »Afghanistan« ersetzt habe. Nehmen wir an, ein sowjetischer Intellektueller hätte das Schicksal der afghanischen Flüchtlinge ignoriert, die vor dem sowjetischen Terror flohen, wäre dann voller Mitleid für alle, die vor Hekmatyar fliehen und hätte Hilfsgruppen gebildet, um sie zu unterstützen und ihnen zu helfen, sich in der Sowjetunion anzusiedeln. Die entsprechenden Bezüge ergeben sich von selbst.

Wir wissen, was wir über das erfundene Beispiel zu denken haben, und ein aufrichtiger Mensch wird unsere vorige Überlegung problemlos auf die reale Situation in unseren eigenen freien Gesellschaften anwenden.

Wir wissen auch, wie wir dieselbe Überlegung auf Korrespondenten in Phnom Penh oder zuvor in Vientiane zu beziehen haben, die keine Zeit für den gewaltigen Flüchtlingsstrom der US-Terrorbombardements hatten und die nicht einmal die Straße überquerten, um sie zu interviewen, später aber mutig durch den Dschungel streiften, um Flüchtlinge des Terrors Pol Pots zu finden. Wegen Flüchtlingen aus Osttimor taten sie so etwas nicht. Diese waren unsichtbar, selbst wenn man sie, wie schließlich in einem Akt der Verzweiflung geschehen, vor den Türen der Redaktionsbüros in New York und Washington ablieferte. Ein aufrichtiger Mensch wird wissen, wie er auf die »strukturell ernsthafte Erklärung« der unterschiedlichen Behandlung von Opfern der indonesischen Aggression und solchen des Terrors der Roten

Khmer zu reagieren hat, die von dem britischen Südostasienkorrespondenten William Shawcross angeboten wird: Der Grund sei im Falle Osttimors ein »vergleichsweise hoher Mangel an Quellen« sowie der fehlende Zugang zu Flüchtlingen gewesen – wo Lissabon und Darwin ja von London aus so viel schwieriger zu erreichen sind als die thailändisch-kambodschanische Grenze. Auf die Behauptung bezüglich der Quellen möchte ich aus reiner Barmherzigkeit nicht eingehen.

Es ist leicht, einen Fall nach dem anderen aufzurollen und die Folgen zu analysieren. Bezeichnend ist jedoch, dass genau das praktisch nie getan wird, weil ja jeder weiß, dass zwei und zwei vier ist.

Man könnte argumentieren, es sei unfair, westliche und sowjetische Intellektuelle miteinander zu vergleichen. Das ist richtig. Es ist unfair, sowjetische Intellektuelle, die behaupteten, die Invasion Afghanistans sei die *Verteidigung* Afghanistans gegen CIA-unterstützte Terroristen, mit westlichen Intellektuellen zu vergleichen, die behaupteten (und immer noch behaupten), die US-Invasion in Südvietnam seit 1961 sei die Verteidigung Südvietnams gegen von Hanoi (oder Moskau, oder Peking) unterstützte Terroristen gewesen. Der Vergleich ist sehr ungerecht – gegenüber den Kommissaren, die sich wenigstens auf Furcht berufen konnten, statt nur auf Servilität und Feigheit.

Diese Beobachtung ist allgemeingültig. Die moralische Schuld derer, die moralisch bedeutende Verbrechen verschweigen, ist umso größer, je freier und offener die Gesellschaft ist, je größer also ihre Möglichkeit ist, frei zu sprechen und effektiv zu handeln, um diese Verbrechen zu beenden. Und sie ist noch größer für diejenigen, die innerhalb der freieren und offeneren Gesellschaften gewisse Privilegien genießen und über die Ressourcen, die Ausbildung, die Mittel und Möglichkeiten verfügen, wirksam zu sprechen und zu handeln: die Intellektuellen. Auch das ist simple Logik. Es ist leicht zu erkennen, wie sich die Prinzipien Fall für Fall anwenden lassen und wie die einfachen moralischen Imperative sich zur Praxis verhalten. Die Schlussfolgerungen sind ein weiteres Mal lehrreich.

Gehen wir weiter. Die sowjetischen Kommissare, so korrupt sie auch waren, waren im Allgemeinen fähig zu erkennen, dass die Invasion Afghanistans genau das war: eine *Invasion*. Vielleicht haben sie sie aus Furcht gerechtfertigt, aber nur wenige gingen so weit, die Tatsache selbst zu bestreiten. Die intellektuelle Kultur im Westen sieht da ganz anders aus. Natürlich kann ich nicht für Australien sprechen, aber für die Vereinigten Staaten. Über 30 Jahre lang fand ich in den wichtigsten Veröffentlichungen Amerikas nirgends eine zutreffende Darstellung der Rolle John F. Kennedys bei der Eskalation der US-Intervention in Indochina: Er war dafür verantwortlich, dass aus der Unterstützung eines terroristischen Staates, wie er für Lateinamerika typisch ist, eine direkte Aggression gegen Südvietnam wurde, das während des gesamten Krieges die Hauptlast der US-Aggression in Indochina trug. Ich lese natürlich nicht alles, aber ich tue, was ich kann. Und ich habe bis jetzt noch nichts in dieser Richtung gefunden, außer in Publikationen weitab des Mainstream. Das Ereignis fand zwar mit Sicherheit statt, aber es wird bei uns nicht gedacht, geschweige denn ausgesprochen, obwohl hier zur Rechtfertigung des Schweigens nicht einmal Furcht ins Feld geführt werden kann.

In Wirklichkeit ist es noch viel schlimmer: Hinreichend gebildete Menschen sind nicht nur gegen die nackten Tatsachen immun, es ist ihnen sogar gelungen, die Verantwortung den Opfern zuzuschieben. Der Standardversion zufolge war Vietnam Schuld am Krieg – obwohl es hier zugegebenermaßen verschiedene Meinungen gibt. Wenn wir Männer in hohen Ämtern betrachten, finden wir im pazifistischen Lager Jimmy Carter, der während einer seiner Reden über Menschenrechte erklärte, wir seien Vietnam nichts schuldig, weil »die Zerstörung gegenseitig war«, was man bei einem Spaziergang durch die Provinz Quang Ngai und durch San Francisco sicher bestätigt finden würde. Abgesehen von den üblichen Außenseitern des Meinungsspektrums gab es hierauf keine Reaktion. Im anderen Lager finden wir Ronald Reagan – oder genauer gesagt, die Menschen, die ihm die Notizen schrieben – und die US-Senatoren, die Vietnam weiterhin für die an uns begangenen Verbrechen bestrafen wollen. In der Mitte stehen die Gemäßigten wie George Bush, der erklärte, dass »Hanoi heute weiß, dass wir nur Antworten suchen, ohne Vergeltung für die Vergangenheit anzudrohen«. Wir können ihnen nie vergeben, was sie uns angetan haben, aber wir sind willens »anzufangen, das letzte Kapitel des Vietnamkrieges zu schreiben«, wenn die Vietnamesen alle Anstrengungen aufbieten, um nach den Überresten vermisster amerikanischer Piloten zu suchen, die sie heimtückisch vom Himmel geschossen haben. Bushs Großmut ist zufällig eine Reaktion auf die Forderungen der Geschäftswelt, die der Auffassung ist, dass das Quälen des Feindes Spaß macht, Profite aber noch mehr.

Die Kommentare des Präsidenten, die wie üblich keine Reaktion hervorriefen, wurden von der *New York Times* in einer Titelgeschichte veröffentlicht. Die Kolumne direkt daneben berichtete über die Weigerung der Japaner, »ohne Wenn und Aber« die Schuld für ihre »Aggression im Krieg« auf sich zu nehmen, womit sie ein weiteres Mal den japanischen Charakterfehler betonte, der amerikanische Kommentatoren immer so verblüfft.

Es ist interessant, hier die Auswirkungen von Bildung und Privilegien zu betrachten. Die härtesten Kritiker unter den Intellektuellen – abgesehen von den üblichen, höchst vereinzelten Ausnahmen – bezeichneten den Krieg als »Fehler«, als eine gute Absicht, die aufgrund von Unkenntnis, Naivität und mangelndem Verständnis für die vietnamesische Kultur und Geschichte fehlgeschlagen sei. Und das noch auf dem Höhepunkt des Protests gegen den Krieg. Im Gegensatz dazu vertraten 70 Prozent der Bevölkerung bei Meinungsumfragen ab Mitte der 70er Jahre die Position, der Krieg sei nicht nur »ein Fehler«, sondern »von Anfang an falsch und unmoralisch« gewesen. Diese Zahl ist bemerkenswert, weil sie für eine offene Frage in einer Meinungsumfrage außergewöhnlich hoch ist und weil sie ohne Manipulation zustande kam. Es ist unwahrscheinlich, dass die Menschen in den Medien oder meinungsbildenden Zeitungen und Zeitschriften mit dieser Meinung konfrontiert waren. Dies ist nicht der einzige Fall dieser Art, und auch das ist bezeichnend.

Die politische Klasse der USA befindet sich in guter Gesellschaft, wenn sie den Opfern ihrer Untaten die Schuld zuschiebt. Zu den berühmten Präzedenzfällen gehören die hohen Reparationsforderungen, die 1825 an Haiti gestellt wurden, als Strafe dafür, sich von Frankreich befreit zu haben; dasselbe wiederfuhr Indonesien von seinen langjährigen holländischen Wohltätern. Solches Verhalten gehört zu den Vorrechten der Macht, ebenso wie das Ausbleiben einer Reaktion darauf.

Bemerkenswert ist auch die Tatsache, dass die Haltung des Westens großen Beifall, insbesondere Eigenlob hervorruft. Und dieser Zynismus wird noch dadurch verstärkt, dass im Westen Aufrichtigkeit und Integrität nicht unter Strafe stehen – zumindest für Menschen, die Schutz, Reichtum und Privilegien unserer freien Gesellschaften genießen.

Unsere rührseligen Übungen in Selbstgeißelung sind dagegen oft kaum noch zu ertragen. So schelten die Herausgeber des *Wall Street Journal* (15. September 1994) das Außenministerium, es habe sich der »political correctness« unterworfen, die schon »der Ruin des Campuslebens« gewesen sei. Dabei beziehen sie sich auf die angebliche Zustimmung des Außenministeriums zur »Breschnjewsicht« von Amerika in einem UN-Papier, das alle Unterzeichner dazu verpflichtet, über ihre eigene Menschenrechtsbilanz Rechenschaft abzulegen: über »Menschenrechtsverletzungen *innerhalb* der Vereinigten Staaten«, wie die Herausgeber in hellem Schrecken über eine derart kolossale Absurdität schreiben. Dann präsentieren sie die Passagen aus dem Dokument, die sie so schockieren: Auf den »amerikanischen Kampf für Gerechtigkeit« falle ein dunkler Schatten durch »die Versklavung und Entrechtung von Afroamerikanern und die weitgehende Vernichtung einer Großzahl der Zivilisationen der eingeborenen Amerikaner«. Frevelhaft, derartige Lügen der sowjetischen Propaganda nachzubeten! Gerade die Reaktion des *Wall Street Journal* entlarvt das Konzept der »political correctness«, das im Verlauf des heftigen Angriffs der Rechten auf die noch verbliebene Unabhängigkeit der Universitäten und anderer Institutionen entwickelt wurde. Hier waren die Reaktionen teilweise dieselben, wenn auch mit Lobpreisungen vermischt, als Robert McNamara, der Hauptinitiator eines Krieges, der ungefähr vier Millionen Tote in Indochina forderte, seine Entschuldigung publizierte: seine Entschuldigung gegenüber den *Amerikanern*, für das Leiden und die Erschütterung ihrer Gesellschaft, die durch die Irrtümer von Menschen verursacht worden war, die Gutes tun wollten und dabei auf Abwege gerieten.

An diesen Beobachtungen ist nichts neu. Als Zeuge »des triumphalen Marsches der Zivilisation durch die Wüste« wunderte sich De Toqueville über die Fähigkeit der amerikanischen Kolonisten, die eingeborene Bevölkerung bei vollkommenem »Respekt für die Gesetze der Menschlichkeit« zu vernichten, »mit einzigartiger Glückseligkeit, ruhig, legal, auf menschenfreundliche Art, ohne Blutvergießen und ohne in den Augen der Welt ein einziges großes Prinzip der Moral zu verletzten«. 1880 schrieb Helen Jackson einen bemerkenswerten, in vieler Hinsicht immer noch unübertroffenen Bericht über ein »Jahrhundert der Ehrlosigkeit«. Sie berichtete darin über die Behandlung »jener unglücklichen Rasse der eingeborenen Amerikaner, die wir mit so gnadenloser und niederträchtiger Grausamkeit ausrotten«, wie John Quincy Adams dieses Vorgehen Jahre nach seinem eigenen entscheidenden Beitrag dazu in einem seltenen Augenblick der Ehrlichkeit beschrieb. Jacksons wundervolles Buch wurde praktisch nicht zur Kenntnis genommen, auch nicht, als es 1964 in einer begrenzten Auflage von 2.000 Exemplaren neu aufgelegt wurde. In seinem weithin gelesenen Loblied auf die »Gewinnung des Westens« griff der viel bewunderte rassistische Historiker und spätere Präsident Theodore Roosevelt diese Schrift heftig an und verkündete: »National gesehen muss man unsere Indianerpolitik wegen der Schwäche, die sie an den Tag legte, wegen ihrer Kurzsichtigkeit und ihrer gelegentlichen Neigungen zur Politik sentimentaler Menschenfreunde tadeln; auch haben wir oft versprochen, was dann nicht durchzuführen war; aber es hat keine absichtlichen Missetaten gegeben.«

Und so geht der triumphale Marsch der Zivilisation bis heute weiter.

Auch der Vergleich zwischen freien und totalitären Gesellschaften ist nicht neu. In der Erläuterung seiner ersten Prinzipien der Regierung beobachtete David Hume, dass die Herrscher sich letztlich auf die Kontrolle des Denkens stützen müssen: »Es gibt daher nur die Meinung, auf die sich die Regierung gründet; und diese Maxime gilt sowohl für die despotischsten und militärischsten als auch für die freiesten und volkstümlichsten Regierungen.« Vor einem halben Jahrhundert widmete George Orwell seine Einleitung zu *Die Farm der Tiere* dem freien und demokratischen England und stellte fest, dass das Resultat sich dort nicht so sehr von dem totalitärer Staaten unterscheidet. Der Gegenstand seiner Satire war, obwohl die Methoden andere waren, kein Kompliment für die britischen Intellektuellen, wie er klarstellte. »Das Üble an der literarischen Zensur in England ist, dass sie weitgehend freiwillig erfolgt. Unpopuläre Ideen können erstickt und unbequeme Tatsachen unter den Teppich gekehrt werden, ohne dass ein offizielles Verbot erforderlich wäre.« Ganz ohne Anwendung von Gewalt »findet jeder, der die offizielle Orthodoxie herausfordert, sich mit überraschender Wirksamkeit zum Schweigen gebracht«, nämlich dank der Internalisierung der Werte von Unterordnung und Konformität und der Kontrolle der Presse durch »reiche Männer, die Grund haben, in Bezug auf gewisse wichtige Themen unehrlich zu sein«.

Orwells Analyse war dünn, und seine Beispiele waren nicht sehr zahlreich, aber seitdem ist durchaus Material zu diesem Thema vorgelegt worden. Es gibt jetzt umfangreiche Untersuchungen, die die Richtigkeit seiner Beobachtungen der freien Gesellschaften bestätigen – Beobachtungen, die lange Zeit unveröffentlicht blieben und erst 30 Jahre nach seinem Tod in seinem Nachlass gefunden wurden.

Aus Gründen, die zu offensichtlich sind, um weiter darauf einzugehen, ist die in Orwells unveröffentlichter Einleitung aufgeworfene Frage für westliche Intellektuelle von großer Bedeutung. Die von den »despotischsten« Regierungen verwendeten Kontrollmethoden sind durchsichtig; viel interessanter ist es, den Kontrollmethoden »der freiesten und volkstümlichsten« Gesellschaften auf die Spur zu kommen. Hätte sich Orwells Werk auf diese auch intellektuell weitaus wichtigeren Fragen konzentriert, wäre er für den Westen jetzt kein Held. Stattdessen wäre er eine weitere Helen Jackson, oder er hätte

die skandalösen Verleumdungen erdulden müssen, die Bertrand Russells Strafe für Integrität und Aufrichtigkeit waren. Ein aktuelles Beispiel ist der Fall des australischen Sozialwissenschaftlers Alex Carey, Pionier des Studiums der Konzernpropaganda, des wichtigsten zeitgenössischen Instruments zur Führung »der immerwährenden Schlacht um die Meinungen der Menschen«, wie es eine führende Figur der Public-Relations-Industrie ausdrückte. Alex Careys an Einsichten reiches und erhellendes Werk zirkulierte lange Jahre in privater Form unter Menschen, die an einem Verständnis der modernen Welt interessiert waren, und wird jetzt erst in zugänglicher Form publiziert (*Taking the Risk Out of Democracy*, 1995). Auch er war, sehr zu seiner Ehre, Zielscheibe der Schmähungen und Verleumdungen der »freiwilligen« Kommissare, wie die Leser der australischen Presse wissen.
An diesem Punkt beginnen wir – beginnen wir erst –, die wirklichen Fragen der intellektuellen und moralischen Verantwortung des Schriftstellers anzuschneiden. Und wir entdecken, dass es am Ende doch sehr viel zu sagen und viele Fragen zu beantworten gibt. Die Antworten sind für uns selbst und für die Umgebung, in der wir leben und arbeiten, nicht sehr schmeichelhaft, aber sie sollten im Zentrum unserer Überlegungen und unseres Handelns stehen, in unseren Schulen, unseren Zeitschriften und unseren Gemeinschaften.
Wenn es so weit ist, werden wir an der Schwelle zur zivilisierten Welt stehen.

»Verleumdung ist nämlich ein fantastischer Trick, weil man nicht darauf reagieren kann. Was soll ich denn sagen, wenn mich jemand einen Antisemiten nennt? Dass ich keiner bin?
Oder man schimpft Sie einen Rassisten oder einen Nazi oder sonst was – Sie ziehen immer den Kürzeren.
Sie können auf solche Angriffe einfach nichts entgegnen, und deshalb gewinnt immer der, der den Schmutz geworfen hat.«

Biografie III **Revolution in der Revolution** (1980 – 1993)

An der Wende von den 70er zu den 80er Jahren ist Chomsky das, was man eine »umstrittene Figur« nennt. Obwohl seine linguistische Forschung große Fortschritte macht, hat sich die ursprüngliche Begeisterung über die generative Grammatik außerhalb der Fachwelt längst verflüchtigt und öffentlicher Skepsis Platz gemacht. Statt der Chomsky-Linguistik mit ihren rigorosen Formalismen sind jetzt Diskursanalysen und die Theorien des Postmodernismus *en vogue*. Für das eine interessiert sich Chomsky wenig, und für das andere hat er nur Verachtung übrig. In seinen 1975 und 1980 erschienenen Büchern *Reflexionen über die Sprache* und *Regeln und Repräsentationen* räumt er die Legitimität diskursanalytischer Verfahren ein, beharrt aber auf der Priorität seines kognitionspsychologischen Ansatzes, dem es um die Erforschung von im Menschen selbst repräsentierten Wissens- und Kenntnissystemen geht. Der in der Diskursanalyse so hoch gehandelte Begriff der Kommunikation scheint ihm dagegen vage und inhaltsleer. Er vermutet, hier würden sich wohl kaum tiefe wissenschaftliche Prinzipien finden lassen, da das gesamte Gebiet sich gefährlich einer für ihn unmöglichen, da zu amorphen »Wissenschaft von allem« nähere. 1976 findet ein von dem Philosophen Fons Elders moderiertes, aufgezeichnetes Gespräch mit Michel Foucault statt. Die beiden behandeln sich mit größter Achtung, bieten aber gleichzeitig das Schauspiel zweier intellektueller Superstars, die aneinander vorbeireden. »Wir kamen gut miteinander aus, aber wo er über Macht redete, sprach ich von Gerechtigkeit«, fasste Chomsky aus seiner Sicht den Kern ihrer Meinungsverschiedenheiten zusammen. Chomskys Meinung zu Foucaults historischen Studien ist auch heute noch durchaus positiv, und insofern grenzt er Foucault von anderen Vertretern der Postmoderne ab, die, so Chomsky, ihre mageren Aussagen hinter »prätentiösem Phrasengeklingel« verbergen. Foucaults Äußerung aber, die Unterdrückten kämpften nicht um Gerechtigkeit, sondern um die Macht, hielt Chomsky schon damals entgegen: Wenn ein revolutionärer Sieg des Proletariats dazu führe, dass der Rest der Welt ins Krematorium gesteckt würde, sei er nicht für einen solchen Sieg.

Politisch handelt er sich gerade auf liberaler Seite viele neue Feinde ein, weil er sich weigert, in den Chor derer einzustimmen, die die Verurteilung der Nachkriegsregime in Indochina zur Denunzierung der Antikriegsbewegung benutzen. Der Essayist

Christopher Hitchens (inzwischen selbst heftiger Gegner Chomskys) bringt die Anfang der 80er Jahre in weiten Teilen der Medien vorherrschende Chomsky-Wahrnehmung auf den Punkt: »brillant, aber geistig instabil; merkt nicht, wann er den Bogen überspannt«.

Just in diese Zeit fällt die so genannte Faurisson-Affäre, eine Kontroverse, die Chomsky unvorbereitet trifft, mit der er lieber nichts zu tun gehabt hätte, und die ihn bis heute verfolgt. Ende 1980 bittet ihn ein Freund, der libertäre Sozialist und Indochinaforscher Serge Thion, um die Unterzeichnung einer Petition zugunsten der Bürgerrechte eines gewissen Robert Faurisson, damals Professor für Literatur an der Universität von Lyon. Faurisson betrieb seit einigen Jahren »revisionistische« Studien, so genannte historische Forschungen, die den von den Nazis begangenen Völkermord an den Juden in Frage stellten und schon bald aktiv leugneten. Faurisson wurde Opfer gewalttätiger Übergriffe, die Universität hatte ihn mit der Begründung, ihn vor diesen Übergriffen nicht mehr schützen zu können, suspendiert, und außerdem drohte ihm ein Gerichtsverfahren wegen »Leugnung der historischen Wahrheit«. (Er wurde später angeklagt und verurteilt.)

Neben etwa 500 weiteren Unterzeichnern, darunter auch der französische Historiker und Deutschlandspezialist Alfred Grosser, unterstützt auch Chomsky die Petition, die sich gegen die repressiven Maßnahmen gegen Faurisson wendet. Schon diese Petition schlägt hohe Wellen in Frankreich und bald auch anderswo, aber merkwürdigerweise spielt dabei nur der Name Chomsky eine Rolle. Daraufhin schreibt Chomsky auf Bitten Thions seinen eigenen Worten zufolge einen »banalen kurzen Text«, in dem er darlegt, weshalb er die Petition unterzeichnet hat, und den er Thion zur freien Verfügung überlässt. Chomsky vertritt die Auffassung, das Recht auf freie Meinungsäußerung gelte für jeden, auch für Holocaustleugner, und überhaupt gebe es im Hinblick auf die Meinungsfreiheit im Wesentlichen nur zwei Positionen: entweder wie Voltaire für die Meinungsfreiheit gerade derer einzutreten, deren Ansichten man hasst und verachtet, oder sich die totalitäre Position von Faschismus und Stalinismus zu Eigen zu machen, nach der Meinungsfreiheit nur für die Kräfte gilt, die ohnehin dieselben oder fast dieselben Auffassungen vertreten wie man selbst.

Serge Thion ist jedoch tiefer in die Angelegenheit verstrickt, als Chomsky ahnt (später vertritt Thion sogar selbst Faurissons revisionistische Thesen). Er verwendet den Chomsky-Text als Vorwort für eine Schrift Faurissons, in dem dieser sich gegen seine Kritiker verteidigt. Auf Anraten von Freunden versucht Chomsky, diese Form der Publikation seines Statements zu verhindern, aber das Buch ist bereits im Druck. Von da an kennt die Empörung über Chomsky in vielen intellektuellen

Kreisen keine Grenzen mehr; sie schwappt bis nach Nordamerika (und Deutschland) hinüber. Die Gerüchteküche läuft auf Hochtouren: Chomsky sei bezüglich des Holocaust ein Agnostiker, heißt es bei den einen, andere verweisen auf seine angebliche Leugnung der Gräuel in Kambodscha unter Pol Pot, und einige Linke verweisen gar auf die Tatsache, dass einige der frühen linguistischen Arbeiten Chomskys (wie zahllose andere wissenschaftliche Studien auch) mit Geldern des Pentagon gefördert wurden.

An den unhaltbaren und teilweise absurden Behauptungen über Chomsky im Zusammenhang mit der Faurisson-Kontroverse wird ein viel grundsätzlicherer Konflikt über die Haltung zu den Bürgerrechten sichtbar, wie sie in der amerikanischen Verfassung niedergelegt sind. Wie Chomsky im Hinblick auf die Faurisson-Kontroverse betont, stellen diese Rechte und darunter vor allem das Recht auf Meinungsfreiheit für ihn einen Wert von solcher Bedeutung dar, dass er nicht »instrumentell« gerechtfertigt werden muss, wie zum Beispiel durch das Argument, der freie Austausch von Ideen führe die Beteiligten der Wahrheit näher. Darüber hinaus sieht Chomsky in Meinungsfreiheit und Bürgerrechten aber tatsächlich eine wesentliche Vorbedingung für den weitergehenden Kampf um Rechte und Freiheiten. Er ist immer wieder für die Bürgerrechte eingetreten, und insbesondere dann, wenn die Auffassung der Betroffenen nicht mit seiner eigenen übereinstimmte: Er unterschrieb Petitionen für sowjetische Dissidenten, die den USA *mangelnden* Siegeswillen im Vietnamkrieg vorwarfen, und als Walt Rostow, ein prominenter Verfechter des Vietnamkrieges behauptete, dass seine Ablehnung für einen bestimmten Lehrstuhl aus politischen Gründen erfolgt sei, war Chomsky einer der Ersten, die eine Prüfung des Berufungsverfahrens verlangten. Die Angriffe auf Chomsky im Zusammenhang mit der Faurisson-Affäre gingen Chomsky an die Substanz – umso mehr, als ihm gerade in den französischen Medien oft das Recht auf Erwiderung verwehrt oder beschnitten wurde. In Mark Achbars Film *Manufacturing Consent – Noam Chomsky und die Medien* von 1993 bemerkt er denn auch etwas resigniert: »Ich habe nichts dagegen, wenn ich angegriffen werde. Was mich stört, sind die Lügen. Intellektuelle können wirklich wunderbar lügen – sie sind geradezu Profis auf diesem Gebiet. Verleumdung ist nämlich ein fantastischer Trick, weil man nicht darauf reagieren kann. Was soll ich denn sagen, wenn mich jemand einen Antisemiten nennt? Dass ich keiner bin? Oder man schimpft Sie einen Rassisten oder einen Nazi oder sonst was – Sie ziehen immer den Kürzeren. Sie können auf solche Angriffe einfach nichts entgegnen, und deshalb gewinnt immer der, der den Schmutz geworfen hat.« Die Szenen, in denen er seine Petition für Faurisson verteidigt, gehören zu den wenigen, in denen man ihm bis in die Körpersprache hinein anmerkt, dass er erregt und wütend ist.

Aber ähnlich wie die »linguistischen Kriege« der 60er und 70er Jahre ist auch die Auseinandersetzung um Faurisson eine Sache, der Chomsky nur widerwillig Aufmerksamkeit schenkt. Viel wichtiger sind ihm die gerade zu dieser Zeit aufflammenden Kriege in Mittelamerika. In El Salvador unterwirft eine Militärdiktatur die Bevölkerung mit derart brutalen Methoden, dass der konservative Erzbischof Oscar Romero einen flammenden Aufruf an das Militär richtet: »Ich bitte euch, ich flehe euch an, ich befehle euch, mit dem Terror aufzuhören.« Er wird kurz darauf, während er in der Kathedrale von San Salvador die Messe liest, von Rechtsextremisten ermordet. In Guatemala beginnt das »blutige Jahrzehnt«, in dem schätzungsweise Hunderttausend Menschen vom Militär ermordet werden. In Nicaragua ist unterdessen die linksgerichtete Guerillabewegung der Sandinisten an die Macht gekommen, die sich sofort der Attacken der so genannten Contras des gestürzten Somoza-Regimes erwehren muss, durch deren bewaffnete Angriffe Tausende von Zivilisten ums Leben kommen. Alle drei Kriege, die auch Costa Rica und Honduras in Mitleidenschaft ziehen, haben einen gemeinsamen Nenner: Die Militärs, die in El Salvador und Guatemala ihre Macht verteidigen oder in Nicaragua zurückerobern wollen, werden von der US-Regierung unter Präsident Ronald Reagan unterstützt. In den 80er Jahren fließen Milliardenbeträge an die Terrorregimes in El Salvador und Guatemala sowie an die Contras.

Das Engagement der US-Regierung für die Militärs in Mittelamerika geht so weit, dass eine US-Militärintervention in El Salvador, vielleicht auch Nicaragua befürchtet werden muss. Aber anders als im Fall Vietnam lässt der Widerstand diesmal nicht auf sich warten, und er reicht bis weit in die Mitte der US-amerikanischen Gesellschaft hinein. Chomsky bereist unermüdlich die gesamten USA, um vor einem bunt gemischten Publikum die Fadenscheinigkeit der Regierungspropaganda zum Thema Mittelamerika aufzuzeigen. Während die Demonstration am Boston Common 1965 noch mit Polizeigewalt vor einem wütenden Lynchmob geschützt werden musste, wird die Opposition nun von einer breiteren Öffentlichkeit getragen: Chomsky, Howard Zinn und andere Kritiker der Regierungspolitik werden sogar von christlichen Organisationen im Mittleren Westen eingeladen.

Der Widerstand gegen den Vietnamkrieg und die mit ihm einhergegangenen sozialen Bewegungen haben die Vereinigten Staaten verändert. »Das Land ist viel zivilisierter geworden«, so Chomsky, und das zeigt sich neben der Solidaritätsbewegung mit Mittelamerika auch an etlichen Meinungsumfragen. So berichtet Chomsky in seinem 1985 erschienen Buch *Gegen den Strom*, dass »noch 1982, nach Jahren intensiver, aber offenbar nicht wirksamer Propaganda über 70% der breiten Öffentlichkeit den Krieg nicht nur als ›Fehler‹, sondern als ›grundlegend falsch und unmoralisch‹ betrachteten«. Bei den befragten »Meinungsmachern« und der intellektuellen Elite hingegen verhält es sich genau umgekehrt: Für sie war der Krieg, wenn nicht sogar berechtigt, in der Regel ein taktischer »Fehler«, aus dem die Konsequenz zu ziehen war, dass man nur Kriege führen sollte, die man auch gewinnen kann, bzw. dass man es beim nächsten Mal eben besser anstellen müsste.

Die USA mischen sich als mächtigster Staat der Welt in den 80er Jahren in eine Reihe weiterer Konflikte ein, und an erster Stelle ist hier der nicht enden wollende israelisch-arabische Disput zu nennen. Chomsky, dessen Vortragstermine weit im Voraus ausgebucht sind, bemerkte einmal, es gäbe ein Thema, das sich schon Jahre vorher ankündigen lasse, ohne an Aktualität zu verlieren: »Die gegenwärtige Krise im Nahen Osten«. Der damals herrschende Mythos besagt, der palästinensische Terror und die arabische Ablehnung Israels seien für das Problem verantwortlich, aber wie Chomsky aufzeigt, vertritt die PLO längst eine Zweistaatenlösung – 1976 bringen die arabischen Staaten diesen Vorschlag sogar im UN-Sicherheitsrat ein, wo er vom Veto der USA blockiert wird. Anfang Juni 1982 nimmt die israelische Führung das Attentat einer gar nicht der PLO angehörigen Gruppe auf einen israelischen Botschafter zum Anlass, den Südlibanon und die Stadt Beirut zu besetzen. Ziel ist die Zerschlagung der dort befindlichen Machtbasis der PLO, die, seit sie politisch statt militärisch agiert, die israelische Position der Ablehnung nationaler Rechte für die Palästinenser immer mehr in Bedrängnis bringt. 18.000 Palästinenser und Libanesen fallen den israelischen Bombardements und Militärschlägen zum Opfer. Israels libanesische Verbündete richten vor den Augen israelischer Soldaten in den palästinensischen Flüchtlingslagern Sabra und Shatila ein Massaker an, bei dem Hunderte von palästinensischen Flüchtlingen getötet wurden.

Vor diesem Hintergrund schreibt Chomsky sein bis heute umfangreichstes politisches Buch, *Das verhängnisvolle Dreieck: Die Vereinigten Staaten, Israel und die Palästinenser* (1983), über das der 2003 verstorbene palästinensische Literaturwissenschaftler Edward Said sagt, es sei »aufgrund seiner Dokumentation [das] vielleicht ambitionierteste Buch über den Konflikt zwischen dem Zionismus und den Palästinensern im Kontext der Rolle der Vereinigten Staaten« und ein »monumentales Gegengewicht gegen die einseitig für Israel Partei beziehende mediale Berichterstattung«. In einem einzigen Band liefert Chomsky eine erschütternde, durch zahllose Quellen gestützte Darstellung der Invasion selbst, den historisch politischen Hintergrund der zionistisch-jüdischen und der palästinensisch-arabischen Nationalbewegung und eine Analyse der Ursachen für die weithin behauptete »Unlösbarkeit« dieses seit Jahrzehnten festgefahrenen Konflikts. Spätestens seit die PLO sich mit der Existenz einer zweiten, der jüdischen Nation, im ehemaligen Palästina abgefunden hat, kann für Chomsky von dieser »Unlösbarkeit« keine Rede mehr sein; es sei nunmehr so gut wie ausschließlich die israelische Weigerung, die Palästinenser als gleichberechtigte Partner anzuerkennen, die ein Ende des Dauerkriegszustandes zwischen den beiden Nationen verhindert. Und Chomsky dokumentiert auch ausführlich, wer der Zahlmeister dieser »Ablehnungspolitik« ist: die Vereinigten Staaten. Diesen gilt Israel seit seiner Demonstration militärischer Stärke im Krieg von 1967 als besonders wichtiger Verbündeter im Nahen Osten, und diese Allianz ist den USA mittlerweile an die 6 Milliarden Dollar Wirtschafts- und Militärhilfe im Jahr wert. Die Reihung der Protagonisten im Titel von *Das verhängnisvolle Dreieck* – die Vereinigten Staaten, Israel und die Palästinenser – ist somit keineswegs zufällig, denn Chomskys Meinung nach sind die USA inzwischen der eigentliche Hauptakteur des Konflikts. Zum einen sei Israel, so Chomsky, mittlerweile ohne die »großzügige« Hilfe der USA zur Fortführung seiner Ablehnungspolitik gegenüber den Palästinensern gar nicht mehr in der Lage, zum anderen unterstütze diese Hilfe Israel letztlich höchstens so wie der Strick den Gehenkten: Die USA machen Israel mit dieser Hilfe von sich abhängig und nutzen Israel, in der Formulierung des ehemaligen US-Außenministers Melvin Laird als »Streifenpolizisten im Nahen Osten« und Rammbock gegen Unabhängigkeitsbestrebungen in der arabischen Welt.

Bei zahlreichen Vertretern des amerikanischen Judentums, die sich stark mit Israel und der jeweiligen israelischen Regierungspolitik identifizieren, stoßen Reflexionen wie diese auf wenig Gegenliebe. Erneut wird Chomsky des jüdischen Selbsthasses und sogar, unter Verweis auf die Faurisson-Affäre, des Schulterschlusses mit Antisemiten und Rechtsextremisten geziehen. Es erscheinen Bücher mit Titeln wie *The Hidden Alliances of Noam Chomsky*, später neu aufgelegt als *Partners in Hate. Noam Chomsky and the Holocaust Deniers*, die sich mehr durch allerlei fantastische, nachweislich unrichtige Behauptungen als durch eine Auseinandersetzung mit der tatsächlichen Position Chomskys auszeichnen. Demgegenüber verweist Chomsky darauf, in der Frage Israel/Palästina zählten zunächst einmal die Fakten, während die Kampagnen gegen ihn und andere Kritiker darauf abzielten, die Fakten zu unterdrücken, die ein negatives Licht auf die israelische Regierungspolitik werfen.

Dabei ist sich Chomsky der Zwiespältigkeit politischer Stellungnahmen durchaus bewusst. In seiner zweiten, in *Aus Staatsraison* abgedruckten Polemik gegen Skinner,

»Psychologie und Ideologie«, hatte er selbst auf die moralische Verwerflichkeit von Forschungen zu Fragen wie »Rasse und Intelligenz« bzw. »Rasse und soziales Verhalten« in rassistischen Gesellschaften verwiesen, und er selbst hat in seiner Kritik an den Opfern der imperialen Politik der USA wie Kuba oder Vietnam immer deutlich Zurückhaltung geübt, um nicht zum Komplizen dieser Politik zu werden. Die Erregung über die mögliche Instrumentalisierung der Kritik Chomskys verkennt jedoch, dass es sich hier um eine Frage der Machtverhältnisse handelt. Wenn Israel *tatsächlich* von einem arabischen Holocaust bedroht wäre, wie es die Verfechter einer imperialen Politik unentwegt behaupten, könnte es in der Tat das Gebot der Stunde sein, die Kritik an diesem Staat abzumildern oder sogar einzustellen, auch wenn man weiterhin für die Meinungsfreiheit der Kritiker eintreten müsste. Was auch viele solidarische Kritiker Chomskys verkennen, ist die Tatsache, dass im heutigen Nahen Osten nicht die israelischen Juden, sondern die Palästinenser vom Schicksal der amerikanischen Indianer bedroht sind, nämlich als unabhängige Gemeinschaft zermalmt und in Reservationen gesperrt zu werden. Das hat Chomsky im Übrigen nie davon abgehalten, auch an der Politik der palästinensischen Bewegung scharfe Kritik zu üben – am lautesten und deutlichsten allerdings nicht in seinen zahllosen der Nahostfrage gewidmeten Veröffentlichungen, sondern beispielsweise in unmittelbaren Diskussionen mit den Betroffenen im Westjordanland.

Ende der 80er Jahre widmet sich Chomsky verstärkt der Rolle der Massenmedien. Gemeinsam mit Edward S. Herman verfasst er das Werk *Manipulierter Konsens. Die politische Ökonomie der Massenmedien* (1988), das neben zahlreichen Fallstudien zum affirmativen Charakter der westlichen Medien auch ökonomische Hintergründe enthält. In Anlehnung an Marx (»die Gedanken einer jeden Epoche sind stets die Gedanken der Herrschenden«) bauen sie ihre Analyse in *Die politische Ökonomie der Menschenrechte* zu einem »Propagandamodell« der westlichen Medien aus. Laut Herman (Hauptautor des Werks) und Chomsky sind in den westlichen Medien fünf wichtige ökonomische, institutionelle und kulturelle Faktoren am Werk, die dafür sorgen, dass der Medienoutput eine propagandistische Funktion im Interesse der Macht hat. (1) Die Massenmedien befinden sich im Besitz von Großkonzernen, (2) über die Werbung beziehen sie einen wesentlichen Teil ihrer Einkünfte von anderen Großkonzernen, (3) Großkonzerne und der Staat verfügen über ein erhebliches Maß an Kontrolle über die Nachrichtenquellen, (4) mächtige gesellschaftliche Gruppen sind in der Lage, unliebsame Nachrichten und Berichte durch gelenkte Kampagnen zu unterdrücken, und (5) der Antikommunismus als irrationale Furcht vor dem »Feind« stellt eine mächtige

Waffe zur Hysterisierung der Öffentlichkeit und zur Marginalisierung Andersdenkender dar. Dabei erweist sich kurz nach Erscheinen der Studie Hermans und Chomskys, dass das Vorhandensein eines solchen Feindbildes zwar essenziell, das Feindbild selbst aber austauschbar ist. Heute ist längst der Antiterrorismus an die Stelle des Antikommunismus getreten, und die ja durchaus tatsächlich vorhandene Gefahr des Terrorismus wird von Staat und Medien genauso im Dienst der Macht manipuliert wie seinerzeit die Angst vor »den Russen«.

Während Hermans und Chomskys Medienanalyse in den USA weitgehend auf Unverständnis stößt (womit sich Chomsky in seinem nächsten Buch, *Notwendige Illusionen,* ausführlich auseinander setzt), wird ihr in Europa häufig vorgeworfen, sie sei banal. Dabei ist Chomsky der Erste, der diesem Vorwurf zustimmt: Er hat häufig gesagt, was er zusammen mit Herman vorlege, sei lediglich die Nullhypothese – nämlich dass die Herrschenden auch die Medien beherrschen –, angewendet auf die USA im Zeitalter der Herrschaft der Großkonzerne. Der simple Charakter dieses Zusammenhangs bedeute jedoch keineswegs, dass er auch durchschaut werde. Gerade die Intellektuellen, die selbst in und mit den Medien arbeiten, erweisen sich Chomsky zufolge gegenüber dieser Erkenntnis höchst resistent und bilden damit einen Musterfall für das, was Chomsky seit Mitte der 80er Jahre »Orwells Problem« nennt: Wie kommt es, dass die Menschen so wenig über die sozialen und politischen Verhältnisse der Welt wissen, in der sie leben? Wie Herman und Chomsky in ihrem Buch an zahlreichen Beispielen zeigen, liegt dies zum einen am quantitativen Output der Medien – über die Gräuel der »Feinde« wird berichtet, über die unserer Verbündeten nicht – und der Färbung der Berichterstattung: Gewerkschaften bedrohen mit ihren Forderungen die Arbeitsplätze, während Unternehmer sich unentwegt den Kopf darüber zerbrechen, wie man durch den Abbau von Sozialprogrammen neue Arbeitsplätze schaffen kann.

Zugleich schaffen vom privaten Wettbewerb dominierte Medien, die miteinander um Einschaltquoten kämpfen, aber auch ein Nachrichten- und Berichtformat, in dem eine ernsthafte Debatte unmöglich wird. Wenn Chomsky beispielsweise die These äußere, die USA hätten seit Beginn der 60er Jahre eine Aggression gegen Vietnam verübt, wollten die Leute natürlich Beweise dafür hören, da das Wort Aggression im Zusammenhang mit diesem Ereignis nie vorkomme. Und innerhalb von den paar Sätzen, die ein Reporter normalerweise abfragen dürfe, sei es unmöglich, diese Beweise vorzulegen. Die von der Standardmeinung abweichende Position erscheine dadurch so, »als käme sie vom Neptun«. Abweichende Positionen zu marginalisieren, ist nach Chomskys Auffassung wesentlich effektiver als jede offene Zensur.

① ④ ⑦

1988 hält Chomsky ebenfalls zum Thema Medien Vorlesungen im staatlichen kanadischen Radio, die unter dem Titel *Notwendige Illusionen. Gedankenkontrolle in demokratischen Gesellschaften* (1989) als Buch erscheinen. Chomsky skizziert hier neben aller Kritik an der gegenwärtigen Situation auch ein Bild, wie freie, demokratische Medien aussehen könnten, aber dieses Bild bleibt, wie häufig, wenn Chomsky nach Alternativen gefragt wird, recht allgemein und blass. Wie in anderen Bereichen der Gesellschaft sei es auch hier notwendig, schrittweise auf eine größere Kontrolle der Bevölkerung über die Medien hinzuarbeiten, durch eine verstärkte Beteiligung an bereits bestehenden öffentlich-rechtlichen Institutionen wie durch die Schaffung alternativer Medien.

Man könnte annehmen, dass Chomsky angesichts seiner ausgedehnten Vortragstätigkeit und der Arbeit an so vielen politischen Büchern seiner linguistischen Forschung nur wenig Aufmerksamkeit schenkt, aber tatsächlich ist das Gegenteil der Fall: In Chomskys wissenschaftlichem Werk beginnen die 80er Jahre mit einer »Revolution in der Revolution«. 1979 hält er in Pisa seine später (1981) als Buch erschienenen *Vorlesungen über Rektion und Bindung*, in denen er ein vollkommen neues Modell der grammatischen Beschreibung und Erklärung vorlegt. Diese Vorlesungen wiederum sind Bestandteil einer intensiven Seminararbeit während eines ganzen Semesters, an der sich zahlreiche Linguistinnen und Linguisten aus ganz Europa beteiligen. Das neue Programm führt zu einem enormen Aufschwung der generativen Linguistik, die in wissenschaftlichen Kreisen plötzlich wieder sehr populär ist: Die Grundideen sind zumindest für Kognitionswissenschaftler leicht nachvollziehbar und können sogar als mögliches Modell für ihre eigene Forschungsarbeit dienen.

Chomskys Hauptinteresse galt von Anfang an dem Wesen der angeborenen menschlichen Sprachfähigkeit. Zu einer Charakterisierung dieser menschlichen Sprachfähigkeit oder »Universalgrammatik«, wie man heute in Wiederaufnahme eines aus cartesianischer Zeit stammenden Begriffs sagt, kann die sprachwissenschaftliche Forschung jedoch nur gelangen, indem sie zunächst die Grammatiken von einzelsprachlichen Grammatiken betreibt. Erst wenn man – auf eine vorläufige, annähernde Weise – *beschrieben* hat, welches sprachliche Wissen eine Person besitzt, die Deutsch, Englisch oder welche Sprache auch immer spricht und versteht, ist es möglich, Theorien über eine allen Menschen gemeinsame Universalgrammatik aufzustellen, die *erklären*, wie es dieser Person möglich war, ohne jedes bewusste Bemühen ein so außerordentlich komplexes Wissen zu erwerben, wie es die Kenntnis einer Sprache darstellt. Chomsky nennt dies in Anlehnung an das Höhlengleichnis »Platos Problem«. Es ist das genaue Gegenteil von »Orwells Problem« und lautet: Wie ist es dem Menschen möglich, so *viel* zu wissen, obwohl es so *wenig* Evidenz dafür gibt? Um den Erwerb solchen Wissens im Fall der Sprache zu erklären, muss die Universalgrammatik die Klasse der möglichen Sprachen möglichst scharf *beschränken*. Auf der anderen Seite muss die Sprachwissenschaft Werkzeuge zur Verfügung stellen, die *vielfältig* genug sind, um die Beschreibung auch noch der exotischsten Einzelsprache zu ermöglichen.

Zwischen Beschreibungsadäquatheit und Erklärungsadäquatheit einer linguistischen Theorie besteht also ein immanenter Widerspruch, und Chomsky zufolge ist es gerade diese Spannung, die den Reiz des Fachgebiets ausmacht. In den ersten Jahrzehnten der generativen Forschung suchte man nach Beschränkungen für die im Prinzip unendliche Klasse von Regelsystemen, mit denen sich die sprachlichen Daten beschreiben lassen. Diese Beschränkungen würden es dem Sprachlerner erlauben, aus den unendlich vielen mit den Daten vereinbaren Regelsystemen einige wenige auszuwählen, und unter diesen wiederum würde ein linguistischer »Bewertungsmaßstab« die höchst bewerteten heraussuchen. Die Universalgrammatik (UG) bestand in dieser Konzeption aus den Beschränkungen für die Regelsysteme und aus dem Bewertungsmaßstab – alles in allem also eine ziemlich komplexe Angelegenheit. Durch die systematische Auswertung der Forschungsergebnisse über die Regelbeschränkungen und das Einfließen des Studiums einer großen Bandbreite typologisch ganz verschiedener und historisch nicht zueinander in Beziehung stehender Sprachen entwickelte sich Ende der 70er Jahre schrittweise ein ganz neues, viel einfacheres Konzept.

Statt aus Beschränkungen für die Klasse möglicher Grammatiken und einem Bewertungsmaßstab besteht UG nunmehr aus einer Reihe von vornherein fixierten sprachlichen Prinzipien, die jedoch gewisse Variationen zulassen. So haben sprachliche Ausdrücke wie die bereits erwähnten Verbal- oder Nominalphrasen immer einen so genannten Kopf, nämlich das Element, das am meisten zur Bedeutung beiträgt und die grammatischen Eigenschaften des Ausdrucks bestimmt. Im Fall der Verbalphrase ist dies das Verb, im Fall der Präpositionalphrase die Präposition usw. Nun ist es ein Prinzip von UG, dass diese Köpfe Ergänzungen haben können, mit denen zusammen sie die Grundstruktur des fraglichen sprachlichen Ausdrucks bilden: Verb + Objekt = Verbalphrase, Nomen + Ergänzung (wie in Absetzung + des Präsidenten) usw. Dieses Prinzip ist allen menschlichen Sprachen gemeinsam: Es ist ein Prinzip der UG. Aber das Prinzip kann auf zweierlei Arten realisiert werden: Die Ergänzung des Kopfes kann vor dem Kopf oder danach kommen. Ein weiteres Prinzip besagt, dass Sätze Subjekte haben müssen; in manchen Sprachen (wie z. B. im Italienischen und Spanischen) werden diese jedoch nur »mitverstanden« und nicht ausgesprochen, falls es sich beim Subjekt um ein Pronomen handelt; einem dritten Prinzip zufolge müssen Reflexivpronomen wie »sich«, »himself« etc. sich auf ein Nomen im selben Satz beziehen, aber Sprachen unterscheiden sich danach, welche Nomen das sein können, und »wie weit« in einem präzis definierten linguistischen Sinn das Reflexivpronomen von ihnen entfernt sein darf – und so weiter und so fort. Solche Variationsmöglichkeiten werden in Chomskys neuem Programm Parameter genannt. Die angeborene Sprachfähigkeit liefert die Prinzipien, die Parameter müssen dagegen durch die sprachliche Erfahrung festgelegt werden. An die Stelle möglicher grammatischer Regelsysteme und eines Bewertungsmaßstabes tritt nunmehr eine »Switchbox«, ein einfacher Schaltplan, auf der der Sprachlerner für eine ganze Reihe sprachlicher Prinzipien die Parameter (wie z.B. Kopf zuerst/Kopf zuletzt) festlegen muss. Das Grundproblem der Chomskyschen sprachwissenschaftlichen Forschung, nämlich der Erwerb sprachlichen Wissens, scheint sich auf diesem Weg erheblich simpler und einleuchtender aufklären zu lassen als je zuvor. Binnen weniger Jahre arbeitet die Mehrheit der theoretisch orientierten Sprachwissenschaftler der USA und möglicherweise der ganzen Welt innerhalb dieses neuen Paradigmas.

In den Jahren nach der Veröffentlichung der Pisaer Vorlesungen publiziert Chomsky weitere Studien zu diesen Problemen, nicht zuletzt *Sprachliches Wissen* (1986), der Band *Über Macht und Ideologie* und das für ein Laienpublikum geschriebene, auf Vorträge und Diskussionen 1986 in Nicaragua zurückgehende Buch *Probleme sprachlichen Wissens. Vorlesungen in Managua*. Anfang der 90er Jahre erscheinen dann bereits erste Artikel, die eine weitere Revolution in der Revolution einleiten, nämlich das so genannte minimalistische Programm.

Ende der 80er und Anfang der 90er Jahre brechen die kommunistischen Systeme in Europa zusammen. Anders als viele linke Intellektuelle, die offen oder versteckt Anhänger des »realexistierenden Sozialismus« waren, hat Chomsky hier nichts zu bereuen oder abzuschwören. Er hat immer darauf hingewiesen, dass das autoritäre sowjetische Modell für ihn das genaue Gegenteil von Sozialismus ist. Aber im Unterschied zu den liberalen Kräften erwartet er vom Ende des Sowjetkommunismus auch keine »Friedensdividende«. Ungeachtet ihres repressiven inneren Charakters bildete die Sowjetunion immer auch eine gewisse Barriere gegen die imperialen Bestrebungen der USA. Chomsky prophezeit, dass aufgrund des Wegfalls dieses Gegengewichts ein verstärkter Einsatz von Gewalt zu erwarten ist. Die Ereignisse geben ihm Recht: 1989 marschieren die USA in Panama ein, 1991 führen sie wegen der irakischen Besetzung Kuwaits den ersten Golfkrieg.

Die sich herausbildende neue Weltkonstellation analysiert Chomsky in seinem Werk *Dämme gegen Demokratie* (1991), das auf mehreren seiner nach wie vor sehr zahlreichen politischen Vorträge sowie Artikeln im *Z Magazine* seines ehemaligen Studenten Michael Albert beruht.

Der weltweite Widerstand gegen den Irakkrieg von August 1990 bis Januar 1991 erweist sich als erfolglos, obwohl Chomsky und andere in zahllosen Artikeln und Veranstaltungen darauf hinwiesen, dass selbst ein skrupelloser Diktator wie Saddam Hussein Vorschläge gemacht hatte, die für einen friedlichen Abzug des Irak aus Kuwait hätten sorgen können. Im Nachwort zur Taschenbuchausgabe von *Dämme gegen Demokratie* (1992) legt Chomsky noch einmal detailliert dar, warum die USA nicht nur im Irak, sondern im gesamten Nahen Osten einschließlich Israel / Palästina eine Strategie der Gewalt bevorzugen: »Die Vereinigten Staaten sind politisch und diplomatisch schwach, aber militärisch stark, und so versuchen sie naturgemäß, die Auseinandersetzung auf das Terrain der Gewalt zu verlagern.«

»Und wie war das mit **Eisenhower**? Es gibt Gründe dafür, den durch ihn eingeleiteten Sturz der Regierung von Guatemala als Verbrechen einzustufen.

Kennedy ist leicht. Die Invasion Kubas war eine direkte Aggression. Und dann kam Vietnam; er ist dort eingefallen. Er hat die Air Force mit Bomben hingeschickt. OK. Soviel zu Kennedy.

Johnson ist trivial. Die Dominikanische Republik können wir ruhig beiseite lassen – allein der Krieg in Indochina war schon ein schweres Kriegsverbrechen.

Nixon – dasselbe. Er ist in Kambodscha eingefallen. Die Bombardements Anfang der 70er Jahre unter Nixon und **Kissinger** unterschieden sich nicht sonderlich von den Gräueltaten der Roten Khmer – gut, es war etwas weniger, aber nicht viel. Und das gilt auch für Laos.

Ford war ja nur kurz im Amt, da konnte er nicht so viele Verbrechen verüben, aber ein größeres ist ihm doch gelungen. Er unterstützte den indonesischen Einmarsch in Osttimor. Dieser war eine Art Völkermord; im Vergleich dazu mutet Saddam Husseins Einfall in Kuweit wie ein Kaffeekränzchen an.

Carter war unter den amerikanischen Präsidenten der, der am wenigsten zur Gewalt neigte. Doch selbst er tat einige Dinge, die wohl mit Sicherheit unter die Nürnberger Statuten fallen würden. Denn genau zu der Zeit, da das Wüten der Indonesier die Ausmaße eines Völkermords annahm, verstärkte Carter die Hilfe aus den USA. Ihr Maximum erreichte sie 1978, gleichzeitig mit den Mordaktionen.

Reagan: Keine Frage – da genügt ja schon Mittelamerika. Und dann die Unterstützung der israelischen Invasion im Libanon, wo die Zerstörung und die Zahl der Opfer abermals Saddam Hussein vergleichsweise harmlos aussehen lassen. Das reicht.

Nun zu **Bush**. Gibt es da überhaupt noch etwas zu sagen?«

Noam Chomsky im Goldstream Park, Vancouver Island, 1989

»Die Vereinigten Staaten sind politisch und diplomatisch schwach, aber militärisch stark, und so versuchen sie naturgemäß, die Auseinandersetzung auf das Terrain der Gewalt zu verlagern.«

Seit vielen Jahren schon wird eine diplomatische Lösung für den Nahen Osten fast ausschließlich von den USA blockiert. In Form von UNO-Dokumenten liegen sämtliche Fakten und Fragen vor, aber aufgrund des regelmäßigen US-Vetos wurde der Sicherheitsrat schon vor Jahren als Entscheidungsforum lahm gelegt. Die Vollversammlung verabschiedet regelmäßig Resolutionen, die eine Konferenz zum arabisch-israelischen Konflikt verlangen, zuletzt im Dezember 1990 (Ergebnis 144:2, mit den Gegenstimmen der USA und Israels). Im Dezember 1989 ergab die Abstimmung 151:3; die Dominikanische Republik hatte sich den beiden auf Ablehnungspolitik eingeschworenen Staaten angeschlossen. Im Jahr zuvor war das Verhältnis 138:2, und so weiter. Die USA haben auch weitere Initiativen scheitern lassen, und angesichts der Macht der USA läuft ihr Nein auf ein Ende des Friedensprozesses hinaus.
Innerhalb des ideologischen Systems stellt sich das natürlich ganz anders dar: Ständig lesen wir, im Nahen Osten wimmle es nur so von »amerikanischen Friedensplänen«[1], und die US-amerikanischen Anstrengungen wären allein wegen des Fanatismus der Extremisten festgefahren. Derartige Kommentare folgen der Überzeugung, der »Friedensprozess« beschränke sich ausschließlich auf US-Regierungsinitiativen. Daraus folgt als logische Konsequenz, dass die USA den Friedensprozess immer vorantreiben, obwohl sie in einer Art »splendid Isolation« Friedensanstrengungen immer wieder vereiteln. Es ist alles ziemlich einfach zu verstehen, sobald man die Normen des politisch Erlaubten durchschaut hat.
Die UN-Resolutionen fordern eine *internationale* Konferenz, aber die USA dulden keine Einmischung in das, was Präsident Eisenhower als das mit seinen gewaltigen Energiereserven »strategisch wichtigste Gebiet der Welt« beschrieb. Wie Henry Kissinger in einem privaten Gespräch erklärte, war es eines seiner politischen Hauptziele, »sicherzustellen, dass die Europäer und Japaner nicht in die Diplomatie einbezogen werden« – ein Ziel, das in Camp David 1978 und jetzt wieder im offiziellen »Friedensprozess« erreicht wurde. Darüber hinaus billigen die UN und andere Initiativen den Palästinensern das Recht auf Selbstbestimmung zu, was einen israelischen Rückzug aus den

besetzten Gebieten mit sich bringen würde. Zwar gab es innerhalb der Elite Meinungsverschiedenheiten über diese Frage, aber das vorherrschende Urteil lautete: Eine Steigerung israelischer Macht fördert die US-Dominanz in der Region. Das sind die Gründe, derentwegen die USA diplomatische Lösungen immer wieder blockieren.[2]

Die ablehnende Haltung der USA gegenüber der Diplomatie im Nahen Osten überrascht nicht. Schließlich sind die Konflikte in Südostasien und Mittelamerika hinlänglich bekannt, und dieselbe Haltung nimmt die USA auch immer wieder bei Rüstungskontrollen und anderen Fragen ein. Diese Haltung ist eine natürliche Begleiterscheinung der Rolle des globalen Unterdrückers und einer Politik, die mit geringer Anziehungskraft verbunden ist – insbesondere für diejenigen, die direkt betroffen sind.

Die wesentlichen Grundlagen des internationalen Konsenses über den arabisch-israelischen Konflikt wurden in einer Anfang 1976 vor den Sicherheitsrat gebrachten Resolution präsentiert. Sie forderte eine Einigung auf die Grenzen von vor Juni 1967 (die Grüne Linie) und »angemessene Vorkehrungen, um Souveränität, territoriale Integrität und politische Unabhängigkeit aller Staaten im Gebiet zu garantieren, und deren Recht, in Frieden innerhalb gesicherter und anerkannter Grenzen zu leben« – einschließlich Israels und eines neuen palästinensischen Staats auf der West Bank und im Gazastreifen. Die Resolution wurde von Ägypten, Syrien, Jordanien und der PLO unterstützt – tatsächlich sogar, laut Israels UN-Botschafter Chaim Herzog, der jetzt Präsident ist, von der PLO »ausgearbeitet«. Sie wurde von Israel abgelehnt und durch das Veto der Vereinigten Staaten zu Fall gebracht.

Diese Fakten werden automatisch aus der Geschichte ausgeblendet, so wie andere auch, die für die USA unannehmbar sind, wie etwa die wiederholten PLO-Initiativen während der 80er Jahre, die zu Verhandlungen mit Israel zum Zweck gegenseitiger Anerkennung aufriefen. Die Wahrheit wurde bis zur Unkenntlichkeit entstellt, insbesondere von der *New York Times*. Ihr Korrespondent Thomas Friedman hat hier besonderen Eifer an den Tag gelegt. Sein systematisches Verschweigen von Fakten erlaubt ihm jetzt, wundersame Märchen über »die Geburt eines neuen Pragmatismus unter den Palästinensern« seit Ende der 80er Jahre zusammenzuspinnen, einen Pragmatismus, der durch den Einfluss von US-Außenminister Baker in Madrid »eine weitere wichtige Stufe« erklomm. Bis Madrid hätten sich, so Friedman, »beide Seiten hinter dem Argument verschanzt, es gebe niemanden auf der anderen Seite, mit dem man verhandeln könne«. Das ist die Begrifflichkeit der *Times* für die

Tatsache, dass die PLO Israel seit Jahren zu Verhandlungen aufgefordert hat, worauf Israel stets mit Ablehnung reagierte. Die Palästinenser in Madrid forderten »explizit eine Zweistaaten-Lösung«, schreibt Friedman bewundernd – so ganz anders als die PLO, obwohl sie die UN-Resolution von 1976 mit ihrer Forderung nach einer Zweistaaten-Regelung unterstützte (oder vielleicht »ausarbeitete«) und die 80er Jahre über immer wieder Verhandlungen mit diesem Ziel vorschlug.[3]
Hinter diesen Winkelzügen verbirgt sich der Glaube, dass die von den USA unterstützte israelische Gewalttätigkeit die Palästinenser schließlich dazu bringen würde, klein beizugeben. So ist es letztlich möglich zuzugeben, dass die palästinensische Führung eine Zweistaaten-Regelung vertritt, während weiterhin die Notwendigkeit bestehen bleibt, die vielen Jahre des Betrugs im Dienste der US-Ablehnungspolitik zu verheimlichen. Daher die unehrliche Behauptung, die Wiederholung der seit langem bestehenden PLO-Position durch die Sprecher in Madrid sei ein Durchbruch und sogar ein Zugeständnis an die US-Regierung und ihre standhafte Weigerung, der PLO zu erlauben, am »Friedensprozess« teilzunehmen – obwohl jeder weiß, dass die »neuen Pragmatiker«, die in Madrid die Palästinenser repräsentieren, langjährige Verbindungen zur PLO haben und sich regelmäßig mit ihr beraten. Der nächste Schritt besteht darin, den »neuen Pragmatikern« die Bereitschaft zu unterstellen, sich mit viel weniger zufrieden zu geben und die Forderungen der US-Ablehnungspolitik zu akzeptieren, die als der weise und beiden Seiten gerecht werdende Vorschlag des ehrlichen Maklers hingestellt werden. Die große Errungenschaft von Madrid, lesen wir, war »die palästinensische Anpassung an die wirkliche Welt«, die palästinensische Billigung »einer Zeitspanne der Autonomie unter fortgesetzter israelischer Herrschaft«. In der Zwischenzeit kann Israel mit US-Hilfe seine bleibende Vorherrschaft sichern. Diese Bereitschaft, US-Befehlen zu gehorchen – »der wirklichen Welt« –, habe die »negativen Stereotypen weggeweht«, schlussfolgert der *Times*-Berichterstatter Clyde Haberman und bezieht sich dabei auf die Stereotypen, die von der *Times* und den anderen Blättern über viele Jahre hinweg erfunden und kultiviert wurden. Mit ihrem »neuen Pragmatismus« sind die Palästinenser endlich willens, »mit Israel zu verhandeln, Alles-oder-nichts-Forderungen ad acta zu legen, die Hälfte des Kuchens in Form einer Interims-Selbstregierung unter israelischer Herrschaft zu akzeptieren«. Richard C. Hottelet fügt noch hinzu, dass der neuen Führung die Ehre zuteil wurde, »während James Bakers Meisterstücks mit dem Präsidenten der Vereinigten Staaten an einem

Tisch« zu sitzen, weil sie nicht mehr alles oder nichts verlangten, wie ihre Vorgänger das 70 Jahre lang getan haben«.[4]

Die PLO kann zu Recht für viele Verbrechen und Dummheiten verurteilt werden. Aber es steht außer Frage, dass sie in der »realen Welt« seit Jahren in Übereinstimmung mit dem internationalen Konsens eine Zweistaaten-Regelung sowie Verhandlungen mit Israel zum Zweck gegenseitiger Anerkennung gefordert hat. Aber diese »reale Welt« ist aus dem doktrinären System erfolgreich ausgesiebt worden.

Die USA haben Jahre daran gearbeitet, ihr einseitiges Programm der Ablehnung in die Tat umzusetzen, und die gegenwärtige Lage bietet eine Gelegenheit, diesen Prozess weiterzutreiben. Die Anwesenheit Gorbatschows in Madrid sollte die einseitige Kontrolle durch die USA ein wenig kaschieren – toleriert wurde er jedoch nur als machtloser Führer eines in Vergessenheit geratenen Landes. Der »Friedensprozess« wurde entlang den Interessen der USA strukturiert. Den Palästinensern ist nicht gestattet, ihre eigenen Repräsentanten zu bestimmen, und diejenigen, die von den USA und Israel zugelassen werden, sind Teil einer jordanischen Delegation. Die USA diktieren die Bedingungen allein. Der Friedensprozess, den die Welt seit vielen Jahren anstrebt, wird auf dem Müllhaufen der Geschichte verschwinden.

Die Entwicklung der US-Politik

Der »Friedensprozess« befasst sich mit den Konsequenzen des so genannten Sechs-Tage-Kriegs im Juni 1967, seit dem Israel die ägyptische Sinai-Halbinsel, die syrischen Golanhöhen, den Gazastreifen und die Westbank kontrolliert. Andere Fragen werden hingegen nicht erörtert. Während Jordaniens rechtswidrige Besetzung der West Bank seit 1949 in der US-israelischen Propaganda eine herausragende Rolle spielt, bleiben die Hintergründe wissenschaftlichen Einzelstudien überlassen: die in der UN-Resolution 181 vom 29. November 1947 versprochene Einrichtung eines palästinensischen Staats, dessen Territorium nach dem israelisch-arabischen Krieg von 1947 – 1949 mehr oder weniger einvernehmlich von Jordanien und Israel untereinander aufgeteilt wurde. Für Ägypten war die Bekämpfung der Ambitionen des britischen Klientenstaats Jordanien ein Grund, am Krieg von 1948 teilzunehmen.[5] Auch wird nicht hinterfragt, ob Verhandlungen auf der vom Sicherheitsrat im November 1967 angenommenen UN-Resolution 242 basieren müssen.

Die Resolution beschränkt sich auf zwischenstaatliche Beziehungen, umgeht die palästinensische Frage und ist daher für Washington akzeptabel, im Unterschied zu bis zum Dezember 1948 zurückgehenden UN-Resolutionen, die die palästinensische Rechte bestätigen und von den USA nicht anerkannt werden (obwohl die USA in einigen Fällen für Resolutionen stimmten, deren Umsetzung sie nicht gestatten werden). Entschieden *unklar* ist, was die Resolution 242 eigentlich bedeutet: Sie wurde absichtlich unklar gelassen, um eine wenigstens formale Zustimmung der Staaten in der Region zu garantieren.

Die Resolution 242 beginnt mit der »Betonung der Unzulässigkeit des Erwerbs von Territorium durch Krieg und der Notwendigkeit, auf einen gerechten und dauernden Frieden, in dem jeder Staat im Gebiet in Sicherheit leben kann, hinzuarbeiten«. Sie fordert »einen Abzug der Streitkräfte Israels aus im jüngsten Konflikt besetzten Gebieten«, »Beendigung aller Formen eines Kriegszustands sowie die Beachtung und Anerkennung der Souveränität, territorialen Integrität und politischen Unabhängigkeit aller Staaten in diesem Gebiet und ihres Rechts, in Frieden innerhalb sicherer und anerkannter Grenzen zu leben«.

Hier tauchen zwei entscheidende Fragen der Interpretation auf: Erstens, was ist die Bedeutung des Ausdrucks »aus besetzten Gebieten« (allen? den meisten? einigen?)? Zweitens, was soll mit der einheimischen Bevölkerung des früheren Palästina geschehen, die keinen Staat bildet und deshalb nicht unter die Resolution fällt?

Beide Fragen wurden vom Sicherheitsrat im Januar 1976 in der weiter oben diskutierten Resolution angesprochen, die unter anderem auch den wesentlichen Wortlaut der Resolution 242 enthielt. Beide wurden mit der Forderung nach einer Zweistaaten-Regelung mit der Grünen Linie als Grenze beantwortet. Das US-Veto beendete wirksam jede UN-Rolle im Friedensprozess. Die beiden grundlegenden, die Resolution 242 betreffenden Fragen bleiben daher ungelöst. Genauer gesagt, sie werden durch Gewalt gelöst werden, das heißt, in internationaler Isolation durch die Vereinigten Staaten.

Eine davon abweichende Antwort wurde von UN-Vermittler Gunnar Jarring in einem Vorschlag vom Februar 1971 formuliert, der von Ägyptens Präsident Sadat akzeptiert wurde und einen vollgültigen Friedensvertrag mit der Grünen Linie als Grenze forderte, wobei die Palästinenser nichts bekommen sollten. Israel erkannte, dass Sadat ein authentisches Friedensangebot gemacht hatte, lehnte aber ohne Gegenangebot ab. Die Labourpartei war auf beträchtliche

Gebietsgewinne eingeschworen. Die israelische Ablehnung zeigte deutlich, dass es Israel letztlich gar nicht darum geht, ob den Palästinensern Rechte eingeräumt werden oder nicht: Israel wendet sich genau deshalb gegen diese Rechte, weil ihre Anerkennung die israelische Kontrolle über die besetzten Gebiete beenden würde.

Die USA unterstützten Israels Ablehnung des Sadat-Angebots und machten Kissingers Politik des »Patt« zur Grundlage ihres Herangehens. Der Jarring-Sadat-Friedensvorschlag ist daher in den offiziösen Geschichtsdarstellungen nichtexistent, zumindest in den Vereinigten Staaten. Im Gegensatz dazu erkennen in Israel selbst konservative Nahostspezialisten an, dass Israel 1971 vielleicht »eine historische Gelegenheit verpasst« hat.[6]

Der Jarring-Sadat-Vorschlag ähnelte der Interpretation der Resolution 242 außerhalb Israels, ebenso wie der offiziellen US-Politik (dem Rogers-Plan). Dass die USA dieses Verständnis teilten, legt auch eine geheime Studie des Außenministeriums über die Verhandlungen, die zur Resolution 242 führten, nahe, die dem US-Journalisten und Historiker des Nahen Ostens Donald Neff zugespielt wurde.[7] Die Studie wurde geheim gehalten, »um Israel nicht in Verlegenheit zu bringen«, schlussfolgert Neff. Sie zitiert den amerikanischen Hauptunterhändler Arthur Goldberg, der König Hussein von Jordanien informierte, dass die USA »nicht garantieren konnten, dass alles an Jordanien zurückgegeben würde; einige territoriale Ausgleiche würden erforderlich sein«, aber dieser Gebietsaustausch müsse »auf Gegenseitigkeit beruhen«. Außenminister Dean Rusk versicherte Hussein, dass die USA »ihren Einfluss nutzen würden, um für Jordanien Kompensation für jegliches Territorium, das es aufgeben müsste, zu erreichen«. Goldberg informierte andere arabische Staaten, »dass die Vereinigten Staaten nicht an irgendeine wesentliche Veränderung der Landkarte dachten«. Israels Rückzug würde »vollständig, bis auf kleinere Grenzanpassungen« sein, bei Kompensation für Jordanien für jegliche derartige Anpassungen. Goldbergs Garantien brachten die arabischen Staaten dazu, die Resolution 242 zu akzeptieren. Rusk bestätigte Neff, dass »wir niemals irgendein wesentliches Gebietszugeständnis an Israel als Ergebnis des Krieges vom Juni 1967 in Betracht zogen«, sondern lediglich »kleinere Grenzanpassungen an der westlichen Grenze der West Bank«, »Entmilitarisierungsmaßnahmen auf der Sinai-Halbinsel und in den Golanhöhen« und eine »erneute Befassung« mit dem Status von Jerusalem. »Die Resolution 242 zog einen Transfer wesentlicher Gebiete an Israel nie in Betracht«, stellte Rusk fest.

Gewöhnlich wird behauptet, dass Goldberg und die US-Regierung diese Interpretation der Resolution 242 ablehnten. So behauptet die *New York Times*, dass die israelische Version, die Israel erlaubt, sich nicht näher bestimmte Teile der besetzten Gebiete einzuverleiben, von Goldberg »unterstützt« wird und zitiert dazu spätere pro-israelische öffentliche Stellungnahmen, die wohl kaum relevant sind.[8]

Einer der geachtetsten Verfechter der israelischen Ablehnungspolitik, der Yale Rechtsprofessor und frühere Regierungsbeamte Eugene Rostow, behauptet, er habe »geholfen«, die Resolution 242 »zustande zu bringen«. Er hat wiederholt argumentiert, sie autorisiere eine fortgesetzte israelische Kontrolle über die besetzten Gebiete. David Korn, der frühere Amtsdirektor im Außenministerium für Israel und arabisch-israelische Angelegenheiten, antwortete, dass »Professor Rostow glauben mag, er habe geholfen, die Resolution 242 zustande zu bringen, aber in Wirklichkeit hatte er wenig, wenn überhaupt etwas damit zu tun«. »Es war US-Politik zur damaligen Zeit und noch für einige Jahre danach«, fährt Korn fort, »dass jegliche Grenzveränderungen lediglich gering sein würden.« Korn bestätigt, dass »sowohl Herr Goldberg als auch Außenminister Dean Rusk König Hussein sagten, dass die Vereinigten Staaten ihren Einfluss nutzen würden, um von Israel territoriale Kompensation für jegliche von Jordanien an Israel abgetretenen Gebiete der West Bank zu erlangen«, und dass Jordaniens Zustimmung in diesen Versprechungen gründete. Rostows ausweichende Antwort widerspricht keiner dieser Feststellungen.[9]

Das verfügbare Material weist darauf hin, dass die Vereinigten Staaten sich bis Februar 1971, als sie die Jarring-Sadat-Initiative ablehnten, an den internationalen Konsens hielten. Die Isolation der USA wuchs Mitte der 70er Jahre, in denen der Konsens sich auf die Anerkennung eines palästinensischen Rechts auf Selbstbestimmung ausdehnte. Zufälligerweise wurde ebenfalls im Februar 1971 George Bush als UN-Botschafter Teil des Exekutivapparats. Als willfähriger Bürokrat hat George Bush die US-Ablehnungspolitik die gesamte Zeit über befolgt und macht auch heute keinerlei Anstalten, davon abzuweichen.

Kissingers Politik des »Patt« führte direkt zum Krieg von 1973. Sadats wiederholte Warnungen, dass er einen Krieg beginnen würde, wenn die USA und Israel seine diplomatischen Initiativen blockieren würden, wurden während dieser Zeit der US-israelischen Siegesstimmung abgetan, ausgehend von der Annahme, dass »Krieg keine Sache für Araber ist«, wie der israelische Arabist und ehemalige Direktor des militärischen Nachrichtendienstes,

General Jehoshafat Harkabi (der sich jetzt zur »Taube« gewandelt hat), erklärte.[10] Aufgrund derselben Annahmen ließen die USA Sadats Angebote, die sowjetische Schirmherrschaft fallen zu lassen und Ägypten in einen US-Klientenstaat zu verwandeln, abblitzen.
Der Krieg von 1973 zerschlug diese Illusionen. Sein Ausgang war nur sehr knapp, und Kissinger erkannte, dass die Politik geändert werden musste. Die USA griffen auf die natürliche Reserveposition zurück, akzeptierten Ägypten als US-Klienten und unternahmen Schritte, das Land aus dem Konflikt herauszuziehen. Das war das Ziel von Kissingers »Schritt-für-Schritt«-Diplomatie, eines Prozesses, der durch Sadats Jerusalembesuch 1977 vorangetrieben und mit dem israelisch-ägyptischen Friedensvertrag von Camp David vollendet wurde, der Sinai an Ägypten zurückgab und den Palästinensern »Autonomie« unter israelischer Herrschaft für eine Interimszeit anbot.
Die Bedeutung von Camp David war sofort offensichtlich.[11] Nach Beseitigung der wichtigsten arabischen Abschreckungsmacht und mit einem enormen Anwachsen der US-Hilfe würde Israel freie Hand haben, seine Übernahme der besetzten Gebiete zu beschleunigen und in den Libanon einzufallen, den es als Teil seines terroristischen Zusammenspiels mit der PLO seit Jahren zerstörerischer Bombardements und anderer Angriffe unterworfen hatte. 1978 marschierte Israel in den Libanon ein, tötete Tausende von Menschen, vertrieb Hunderttausende und stellte die südliche Zone unter die Herrschaft einer mörderischen Klientenstreitmacht. Israel missachtet weiterhin die Resolution 425 des UN-Sicherheitsrats (März 1978), die einen unverzüglichen und bedingungslosen Abzug aus dem Libanon fordert. 1982 marschierte Israel erneut ein, nach einem Jahr israelischer Terrorangriffe, die (vergebens) darauf abzielten, eine PLO-Reaktion hervorzurufen, die dann als Vorwand für seinen Plan dienen würde, die PLO als politische Kraft zu zerstören und den Libanon unter israelische Oberherrschaft zu stellen. Die Einverleibung der besetzten Gebiete ging unterdessen unter üppiger Versorgung durch US-Mittel weiter.
Diese Konsequenzen der US-Politik werden manchmal »ironisch« genannt, ein technischer Begriff, der sich auf vorhersagbare Ergebnisse einer Politik bezieht, die in eklatantem Widerspruch zu den erklärten Idealen steht. Wieder werden in Israel die Tatsachen offen zugegeben. Der strategische Analytiker Avner Yaris schreibt, dass das Camp David-Abkommen durch die Entfernung Ägyptens aus dem Konflikt Israel »freie Hand« gelassen hat, »militärische Operationen gegen die PLO im Libanon ebenso wie Besiedlungsaktivitäten

auf der West Bank in Gang zu halten«. In Ausdruck einer breiten Übereinstimmung der Meinungen fügt er hinzu, dass die Invasion des Libanon 1982 beabsichtigte, »die Position der Gemäßigten in den Reihen der PLO zu untergraben und so »die ›Friedensoffensive‹ der PLO« zu blockieren und »den Aufstieg der PLO zu politischer Respektabilität aufzuhalten«. Sie sollte »der Krieg zur Sicherung der Besatzung der West Bank« genannt werden, bemerkte General Harkabi, denn er sei durch Begins »Angst vor der Schwungkraft des Friedensprozesses« motiviert. Die USA unterstützten Israels Aggression, offenbar aus denselben Gründen.[12]

Sadats Friedensvorschlag von 1977 war aus US-israelischer Sichtweise weniger annehmbar als sein Angebot von 1971, weil er palästinensische Selbstbestimmung forderte. Nichtsdestoweniger wird Sadat für seine Bemühungen von 1977 als eine der großen Figuren des Zeitalters gepriesen, während der Vorschlag von 1971 aus der Geschichte ausgemerzt worden ist. Die Gründe haben wir gerade gesehen. 1971 unterstützten die USA Israels Ablehnung seiner Friedensinitiative; 1977 war Washington damit einverstanden, Ägypten als Klientenstaat zu akzeptieren. Während sie über Sadats Vorschläge hinweggingen, konnten die USA ihr eigenes Projekt der Ablehnungspolitik weitertreiben, wobei Sadat die ihm zugewiesene Rolle spielte und dadurch den Status eines Helden gewann. Wie so oft ist Geschichte nur die Legende, die die Mächtigen ihren Dienern diktieren.

Der US-Vermittler in Camp David Sol Linowitz kommentierte, dass die Palästinenser »Autonomie« ablehnten, weil sie authentische Selbstregierung ausschließen würde. Premierminister Menachim Begin unterstützte den Autonomievorschlag der *Times*-Korrespondentin Sabra Chatrand zufolge, »weil der Gedanke die palästinensische Frage zu lösen schien und gleichzeitig Israel die grundlegende Kontrolle über West Bank und Gaza ließ«. Sowohl Linowitz als auch die *Times* betrachten die palästinensische Unzufriedenheit mit diesem Ergebnis als vollkommen unvernünftig. Sie offenbart nichts weiter, als dass die »Palästinenser niemals eine Gelegenheit verpassen, eine Gelegenheit zu verpassen«, wie es in der allenthalben zitierten Formel des israelischen Diplomaten Abba Ebban lautet.

Chatrand stellt fest, dass jetzt, »nach Jahren des Konflikts mit Israel, ungezählten Toten und noch mehr Elend die Palästinenser ihre früheren Bedingungen aufgegeben haben« – eine weitere Demonstration der »heilsamen Wirksamkeit« von Terror. Sie berichtet auch, dass die Vereinigten Staaten »vergeblich versuchten, Israel dazu zu bringen, aufzuhören, Siedlungen in den besetzten Gebieten zu bauen«, während sie die US-Hilfe für deren Bau gewaltig steigerten.[13] Es besteht Übereinkunft, dass die USA ein hilfloses Opfer sind, das – eine weitere Ironie – nicht in der Lage ist, die Projekte, die es freigiebig fördert, zu beeinflussen.

Die Bush-Baker-Diplomatie

Bis 1988 waren die USA und Israel mit dem Status Quo zufrieden und begnügten sich damit, arabische und andere Friedensinitiativen auf Grund laufen zu lassen, während Israel sein hartes Regiment über die besetzten Gebiete mit US-Hilfe ausdehnte. Mit dem Ausbruch der *Intifada* und der wachsenden israelischen Unterdrückung, die negative Bilder und weitere unerwünschte Kosten mit sich brachten, ergaben sich jedoch Probleme. Außerdem war das Bestehen der PLO auf einer politischen Regelung immer schwerer zu verheimlichen. Das Problem wurde Ende 1988 ernst, als die USA es ablehnten, Jassir Arafat zu erlauben, vor der UNO in New York zu sprechen, woraufhin sich die UNO in Genf versammelte. Zu dieser Zeit wurden George Shultz und die Kommentatoren hier in den USA mit ihrem wütenden Geschrei, dass Arafat es versäumt hätte, die ihm von Washington diktierten »magischen Worte« nachzusprechen, allmählich zur Zielscheibe internationalen Gespötts. Es wurde die weise Entscheidung getroffen, auf einen gängigen diplomatischen Trick zurückzugreifen, nämlich zu behaupten, Arafat habe die US-Forderungen akzeptiert, danach seine erfundene Kapitulation zu begrüßen und ihm dann die US-Bedingungen aufzuzwingen. Man ging zu Recht davon aus, dass die Medien und die Intellektuellen Washingtons Erfindungen reflexartig übernehmen und die – jeder des Lesens kundigen Person durchsichtige – Tatsache ignorieren würden, dass Arafats Position von derjenigen Washingtons so weit entfernt blieb wie zuvor und dass kein palästinensischer Sprecher Washingtons Bedingungen annehmen könnte. Die Schmierenkomödie wurde perfekt gespielt und ging in die Geschichte ein.

Die Belohnung der PLO für ihre erfundene Kapitulation war ein »Dialog« auf niedriger Ebene, um die Weltaufmerksamkeit abzulenken, während Israel zu härteren Maßnahmen griff, um die *Intifada* zu unterdrücken. Wie vorherzusehen war, spielte die PLO-Führung mit und trug so zum Erfolg der Unterdrückung bei. Die Mitschrift des ersten Treffens gelangte an die Öffentlichkeit und bekam in Ägypten und Israel große Publizität. Die USA

legten zwei Bedingungen für den »Dialog« dar. Es würde keine internationale Konferenz geben, und die PLO müsse zur Beendigung der »Unruhen, die wir als terroristische Handlungen gegen Israel ansehen« (der *Intifada*) aufrufen. Die Palästinenser müssen brutale Unterdrückung und fortschreitende Enteignung als Vorbedingung akzeptieren. Die zugrunde liegenden Voraussetzungen wurden vom Labour-Verteidigungsminister Itzhak Rabin erläutert, der Führern von Peace Now im Februar 1989 erklärte, dass er den inhaltslosen Dialog begrüßte, der Israel Zeit geben würde, »harten militärischen und wirtschaftlichen Druck« auszuüben. »Schließlich werden sie gebrochen werden« und die israelischen Bedingungen annehmen. Diese Pläne wurden mit viel Erfolg in die Tat umgesetzt.
Insbesondere wurde die Gefahr der Demokratie überwunden. Die *Intifada* hatte sich zu einer ernsthaften Herausforderung der halbfeudalen Strukturen der palästinensischen Gesellschaft entwickelt, aber die neuen Volkskomitees und andere Initiativen wurden von der US-unterstützten israelischen Gewalttätigkeit geschwächt und möglicherweise zerstört.
In der Zwischenzeit lancierten Israel und die USA ihre eigene diplomatische Initiative, um das Risiko eines authentischen Friedensprozesses abzuwehren. Die Likud-Labour Koalitionsregierung legte im Mai 1989 den »Shamir-Plan« – besser gesagt den Shamir-Peres Plan – vor.[14] Die »Grundprämissen« des Plans sind: (1) Es kann keinen »zusätzlichen palästinensischen Staat im Gazadistrikt und im Gebiet zwischen Israel und Jordanien geben«; (2) »Israel wird keine Verhandlungen mit der PLO führen«; (3) »es wird keine Veränderung im Status von Judea, Samaria und Gaza geben, außer in Übereinstimmung mit den grundlegenden Richtlinien der Regierung« Israels, die die palästinensische Selbstbestimmung ablehnen. Der Ausdruck »zusätzlicher palästinensischer Staat« spiegelt den US-israelischen Standpunkt wider, dass es bereits einen palästinensischen Staat gibt, nämlich Jordanien. Also stellt sich die Frage der Selbstbestimmung für die Palästinenser gar nicht, im Gegensatz zu dem, was diejenigen glauben, »deren Streitsucht von Moskau der Rücken gestärkt wurde«: Jordanier, Palästinenser, Europäer und andere Fehlgeleitete. Die Grundprämissen schließen die »vier Neins« des offiziellen Labour Parteiprogramms ein: keine Rückkehr zu den Grenzen von 1967, keine Entfernung von Siedlungen, keine Verhandlungen mit der PLO, kein palästinensischer Staat. Der Plan sieht weiter »freie und demokratische Wahlen« unter israelischer Militärbesatzung vor, unter Ausschluss der PLO und Internierung der nicht akzeptierten Führung in Gefängnislagern.

Die USA hießen diesen Vorschlag gut. James Baker erklärte, dass »es die ganze Zeit unser Ziel gewesen ist, bei der Umsetzung der Shamir-Initiative zu helfen. Es gibt keine anderen Vorschläge oder Initiativen, mit denen wir arbeiten.« Im Dezember 1989 veröffentlichte das Außenministerium den Baker-Plan, demzufolge Israel in Kairo an einem »Dialog« mit Ägypten und ausgewählten Palästinensern teilnehmen würde, um die Umsetzung des Shamir-Plans zu diskutieren, aber sonst nichts.[15]

All dies geschah lange vor dem Golfkrieg, und während der US-PLO-»Dialog« in beabsichtigter Weise inhaltsleer vor sich hindümpelte. Die Standarddoktrin besagt, dass Arafat seinen Platz am Tisch »als Resultat seiner Unterstützung für den Irak im Golfkrieg« verlor, und dass die »hauptsächlichen Gründe für die Schwäche der PLO« in der PLO-Unterstützung für Saddam Hussein und dem Versäumnis, die Verantwortlichen für eine fehlgeschlagene terroristische Aktion im Mai 1990 aus der PLO auszuschließen, liegen.[16] Diese Version ist unsinnig, wie ein Blick auf Zeitpunkte und Dokumente klar erweist; sie dient lediglich als Vorwand für die alte Politik.

Der offizielle »Friedensprozess« umfasst Camp David und Madrid sowie verschiedene Fabeln über entgegenkommende israelische Angebote, aber nicht die relevante, sicher im Gedächtnisloch verstaute Geschichte. Seit Camp David hat sich die öffentlich zugängliche Diskussion in den USA zwischen den Falken, nach deren Ansicht die Palästinenser gar nichts verdienen, und den Tauben wie dem Nahostkorrespondenten der *New York Times* Thomas Friedman bewegt, die argumentieren, dass dieser Standpunkt nicht im Interesse Israels ist: »Nur wenn man den Palästinensern etwas zu verlieren gibt, gibt es eine Hoffnung, dass sie zustimmen werden, ihre Forderungen zu mäßigen« und dabei ihre Hoffnung auf gegenseitige Anerkennung einer Zweistaaten-Regelung aufgeben. Friedman lehnte es ab, über diese »Forderung« zu berichten, während er die »ausgewogene und informierte Berichterstattung« produzierte, die ihm den Pulitzerpreis einbrachte. »Ich glaube, dass sobald auch Achmed einen Sitz im Bus hat, er seine Forderungen beschränken wird«, fügt Friedman hinzu. Er gab Israel den Rat, die besetzten Gebiete nach dem Modell des Südlibanon zu verwalten, der von israelischen Truppen und einer terroristischen Stellvertreterarmee kontrolliert wird, mit einer abscheulichen Folterkammer in Khiam, wo Hunderte von Menschen als Geiseln festgehalten werden, um sicherzustellen, dass die Bevölkerung sich beugt, und mit regelmäßigen Bombardements über den israelisch besetzten Teil des Libanon hinaus, um Widerstand – genannt »Terrorismus« – zu verhindern.[17]

Man könnte sich fragen, was die Reaktion sein würde, wenn ein Kommentator den südafrikanischen Weißen den Rat geben würde, dass es in ihrem Interesse läge, Sambo einen Sitz im Bus zu geben, oder Syrien raten würde, dass sie das, was jetzt Israel ist, so verwalten sollten, wie sie es jetzt mit der libanesischen Bekaa-Ebene tun, wobei sie allerdings Hymie einen Sitz im Bus geben sollten, damit er seine Forderungen beschränkt. Der Vergleich gibt reichlich Einblick in die westliche Kultur.

Anmerkung

[1] Leitartikel, *Boston Globe*, 20. Oktober 1991.

[2] Zu Eisenhower siehe Steven Spiegel, *The Other Arab-Israeli Conflict* (Chikago 1985), S. 51. Zu Kissinger, *Towards a New Cold War*, S. 457 Fn.

[3] Friedman, *NYT*, 4. November 1991.

[4] Haberman, *NYT*, 10., 17. November. Hottelet, *Christian Science Monitor*, 25. November 1991.

[5] Siehe besonders Shlaim, op. cit. Ebenso Itamar Rabinovitch, *The Road Not Taken.* Oxford, 1991, S. 171.

[6] Rabinovitch (ibid., S. 108), der fragt, ob Israel ebenfalls eine derartige Gelegenheit versäumte, als 1949 ein syrischer Vorschlag zurückgewiesen wurde.

[7] Noring und Smith, *The Withdrawal Clause in UN Security Council Resolution 242 of 1967*, Februar 1978. Neff, *Middle East International*, 13. September 1991.

[8] Sabra Chatrand, *NYT*, 29. Oktober 1991.

[9] Rostow, Korn, *New Republic*, 21. Oktober, 18. November, 25. November 1991.

[10] Amnon Kapeliouk, *Israel: la fin des mythes* (Albin Michel, 1975), S. 281. Siehe *Peace in the Middle East?* New York: Pantheon Books, 1974, Kapitel 4.

[11] Für einen fortlaufenden Überblick, siehe *Towards a New Cold War* und meine dort zitierten Artikel.

[12] *Necessary Illusions*, S. 174 f., 276. Siehe auch *The Fateful Triangle* und *Pirates and Emperors.*

[13] Chatrand, *NYT*, 5. November 1991.

[14] Israelischer Regierungsplan für Wahlen, Jerusalem, 14. Mai 1989, israelische Botschaft.

[15] Thomas Friedman, *NYT*, 19. Oktober 1989; Presseerklärung des US-Außenministeriums, 6. Dezember 1989.

[16] Friedman, *NYT*, 4. November; Leitartikel, BG, 6. Oktober 1991.

[17] Friedman, *Yediot Ahronot*, 7. April; *Hotam*, 15. April 1988.

Über die spektakulären Erfolge der Propaganda (1991)

Die Rolle der Medien in der gegenwärtigen Politik zwingt uns zu der Frage, in was für einer Welt und in was für einer Gesellschaft wir leben wollen, und vor allem, in welchem Sinn diese Gesellschaft demokratisch verfasst sein soll. Ich möchte zunächst zwei unterschiedliche Konzeptionen von Demokratie einander gegenüberstellen. Die eine geht davon aus, dass in einer demokratischen Gesellschaft die Bevölkerung die Möglichkeit hat, sich auf sinnvolle Weise an der Regelung ihrer Angelegenheiten zu beteiligen, und ungehinderten Zugang zu den Informationsmitteln besitzt. Wenn man in einem Lexikon den Begriff »Demokratie« nachschlägt, wird man eine Definition dieser Art erhalten.

Eine andere Konzeption besagt, dass die Bevölkerung von der Regelung ihrer Angelegenheit ausgeschlossen und der Zugang zu den Informationsmitteln streng begrenzt und kontrolliert werden muss. Das mag sich seltsam anhören, aber diese Konzeption von Demokratie ist die vorherrschende, und das schon seit langem, in der Theorie ebenso wie in der Praxis. Es ist eine Geschichte, die bis zu den frühesten demokratischen Revolutionen im England des 17. Jahrhunderts zurückreicht. Ich betrachte im Folgenden die Epoche der Moderne, sage etwas zur Entwicklung des Demokratiebegriffs und erörtere, wie und warum das Problem der Medien und der Desinformation in diesem Zusammenhang auftaucht.

Frühgeschichte der Propaganda

Beginnen wir mit der ersten modernen Propagandaoperation einer Regierung. Sie fand während der Amtszeit von Woodrow Wilson statt, der 1916 mit dem Slogan »Frieden ohne Sieg« zum Präsidenten der USA gewählt worden war. Zu der Zeit, Mitte des Ersten Weltkriegs, war die amerikanische Bevölkerung äußerst pazifistisch gesonnen und sah keinen Grund, sich in einen europäischen Krieg hineinziehen zu lassen. Die Regierung Wilson hatte sich jedoch auf den Kriegseintritt festgelegt und musste nun etwas gegen die friedfertige Stimmung unternehmen. Es wurde eine Propaganda-Agentur, die so genannte Creel-Kommission, auf die Beine gestellt, der es innerhalb von sechs Monaten gelang, die Bevölkerung in eine hysterische Begeisterung zu versetzen. Jetzt auf einmal wollte man alles Deutsche vernichten, die Deutschen in Stücke reißen, in den Krieg ziehen und die Welt retten. Dieser propagandistische Erfolg führte zu weiteren Unternehmungen ähnlicher Art: Nach dem Krieg benutzte man die gleichen Techniken, um die »Angst vor den Roten« (Red Scare) zu schüren, wobei es gelang, der Gewerkschaftsbewegung schweren Schaden zuzufügen und so gefährliche Probleme wie die politische Meinungs- und Pressefreiheit zu beseitigen. Geschäftswelt und Medien sekundierten bei diesem Unterfangen, das insgesamt ein großer Erfolg wurde. Zu denen, die sich aktiv und begeistert an Wilsons Kriegstreiberei beteiligten, gehörten auch progressive Intellektuelle aus dem Kreis um John Dewey, die, wie man ihren Schriften entnehmen kann, sehr stolz darauf waren, dass es den (so ihre Worte) »intelligenteren Mitgliedern der Gemeinschaft«, nämlich ihnen selbst, gelungen war, durch Verbreitung von Schreckbildern und nationalistischem Fanatismus der Bevölkerung den Krieg schmackhaft zu machen. Dazu waren ihnen so ziemlich alle Mittel recht, wie etwa die »Gräuelpropaganda«, die den abfällig »Hunnen« genannten Deutschen das Zerstückeln belgischer Kinder und andere Grausamkeiten andichtete, die in manchen Geschichtsbüchern immer noch zu lesen sind. Vieles davon beruhte auf Erfindungen des britischen Propagandaministeriums, das damals, wie sich geheimen Unterlagen entnehmen lässt, das Ziel verfolgte, »die Gedanken fast der gesamten Welt zu lenken«. Vor allem aber wollte man die Gedanken der »intelligenteren Mitglieder der Gemeinschaft« in den Vereinigten Staaten lenken, damit die von den Briten zusammengekochte Propaganda dort Verbreitung finden und eine friedliche Bevölkerung in Kriegshysterie stürzen könne. Das gelang sehr gut, und man konnte eine Lehre daraus ziehen: Die Wirkungen staatlicher Propaganda sind umso größer, je mehr sie von den gebildeten Schichten unterstützt und keine Kritik daran zugelassen wird. Diese Lektion haben Hitler und viele andere gelernt, bis auf den heutigen Tag.

Demokratie für Zuschauer

Ebenso beeindruckt von diesen Erfolgen waren liberal-demokratische Theoretiker und führende Persönlichkeiten der Medien wie etwa Walter Lippmann, der Doyen der amerikanischen Journalisten, ein einflussreicher Kritiker der Innen- und Außenpolitik der USA und ein großer Theoretiker der liberalen Demokratie. Lippmann war an den Propagandakommissionen beteiligt gewesen und hatte den Wert ihrer Errungenschaften erkannt. Er meinte, dass eine von ihm so genannte »Revolution in der Kunst der Demokratie« dazu führen könnte, »Konsens herzustellen« (manufacturing consent), d.h. mittels der neuen Propagandatechniken die Öffentlichkeit auf Ereignisse einzustimmen, die sie eigentlich ablehnt. Er hielt dies für eine gute, ja sogar notwendige Idee, weil, wie er sagte, »das Interesse des Gemeinwesens sich der öffentlichen Meinung völlig entzieht« und nur von einer »spezialisierten Klasse verantwortlicher Männer«, die über das notwendige Wissen verfügen, begriffen und in Angriff genommen werden kann. Seiner Theorie zufolge kann lediglich eine kleine Elite – die Gemeinschaft der Intellektuellen, von der die Dewey-Anhänger sprachen – das Interesse der Allgemeinheit adäquat in die Tat umsetzen. Das ist eine sehr alte und zugleich typisch leninistische Sichtweise, die hervorragend mit Lenins Konzept einer revolutionären Avantgarde harmoniert. Diese Avantgarde ist, so Lenin, dazu befugt, aufgrund einer allgemeinen Revolution die Staatsmacht zu übernehmen, um die Bevölkerung dann einer Zukunft entgegenzuführen, die außerhalb der begrifflichen Reichweite der dumpfen Massen liegt. Insofern gehen liberal-demokratische Theorie und Marxismus-Leninismus von gemeinsamen ideologischen Voraussetzungen aus.

Lippmann unterfütterte diese Anschauungen mit einer ziemlich ausgefeilten Demokratie-Theorie. Eine gut funktionierende Demokratie bestehe, so meint er, aus zwei unterschiedlichen Klassen von Bürgern. Zur einen Klasse gehören diejenigen, die aktiv mit den Angelegenheiten der Allgemeinheit betraut sind, d.h. analysieren, Entscheidungen treffen und ausführen und in den politischen, wirtschaftlichen und ideologischen Systemen die Dinge ins Rollen bringen. Diese Klasse von Spezialisten umfasst allerdings nur einen kleinen Prozentsatz der Gesamtbevölkerung. Der Rest gehört zu »den anderen«, den Handlungsobjekten der Spezialisten. Sie machen, so Lippmann, die »verwirrte Herde« aus, vor deren »Getrampel und Gelärm« wir, die Spezialisten, uns schützen müssen. Beide Klassen haben in der funktionierenden Demokratie eine fest umrissene Funktion. Die Spezialisten und Planer kümmern sich um das Interesse der Allgemeinheit, während die »verwirrte Herde« die Rolle von Zuschauern spielt, hin und wieder jedoch einem Mitglied der Spezialistenklasse Gewicht verleihen darf, indem sie ihm die politische Führung zuspricht. Denn schließlich leben Hüter und Herde in einer Demokratie und nicht in einem totalitären Staat. Deshalb gibt es Wahlen, nach denen die Herde jedoch wieder in die Zuschauerrolle zurückfällt und an den Planungs- und Entscheidungsvorgängen nicht weiter beteiligt ist.

Hinter dieser Theorie steckt eine Logik und sogar ein zwingendes Moralprinzip. Es besagt, dass die Masse der Bevölkerung zu dumm ist, um größere Zusammenhänge zu begreifen. Wenn sie den Versuch unternimmt, sich an der Regelung ihrer eigenen Angelegenheiten zu beteiligen, stört sie lediglich den reibungslosen Ablauf. Darum wäre es unmoralisch und unverantwortlich, dergleichen von ihr zu verlangen. Wir müssen die Herde zähmen, damit sie nicht alles zertrampelt. Ihr die Beteiligung an Entscheidungsprozessen zuzugestehen, wäre ebenso unklug, wie ein dreijähriges Kind allein über die Straße laufen zu lassen, weil es mit dieser Freiheit sich selbst und andere gefährden könnte.

Wir müssen also die Herde mittels einer neuen Revolution in der Kunst demokratischen Regierens zähmen, nämlich mit der »Herstellung von Konsens«. Medien, Schulen und Alltagskultur müssen zweigeteilt werden. Der politischen Klasse, den Spezialisten, vermitteln sie einen angemessenen Wirklichkeitssinn und die richtigen Überzeugungen. Konsens kann nämlich nur hergestellt werden, wenn eine entscheidende Voraussetzung zwar vorhanden ist, aber nicht ausgesprochen wird: Die Spezialisten gelangen nur an die Entscheidungshebel der Macht, indem sie – was sie auch vor sich selbst verbergen müssen – den wirklich Mächtigen dienen, den Eigentümern der Gesellschaft, einer ganz kleinen Gruppe von Personen. Nur wenn die Spezialisten bereit sind, deren Interessen zu dienen, gehören sie zu den Entscheidungsträgern. Aber das muss unter der Decke gehalten werden, und darum bekommen die Spezialisten jene Überzeugungen und Doktrinen eingetrichtert, mit denen sie den Interessen der privaten Macht dienen können. Mithin gibt es ein Erziehungssystem, in dem die zukünftigen Spezialisten sich die Werte und Interessen der Privatwirtschaft und des sie repräsentierenden staatlich-ökonomischen Sektors zu Eigen machen, während die verwirrte Herde einfach abgelenkt und von den Fleischtöpfen der Macht fern gehalten werden muss.

Diese Anschauungen sind von zahlreichen anderen Personen auf ähnliche Weise entwickelt worden. So ging z.B. der berühmte Politologe und Theologe Reinhold Niebuhr – der »Theologe des Establishments« und Guru von George Kennan und den Kennedy-Intellektuellen – davon aus, dass Rationalität eine nicht eben weit verbreitete menschliche Eigenschaft sei. Die meisten

Leute ließen sich von ihren Gefühlen und Impulsen leiten. Die mit Rationalität Begabten hätten die Aufgabe, »notwendige Illusionen« und emotional einflussreiche »Übervereinfachungen« zu schaffen, um die naiven Einfaltspinsel auf Kurs zu halten. Das wurde in den 20er und 30er Jahren zu einer Standardhypothese der Politischen Wissenschaft. Damals erklärte Harold Lasswell, Begründer der modernen Kommunikationstheorie und einer der führenden Politologen, dass wir uns nicht dem »demokratischen Dogmatismus« hingeben und etwa glauben sollten, »die Menschen könnten ihre je eigenen Interessen selbst am besten beurteilen«. Das nämlich können nur wir, die Spezialisten. Darum müssen wir, schon aus Gründen gewöhnlicher Moralität, dafür sorgen, dass die Massen nicht die Gelegenheit bekommen, ihre Fehlurteile in Taten umzusetzen. In Diktaturen ist das einfacher. Man hält die Knute bereit, und wer aus der Reihe tanzt, bekommt sie zu spüren. Aber in freieren und demokratischeren Gesellschaften geht so etwas nicht. Deshalb ist hier das Mittel der Propaganda so wichtig. Sie ist für die Demokratie, was für die Diktatur die Knute. Jedoch ist die »verwirrte Herde« weder im einen noch im anderen Fall fähig, die Interessen der Allgemeinheit zu erkennen.

Public Relations

Die Vereinigten Staaten waren das Pionierland der PR-Industrie. Ihr Ziel war, wie es deren Vorreiter formulierten, »das Bewusstsein der Öffentlichkeit (public mind) zu kontrollieren«. Sie hatten eine Menge aus den Erfolgen der Creel-Kommission und der antikommunistischen Feldzüge gelernt. In den 20er Jahren blühte die PR-Industrie auf und konnte die Öffentlichkeit für einige Zeit fast vollständig der Herrschaft der Geschäftswelt unterwerfen, sodass zu Beginn der 30er Jahre sogar Untersuchungsausschüsse des Kongresses sich mit ihrer Rolle beschäftigten. Viele Informationen über die Machenschaften der PR-Industrie stammen aus dieser Zeit.
Mittlerweile gibt die PR-Industrie etwa eine Milliarde Dollar pro Jahr für ihre Aktivitäten aus, immer noch mit der Absicht, »das Bewusstsein der Öffentlichkeit zu kontrollieren«. In den 30er Jahren gab es dazu Anlass genug. Die Wirtschaftskrise florierte, und die Arbeiter organisierten sich. 1935 errang die Arbeiterbewegung mit dem Wagner-Gesetz ihren ersten (und letzten) Sieg in der Legislative, nämlich das Recht auf freie gewerkschaftliche Organisation. Damit ergaben sich aus Sicht der »Spezialisten«

zwei ernsthafte Probleme. Zum einen funktionierte die Demokratie nicht richtig. Die »verwirrte Herde« hatte einen Sieg errungen, der in der Demokratie der Spezialisten nicht vorgesehen war. Zum anderen war es mit dem Wagner-Gesetz für die Arbeiter möglich geworden, sich zu organisieren und damit aus der Rolle des Zuschauers herauszutreten. Sie waren nicht länger atomisierte Individuen. Sie und andere Leute mit begrenzten Ressourcen konnten die politische Arena betreten, und das war äußerst bedrohlich. Die Privatwirtschaft leitete eine Großoffensive ein, um sicherzustellen, dass das Wagner-Gesetz der letzte Sieg für die Arbeiterbewegung auf dieser Ebene gewesen sein sollte, und sie hatte Erfolg. Ab 1935 nahm die Fähigkeit der Gewerkschaften zu organisiertem Handeln ständig ab, und die Zahl der Mitglieder, die während des Zweiten Weltkriegs noch einmal kurzfristig anstieg, begann zu sinken. Das geschah keineswegs zufällig, denn die Geschäftswelt widmete diesem Problem sehr viel Geld und Aufmerksamkeit. Sie spannte die PR-Industrie und andere Organisationen wie etwa die National Association of Manufacturers und den Business Roundtable für ihre Zwecke ein, um diese Entartung der Demokratie im Keim zu ersticken. Die erste Gelegenheit dazu ergab sich bereits 1937. Im Westen von Pennsylvania, in Johnstown, streikten die Stahlarbeiter, und die Geschäftswelt wollte diesen Streik mit neuen Methoden brechen. Man schickte nicht mehr, wie früher, Schlägertrupps los, die es auf die Kniescheiben von Streikwilligen abgesehen hatten, sondern bediente sich der subtileren Mittel der Propaganda, um die Öffentlichkeit gegen die Streikenden aufzuwiegeln, die als schädliche Störenfriede präsentiert wurden, deren Aktivitäten den Interessen der Allgemeinheit zuwiderliefen. Die Interessen der Allgemeinheit sind »unsere« Interessen: die des Geschäftsmanns, des Arbeiters, der Hausfrau. »Wir alle« sind ja Amerikaner und wollen in Frieden und Harmonie zusammenarbeiten. Aber die Streikenden stören diesen Frieden und sind darum unamerikanische Subjekte. Wenn »wir alle« miteinander leben wollen, müssen wir sie stoppen. Der Konzernchef und die Reinmachefrau haben die gleichen Interessen. Diese Botschaft wurde der Öffentlichkeit mit großem Aufwand verkauft, schließlich kontrollierte die Geschäftswelt die Medien und ließ sich die Kampagne etwas kosten, die dann auch Erfolg hatte. Man sprach später von der »Mohawk-Valley-Formel« und benutzte sie noch häufig, um Streiks zu brechen. Es war, wie man sagte, eine »wissenschaftliche Methode«, die darauf abzielte, die öffentliche Meinung mit leeren Begriffen wie »Amerikanismus« gegen Aktionen der Arbeiterbewegung einzunehmen. Wer will schon gegen

Amerikanismus oder Harmonie sein? Oder gegen die im Golfkrieg erhobene Forderung: »Unterstützt unsere Truppen«? Oder gegen gelbe Bänder, mit denen man die Heimkehrenden begrüßt?
Was bedeutete es denn, wenn z. B. jemand fragte: »Unterstützt ihr die Leute in Iowa?« Wäre die Antwort: »Ja, wir unterstützen sie« oder »Nein, wir tun es nicht«? Es ist noch nicht einmal eine Frage, sondern nur eine bedeutungslose Äußerung. Und darum geht es. PR-Slogans wie »Unterstützt unsere Truppen« bedeuten nichts und sollen nichts bedeuten. Genauso gut könnte die Frage lauten: »Unterstützt ihr die Leute in Iowa?«. Natürlich gibt es eine grundlegendere Frage. Sie lautet: »Unterstützt ihr unsere Politik?«. Aber gerade darüber sollen die Leute nicht nachdenken. Gute Propaganda erfindet einen Slogan, dem alle zustimmen können, ohne wissen zu müssen, was er bedeutet, weil er nämlich nichts bedeutet. Sein Wert besteht gerade darin, von der wirklich bedeutungsvollen Frage abzulenken: »Unterstützt ihr unsere Politik?«. Stattdessen denken die Leute über die Frage nach, ob sie die Truppen unterstützen sollten. »Natürlich bin ich nicht dagegen, das zu tun.« Damit hat die Propaganda gewonnen.
Das in den 30er Jahren erdachte Konzept funktioniert bis heute, und die PR-Industrie setzt weiterhin auf eine Demokratie, in der die Spezialisten im Dienst der Wirtschaft stehen, während die übrige Bevölkerung aller Möglichkeiten, sich zu organisieren, beraubt ist, weil der Kampf um Rechte nur Ärger verursacht. Die Leute sollen halt vor dem Fernseher sitzen und sich die Botschaft einhämmern lassen, es sei am wichtigsten, dieses oder jenes Produkt zu kaufen und das Leben der reichen Mittelschicht-Familie zu führen, die einem auf dem Bildschirm vorgeführt wird, und ansonsten möglichst harmonisch und amerikanisch zu sein. Das ist alles. Manch einer mag sich denken, es müsse doch noch mehr im Leben geben, aber da er allein vorm Kasten sitzt, kann er nur annehmen, verrückt zu sein, weil so etwas in den Soaps und Werbespots nicht vorkommt. Und da es nicht die Möglichkeit gibt, sich zu organisieren – ein ganz entscheidender Punkt –, können die Leute nicht herausfinden, ob sie verrückt sind, und nehmen eben an, sie seien es, weil es keine Alternative zu geben scheint.
Das ist das Ideal der Privatwirtschaft und der PR-Industrie, und sie unternehmen große Anstrengungen, es zu erreichen. Die »verwirrte Herde« muss ruhig gehalten und abgelenkt werden. Sie soll sich den Superbowl anschauen oder Sitcoms oder Krimi- und Horrorfilme, und ab und zu bedeutungslose Slogans – »Unterstützt unsere Truppen!« – rezitieren. Sie muss vor allen

möglichen Teufeln, die sie von außen oder innen oder sonst woher bedrohen, in Angst und Schrecken gehalten werden, weil sie sonst anfängt zu denken, was gefährlich ist, da die Herde nicht denken kann.
Seit dem Wagner-Gesetz von 1935 wird die US-amerikanische Gesellschaft zunehmend von den Interessen der Wirtschaft dominiert. Im Gegensatz zu allen anderen staatskapitalistischen Ländern gibt es hier noch nicht einmal die sonst üblichen sozialstaatlichen Regelungen wie etwa ein nationales Gesundheitssystem – das man in Südafrika allerdings auch nicht kennt. Es gibt keine Regelungen, die das Überleben der Armen und Ärmsten sichern. Gewerkschaften existieren so gut wie nicht mehr, und das gilt auch für andere Formen öffentlicher Organisation wie etwa politische Parteien. Die Medien gehören Konzernmonopolen und vertreten im Wesentlichen identische Anschauungen. Die beiden Parteien – Demokraten und Republikaner – sind Fraktionen der Wirtschaftspartei. An die fünfzig Prozent der Bürger gehen nicht zur Wahl, weil es ihnen bedeutungslos erscheint. Sie sind marginalisiert und einflusslos. Dagegen haben diejenigen, die, um mit Edward Bernays, einer der führenden Persönlichkeiten der PR-Industrie, zu sprechen, den »Konsens organisieren«, die notwendigen Mittel und Ressourcen.

Die Herstellung der öffentlichen Meinung

Manchmal ist es notwendig, die Bevölkerung (und sei es mit der Peitsche) zur Befürwortung außenpolitischer Abenteuer zu bewegen. Normalerweise nämlich sind die Leute, wie während des Ersten Weltkriegs, friedliebend eingestellt und sehen keinen Grund für die Regierung, in anderen Ländern Folter, Krieg und Mord zu betreiben. Folglich muss die Angstpeitsche geschwungen werden. Bernays selbst, der schon Mitglied der Creel-Kommission gewesen war und dort seine Lektion gelernt hatte, gelang in dieser Hinsicht ein beachtlicher Erfolg. Er leitete 1954 die PR-Kampagne für die United Fruit Company, als die USA darangingen, die demokratisch gewählte Regierung von Guatemala zu beseitigen und durch eine mörderische Clique von Todesschwadronen zu ersetzen, die bis heute, mit amerikanischer Unterstützung, am Ruder ist, um die Errichtung einer substanziellen Demokratie dauerhaft zu verhindern.
Zudem ist es notwendig, innenpolitische Haushaltsprogramme durchzusetzen, die der Bevölkerung nicht gefallen, weil sie ihr Schaden zufügen. Auch so

etwas bedarf enormer Propagandaanstrengungen, von denen wir in den letzten zwanzig Jahren eine Menge mitbekommen haben. Die Programme der Regierung Reagan waren überwiegend unpopulär. Bei den »Erdrutschwahlen« von 1984 hofften drei Fünftel der Wähler, dass der Präsident seine innenpolitischen Vorstellungen nicht in die Tat umsetzen würde. Bestimmte Punkte, wie etwa die Kürzung der Sozialausgaben oder die Erhöhung des Verteidigungsetats, wurden von der überwiegenden Mehrheit der Bevölkerung abgelehnt. Aber solange die Menschen isoliert und marginalisiert sind, werden sie zwar bei Umfragen angeben, die Erhöhung des Sozialetats der des Wehretats vorzuziehen, zugleich jedoch glauben, dass sie die Einzigen sind, die derart verrückte Ideen haben.

So wurde das Demokratie-Ideal der PR-Industrie und der Spezialisten zwar in einem gewissen Ausmaß verwirklicht, aber nicht vollständig. Manche Institutionen, wie etwa die Kirchen, widerstehen der Zerstörung. Ein großer Teil der kritischen Opposition in den USA stammt aus dem kirchlichen Umfeld. Wenn man in den europäischen Staaten einen politischen Vortrag hält, geschieht das häufig in einem gewerkschaftlichen Rahmen, nicht jedoch hier, wo es kaum noch Gewerkschaften gibt und die existierenden keine politischen Organisationen sind. Deshalb finden politische Vorträge oft in kirchlichen Räumlichkeiten statt. Auch die Solidaritätsarbeit in und für Mittelamerika wurde von kirchlichen Organisationen gefördert und unterstützt.

Die verwirrte Herde ist nie vollständig zu zähmen; es kommt immer wieder zu tief greifenden Auseinandersetzungen. In den 30er Jahren erhob sich die Arbeiterbewegung und wurde niedergeschlagen. Dreißig Jahre später rollte eine neue Welle der Opposition durch das Land. Die Spezialisten gaben ihr einen Namen: »Krise der Demokratie« nannten sie diese Bewegung, weil große Teile der Bevölkerung sich organisierten und an politischen Kämpfen teilnahmen. Folgt man der eigentlichen Bedeutung des Begriffs »Demokratie«, so ist das ein Fortschritt. Für die Spezialisten jedoch ist es eine Krise, die überwunden werden muss, weil die Bevölkerung gefälligst gehorsam und passiv zu sein und zu bleiben hat. Aber diesmal fruchteten die Bemühungen von Privatwirtschaft und PR-Industrie nichts. Die »Krise der Demokratie« ist nach wie vor lebendig, auch wenn es ihr nicht recht gelingt, auf die Politik Einfluss zu nehmen. Dafür aber nimmt sie, auch wenn viele es nicht glauben wollen, auf die öffentliche Meinung Einfluss, trotz aller Versuche in den 70er Jahren, diese Krankheit zu überwinden. Ein Aspekt dieser Krankheit erhielt sogar zu Beginn der 70er Jahre eine quasi-medizinische Bezeichnung: Man nannte ihn das »Vietnam-Syndrom«. Norman Podhoretz, ein der Politik Reagans verpflichteter Intellektueller, definierte das Syndrom als »krankhafte Hemmung gegenüber der Anwendung militärischer Gewalt«. Davon war ein beträchtlicher Teil der Bevölkerung befallen. Die Leute begriffen einfach nicht, warum wir andere Länder überfallen, um dort zu foltern, zu töten und Bombenteppiche abzuwerfen. Für eine Bevölkerung ist es, wie schon Goebbels wusste, sehr gefährlich, sich derlei krankhaften Hemmungen hinzugeben, weil es dann mit der Herrlichkeit außenpolitischer Abenteuer recht bald vorbei ist. Es ist notwendig, wie die *Washington Post* während der Golfkriegs-Hysterie mit einigem Stolz vermerkte, den Leuten Respekt für »kriegerische Werte« beizubringen. Wenn man eine gewaltbereite Gesellschaft haben möchte, die überall auf der Welt Gewaltmittel einsetzt, um die Ziele der einheimischen Elite durchzusetzen, muss die Bevölkerung »kriegerische Werte« akzeptieren und darf keine »krankhaften Hemmungen« entfalten.

Repräsentation als Realität

Außerdem ist es notwendig, die Geschichte so weitgehend wie möglich zu fälschen. Auch dadurch lassen sich krankhafte Hemmungen überwinden. Wenn wir angreifen und einen Gegner vernichten, schützen wir, zumindest dem Anschein nach, uns selbst gegen Monster und Aggressoren. Seit dem Ende des Vietnamkriegs hat es gewaltige Anstrengungen gegeben, seine Geschichte umzuschreiben. Zu viele Leute, darunter Soldaten und jugendliche Kriegsgegner, hatten begriffen, was sich in Vietnam wirklich ereignet hatte. Das war schlecht und musste korrigiert werden. Die Leute sollten einsehen, dass alles, was wir machen, edel und rechtens ist. Wenn wir Südvietnam bombardieren, verteidigen wir das Land gegen seinen Feind, nämlich die Südvietnamesen, weil es außer ihnen niemanden gab, den wir hätten bombardieren können. Die Kennedy-Intellektuellen sprachen von einer Verteidigung gegen die »innere Aggression« in Südvietnam. Adlai Stevenson und andere benutzten diesen Ausdruck. Mit seiner Hilfe zeichneten sie das offizielle Bild und hatten damit Erfolg. Wenn man die Medien kontrolliert, und das Bildungssystem seinen konformistischen Beitrag leistet, lässt sich so etwas vermitteln. Einen Hinweis darauf bot eine Untersuchung der Universität von Massachusetts über die Einstellung der Bevölkerung zum Golfkrieg – erforscht wurde der Einfluss des Fernsehens auf Überzeugungen und Haltungen der Zuschauer.

Eine Frage lautete: Wie viele Opfer hat Ihrer Schätzung nach der Vietnamkrieg bei den Vietnamesen gefordert? Diese Zahl wurde durchschnittlich mit 100 000 angegeben. Die offiziellen Zahlen belaufen sich auf etwa zwei Millionen, während es tatsächlich bis zu vier Millionen gewesen sein sollen. Die Leiter dieser Untersuchung stellten angemessenerweise die Frage, was wir von der politischen Kultur in Deutschland hielten, wenn die Deutschen überwiegend der Meinung wären, die Schoah hätte etwa 300.000 Juden das Leben gekostet. Die Frage blieb unbeantwortet, aber die Schätzungen über die Opfer des Vietnamkriegs sprechen eine deutliche Sprache. Sie sagen uns etwas über den Zustand der US-amerikanischen politischen Kultur. Man muss die »krankhafte Hemmung« gegenüber der Anwendung militärischer Gewalt überwinden, und das gilt rückblickend nicht nur für Vietnam, sondern auch für andere Themen: den Nahen Osten, den internationalen Terrorismus, Mittelamerika usw. – überall hat das Bild, das den Leuten von der Welt vermittelt wird, mit der Realität kaum noch etwas zu tun. Die Wahrheit liegt unter großen Lügengebäuden vergraben.

Aus der Sicht derer, die eine wahrhafte Demokratie als Bedrohung empfinden, ist das ein beachtlicher Erfolg, zumal er in einer nichttotalitären Gesellschaft erzielt wurde. Man benötigte keine Knute. Wenn wir unsere Gesellschaft verstehen wollen, müssen wir darüber nachdenken, sofern es uns nicht gleichgültig ist, in welcher Art von Gesellschaft wir leben und leben wollen.

Oppositionelle Kultur

Trotz allem hat die oppositionelle Kultur überlebt und ist sogar seit den 60er Jahren gewachsen. Zunächst hat sie sich nur sehr langsam entwickelt. Gegen den US-amerikanischen Krieg in Indochina erhob sich erst Protest, nachdem die Vereinigten Staaten schon jahrelang Südvietnam bombardiert hatten. Zunächst war die Oppositionsbewegung sehr klein und bestand fast ausschließlich aus Studenten und anderen jungen Menschen. Das hatte sich in den 70er Jahren grundlegend geändert, denn mittlerweile war eine Vielzahl von organisierten Kräften entstanden: die Umweltbewegung, der Feminismus, die Atomwaffengegner und andere. In den 80er Jahren weiteten sich diese Solidaritätsbewegungen sogar noch aus, was zumindest in der amerikanischen, wenn nicht gar in der Geschichte der Opposition weltweit eine wichtige Neuheit darstellte. Es waren Bewegungen, die nicht nur protestierten, sondern sich, oftmals sehr direkt, des Lebens und Leidens von Menschen in anderen Ländern annahmen. Die Mitglieder dieser Organisationen lernten dadurch eine ganze Menge und beeinflussten den politischen Mainstream in den USA auf positive Weise. Alle, die sich sehr lange mit solchen Problemen engagiert auseinandersetzten, wissen das. Ich selbst weiß, dass die Vorträge, die ich heute in den reaktionärsten Regionen der USA – Georgia etwa oder das ländliche Kentucky – halte, dort zu Zeiten der Friedensbewegung selbst vor einem friedensbewegten Publikum auf taube Ohren gestoßen wären. Jetzt aber gibt es keine Hindernisse mehr. Die Zuhörer können sich zustimmend oder ablehnend verhalten, aber sie wissen, wovon die Rede ist, und es gibt ein gemeinsames Fundament, auf dem man bauen kann.

Trotz aller Propaganda, trotz aller Bemühungen, das Denken zu kontrollieren und Konsens herzustellen, haben es die Menschen gelernt, selbstständig Überlegungen anzustellen. Sie sind skeptischer gegenüber der Macht und haben ihre Einstellungen in vielfacher Hinsicht geändert. Das alles geht fast gletscherartig langsam voran, aber es ist sichtbar und wichtig. Ob es in absehbarer Zeit die Politik weltweit verändern kann, ist eine andere Frage.

Ein bekanntes Beispiel ist die unterschiedliche Entwicklung der geschlechterbedingten Einstellungen. Zu Beginn der 60er Jahre gab es im Denken von Männern und Frauen über Dinge wie »kriegerische Werte« und »krankhafte Hemmungen« keinen Unterschied. Alle glaubten, es sei ganz richtig, andere Völker gewaltsam zu unterdrücken. Das hat sich mit den Jahren geändert, und die »krankhaften Hemmungen« sind überall gewachsen. Aber zwischen den Geschlechtern hat sich eine Kluft aufgetan, die mittlerweile eine beträchtliche Breite erreicht hat. Umfragen zufolge beträgt sie jetzt an die fünfundzwanzig Prozent. Und das liegt nicht zuletzt an der Frauenbewegung. Die Frauen haben sich, mehr oder weniger fest, organisiert und entdeckt, dass sie nicht allein sind, sondern ähnliche Gedanken hegen und sie in gemeinsamen Diskussionen weiterentwickeln können. Der Feminismus ist, wie andere Oppositionsformen eine sehr informelle Bewegung, ohne Parteien und Mitgliedschaften, eher vergleichbar einer Stimmung, die zu gemeinsamem Handeln führt. Und genau darin liegt die Gefahr einer Demokratie: Wenn solche Formen sich entwickeln können und die Menschen nicht mehr nur apathisch in den Fernseher starren, können die seltsamen Gedanken und »krankhaften Hemmungen« sich weiterentwickeln. Diese Gefahr muss von den Herrschenden gebannt werden, aber bisher gibt es dafür kein Anzeichen.

Nicht vom letzten Krieg will ich reden, sondern vom nächsten, denn bisweilen ist es nützlich, vorbereitet zu sein, statt nur reagieren zu können. Im Augenblick spielt sich in den Vereinigten Staaten eine nicht untypische Entwicklung ab, die man aus der Geschichte anderer Staaten bereits kennt. Die sozialen und wirtschaftlichen Probleme wachsen und können sich durchaus zu Katastrophen ausweiten. Von den Mächtigen hat niemand die Absicht, etwas daran zu ändern. Betrachtet man die innenpolitischen Regierungsprogramme der letzten zehn Jahre (auch die der Demokraten), so gibt es keine ernst zu nehmenden Vorschläge, wie mit den drängenden Problemen – Gesundheit, Bildung, Obdachlosigkeit, Arbeitslosigkeit, Kriminalität, Zustand der Gefängnisse, Verfall der Innenstädte – verfahren werden soll. George Bush Senior ist jetzt zwei Jahre im Amt, und seitdem haben weitere drei Millionen Kinder die Grenze zur Armut überschritten, wächst die Staatsverschuldung an, verfällt das Bildungs- und Erziehungssystem, sind die Löhne für einen Großteil der Bevölkerung auf den Stand der späten 50er Jahre gesunken. Angesichts solcher Probleme muss die verwirrte Herde abgelenkt werden. Und wenn Sitcoms und Baseball nicht mehr ausreichen, muss man die Angst vor Feinden schüren. Für Hitler waren das in den 30er Jahren die Juden und Zigeuner, die man vernichten musste, um nicht unterzugehen. Wir haben da auch so unsere Methoden. In den letzten zehn Jahren ist ein Ungeheuer nach dem anderen auf den Plan gerufen worden, gegen das wir uns verteidigen mussten. Der altböse Feind, der Sowjetkommunismus, der so lange gute Dienste leistete, hat seine Attraktivität verloren, und darum muss ein neuer her. Insofern war die Kritik an George Bush, er könne nicht sagen, was uns umtreibt, recht unfair. Er musste, wie Reagans PR-Apparat in den 80er Jahren, einen neuen Feind erfinden, nachdem die Sowjetunion ausgedient hatte. So kamen dann die internationalen Terroristen und die Drogenhändler und die verrückten Araber und der neue Hitler namens Saddam Hussein an die Reihe. Damit ließ sich die Bevölkerung einschüchtern und terrorisieren. Dann gab es wunderbare Siege über Grenada oder Panama oder eine andere leicht zu besiegende Armee eines Drittweltlandes, die wir in den Staub treten konnten, ohne ihr auch nur einen Blick zu gönnen. Wir sind erleichtert, denn wir wurden in letzter Minute gerettet. Als nächstes ist vielleicht Kuba an der Reihe. Der illegale Wirtschaftskrieg gegen die Insel wird ja weiter fortgesetzt, und möglicherweise erfährt der internationale Terrorismus der Kennedy-Ära eine Neubelebung, der damals seinen prägnantesten Ausdruck in der »Operation Mongoose« und danach in den gegen Kuba gerichteten Aktionen fand. Kaum etwas ist damit zu vergleichen, es sei denn der Krieg gegen Nicaragua, wenn man hier überhaupt noch von Terrorismus sprechen will. Der Weltgerichtshof sprach von Aggression. Immer wieder werden ideologische Offensiven gestartet, die ein Monster entwerfen, das in den darauf folgenden Feldzügen vernichtet werden kann, sofern nicht die Gefahr echten Widerstands besteht. Das wäre zu gefährlich. Aber wenn der Sieg von vornherein abzusehen ist, schlagen wir zu und geben einen weiteren Seufzer der Erleichterung von uns.

Selektive Wahrnehmung

Im Mai 1986 erschienen die Memoiren des entlassenen kubanischen Strafgefangenen Armando Valladares und wurden schnell zur Mediensensation. Man beschrieb seine Enthüllungen als »definitiven Bericht über das umfassende System von Folter und Gefängnishaft, mit dem Castro die politische Opposition bestraft und auslöscht«. Valladares beschreibt »auf unvergessliche Weise die bestialischen Kerker« eines Despoten, der »die Folter als Mittel sozialer Kontrolle einsetzt«. So die *Washington Post* und die *New York Times* in einigen Rezensionen. Castros Gräueltaten würden, hieß es, so umfassend enthüllt, dass »nur die leichtfertigsten und abgebrühtesten westlichen Intellektuellen dem Tyrann zu Hilfe eilen dürften« (*Washington Post*). Hier ist die Rede davon, was einem Einzelnen passierte. Räumen wir ein, dass alles wahr ist, was er sagt. Stellen wir keine weiteren Fragen. Am Tag der Menschenrechte wurde er in einer Feierstunde im Weißen Haus von Ronald Reagan für den Mut, mit dem er Haft und Folter überstand, gelobt und danach zum US-Vertreter in der UN-Menschenrechtskommission ernannt, wo er helfen konnte, die Regierungen von El Salvador und Guatemala gegen Vorwürfe extremer Gräueltaten zu verteidigen. So ist der Stand der Dinge.

Was nun folgt, verrät einiges über die »Herstellung von Konsens«. Im selben Monat, als Valladares' Memoiren erschienen, wurden die überlebenden Mitglieder der Menschenrechtsgruppe von El Salvador verhaftet und gefoltert. Unter ihnen befand sich auch Herbert Anaya, der damalige Leiter. Sie kamen in ein Gefängnis mit dem hoffnungsvollen Namen »La Esperanza«, wo sie ihre Arbeit fortsetzten. Da sie Anwälte waren, nahmen sie eidesstattliche

Erklärungen auf. Von den 432 Häftlingen des Gefängnisses gaben 430 eine eidesstattliche Erklärung ab, in der sie die erlittenen Folterungen (u.a. elektrische Schläge) beschrieben, die in einem Fall von einem US-amerikanischen Hauptmann in Uniform durchgeführt wurden, dessen äußere Erscheinung detailliert geschildert wird. Der 160 Seiten umfassende Bericht – ein vielleicht einzigartiges Zeugnis über Vorgänge in einer Folterkammer – wurde zusammen mit einem Video, das Zeugenaussagen festhält, aus dem Gefängnis geschmuggelt und dann von der Marin County Interfaith Task Force vertrieben. Die US-Presse weigerte sich, darüber zu berichten. Die TV-Sender weigerten sich, das Video zu zeigen. Es gab einen Artikel in der örtlichen Zeitung von Marin County, dem *San Francisco Examiner*, und das war alles. Niemand sonst wollte sich damit befassen. Damals gab es genügend »leichtsinnige und kaltblütige westliche Intellektuelle«, die Loblieder auf José Napoléon Duarte und Ronald Reagan sangen.

Anayas Bericht bekam keine Rezensionen, und der Anwalt wurde auch nicht am Tag der Menschenrechte ins Weiße Haus eingeladen. Er erhielt keinen repräsentativen Posten. Er kam durch einen Gefangenenaustausch frei und wurde später, vermutlich von Sicherheitskräften, umgebracht. Über die Todesumstände liegen nur wenige Informationen vor. Die breite Veröffentlichung seiner Dokumentation hätte ihm vielleicht das Leben retten können. So arbeitet ein gut funktionierendes System zur Herstellung von Konsens. Verglichen mit den Enthüllungen Herbert Anayas sind Valladares' Memoiren nicht einmal drittrangig. Aber die Medien müssen ihren Job erledigen.

Ich komme noch einmal auf die bereits erwähnte Untersuchung zurück, die an der Universität von Massachusetts gemacht wurde. Sie stellte den Versuchspersonen auch die Frage, ob die Vereinigten Staaten mit Gewaltanwendung intervenieren sollten, um gegen illegale Besetzungen oder tief greifende Menschenrechtsverletzungen vorzugehen. Zwei Drittel der Befragten bejahten das. Sollten die USA diesem Votum folgen, müsste man El Salvador, Guatemala, Indonesien, Libyen, Israel, Südafrika, die Türkei und noch einige andere Ziele bombardieren. In all diesen Fällen nämlich geht es um illegale Besetzungen von Territorien und tief greifende Menschenrechtsverletzungen. Wenn man mit den jeweiligen Ländern vertraut ist, weiß man, dass Saddam Husseins Aggressions- und Gräueltaten genau in dieses Spektrum passen und noch nicht einmal zu den extremsten Fällen gehören. In einem intakten Propagandasystem aber weiß eben keiner, was in den von mir aufgezählten Ländern geschieht oder warum ich sie überhaupt aufgezählt habe.

Dies alles zeigt, wie ein intaktes Propagandasystem arbeitet. Die Leute können glauben, dass wir gegen den Irak vorgehen, weil wir tatsächlich dem Grundsatz folgen, illegale Besetzung und gravierende Verletzungen der Menschenrechte sollten mit Gewalt beendet werden. Aber niemand fragt sich, was es hieße, diesen Grundsatz auf das Verhalten der USA selbst anzuwenden. Das ist ein ganz außerordentlicher Erfolg der Propaganda.
(…)
Es geht darum, ob wir in einer freien Gesellschaft leben wollen oder in einer Art von selbst gestricktem Totalitarismus, in dem die verwirrte Herde patriotische Losungen ruft, um ihr Leben fürchtet und mit Ehrfurcht auf den Führer starrt, der sie vor der Vernichtung bewahrt, während die gebildeten Schichten den Schulterschluss vollziehen und die üblichen Slogans rezitieren. Dann enden die USA als gewalttätiger Söldnerstaat, der hofft, dass andere ihn dafür bezahlen, wenn er die Welt in Schutt und Asche legt. Das ist die Alternative, vor der wir stehen. Die Antwort auf diese Frage liegt in den Händen von Menschen, wie Sie und ich es sind.

Noam Comsky, in seinem Büro 1992

Aspekte einer Theorie des Geistes Gespräch mit Richard Beckwith und Matthew Rispoli (1984)

Könnten Sie Ihre Ideen hinsichtlich der psychologischen Basis der menschlichen Sprache skizzieren und darlegen, wie sich diese Ideen seit Ihrem Buch *Aspekte der Syntaxtheorie* (1965) zu der Theorie in ihrer heutigen Form entwickelt haben?

Wenn man die Sache auf einer sehr allgemeinen Ebene betrachtet, hat sich die Theorie gar nicht so sehr verändert. Es gab aber eine Menge von Modifikationen theorieinterner Natur, die ich für ziemlich wichtig halte, und gerade in den letzten drei oder vier Jahren haben sich einige Perspektiven und Standpunkte in durchaus markanter Weise verändert. Sie lassen das Unternehmen zwar von außen her nicht wesentlich anders erscheinen, aber im Rahmen der Theorie selbst haben wir heute eine andere Sicht der Dinge als vorher.

Anfang der 60er Jahre sah die allgemeine Vorstellung der meisten Menschen, die sich mit diesem Gebiet beschäftigten, etwa folgendermaßen aus: Eine Grammatik besteht aus einem System von Regeln, und die genetische Ausstattung des Menschen liefert uns einen Mechanismus, eine Art Notationssystem, das die Formulierung von Grammatiken ermöglicht. Dabei handelte es sich um eine generelle Festlegung, ein »Format« möglicher Regeln, und im Rahmen dieses Formats konnte es dann die ein oder andere Art von Regeln geben. Diese Regeln konnten wiederum auf verschiedene Art in Wechselbeziehung zueinander stehen und Ähnliches mehr. Die Frage war dann: »Gut, wie wählt ein Kind, das die Sprache lernt, eine der vom Format erlaubten Grammatiken aus?«. Und der Gedanke war der, dass es eine Art von Bewertungsmaßstab gibt. Bei Vorliegen einer bestimmten Art von Daten gibt es unter den Grammatiken, die sowohl dem Format entsprechen als auch mit den Daten in Übereinstimmung stehen, eine, die am höchsten bewertet wird, und das ist diejenige, die man auswählt, das ist die, die man lernt. Demnach handelt es sich gewissermaßen um Hypothesen, von denen jede eine Grammatik ist, und der Sprachlernprozess besteht darin, dass das Kind, sobald einmal bestimmte Daten gegeben sind, die am höchsten bewertete Hypothese auswählt. Das war grob gesagt die Vorstellung damals.

Damit gab es eine Menge Schwierigkeiten und Probleme. Zum Beispiel war es sehr schwierig, all diese Metaphern in etwas umzuformulieren, was nach einem realistischen Algorithmus für den Spracherwerb aussah. Ich meine, es konnte nicht sein, dass der Sprachlerner erst einmal sämtliche der erlaubten Hypothesen absucht. Es war alles andere als einfach, ein solches System so zu gestalten, dass es empirisch tragfähige Resultate lieferte. Das allgemeine Problem spiegelte sich in den sprachwissenschaftlichen Einzelstudien wider. Es zeigte sich, dass die Beschreibung der untersuchten Phänomene sehr reiche und komplexe Regelsysteme erforderte.

Hier lag tatsächlich die erste Aufgabe für die generative Grammatik. Gleich zu Beginn unserer Arbeit sahen wir uns bei dem Versuch, eine präzise Beschreibung der Phänomene der Sprache zu geben, sofort einer riesigen Skala mysteriöser Phänomene gegenüber, die zwar teilweise in gewisser Hinsicht sehr simpel waren, von denen aber die meisten bisher einfach unbemerkt geblieben waren. Das Problem war, Regelsysteme auszuarbeiten, die diese Probleme wenigstens deskriptiv erfassen konnten. Das führte allerdings zur Entwicklung sehr reicher und komplexer Regelsysteme, wodurch sich die Frage, wie man diese jemals erlernen konnte, natürlich noch verschärfte. Wie kann ein Mensch jemals diese verrückten Regelsysteme entwickeln, wenn doch die Datenmenge, die für diese Aufgabe zur Verfügung steht, so klein ist? Man muss sich erinnern, dass ungefähr zur selben Zeit ein extremer Wandel in der allgemeinen Einstellung der Wissenschaft zu Fragen wie diesen stattfand. Noch zu Anfang der 50er Jahre zum Beispiel ging man generell davon aus, dem Sprachlerner stünden zum Erlernen der Sprache Daten im Überfluss zur Verfügung, und das Problem, das die Psychologen formulierten, lautete: »Wie kommt es zu diesem Phänomen der Überdeterminierung?«. Sobald man sich aber die Tatsachen genau ansieht, wird sofort klar, dass das Problem genau entgegengesetzter Natur ist; es besteht in dem, was damals »Armut des Stimulus« genannt wurde. Für die meisten Dinge, die die Menschen wissen, stehen ihnen gar keine Erfahrungsdaten zur Verfügung. Die Auffassung, dass Menschen durch Einübung zum Wissen gelangen, oder dass es sich beim Erwerb von Wissenssystemen um »überdeterminiertes Lernen« (oder auch nur »Lernen« in irgendeinem brauchbaren Sinn dieses Begriffs) handelt, basierte auf dem Versäumnis, auch nur den einfachsten Phänomenen Aufmerksamkeit zu schenken. Sobald man das Wissen, über das eine Person verfügt, wirklich aufmerksam betrachtet, liegt auf der Hand, dass einem Kind, das solches Wissen erwirbt, keine relevante Erfahrung, oder zumindest nicht das für dieses Wissen relevante Minimum an Erfahrung, zur Verfügung steht. Da wir unsere Forschungsresultate also ausschließlich in Kategorien komplexer Regelsysteme ausdrücken konnten, aber zugleich der Tatsache gegenüberstanden, dass die zur Konstruktion solcher Systeme verfügbare Erfahrung sehr begrenzt ist, sahen wir uns mit einem echten Rätsel konfrontiert, nämlich: Wie ist es möglich, auf der Grundlage begrenzter Erfahrung ein hochkomplexes Regelsystem zu konstruieren?

Seit Anfang der 60er Jahre setzten sich dann verschiedene Leute mit diesem Problem auseinander, indem sie sich das Ziel steckten, die allgemeinen Prinzipien herauszufiltern, die für Regelsysteme der skizzierten Art gelten – Prinzipien, die die zulässige Sorte von Regeln stark beschränken. Sie versuchten zu zeigen, dass die ungeheure Komplexität der Regelsysteme in Wirklichkeit nichts weiter als die Realisierung einer kleinen Anzahl von Optionen ist, die von sehr viel allgemeineren Bedingungen für Regelsysteme gestattet werden. Diese Arbeit ist nun zwanzig Jahre weitergeführt worden, was zu verschiedenen Erfolgen und Fehlschlägen geführt hat; aber vor einigen Jahren kristallisierte sich aus dieser Forschung eine weitgehend einheitliche Perspektive heraus, die ein neues Bild der ganzen Sache lieferte. Dieses Bild wird jetzt manchmal als eine »Theorie der Prinzipien und Parameter« bezeichnet.

Das, was verschiedentlich Universalgrammatik genannt wurde, nämlich die Theorie des kognitiven Ursprungszustands, des genetisch determinierten Systems des Sprachlerners, wäre aus meiner heutigen Sicht kein Format für Regelsysteme plus einer Methode der Hypothesenbewertung, um aus den Regelsystemen das richtige auszuwählen; gerade an diesem Punkt hat sich einiges geändert. Wenn wir das mithilfe einer Metapher beschreiben wollen, wäre es eine Art System mit einer verwickelten und komplexen Verkabelung, von der aber einige Teile noch nicht fest miteinander verbunden sind. Für diesen Teil gäbe es einen Kasten mit Schaltern, die sich in einer von mehreren (vielleicht nur zwei) Schaltpositionen befinden können. Sobald die Schalter auf ihre jeweilige Position eingestellt sind, werden die fehlenden Verbindungen hergestellt und das System ist voll funktionsfähig. Die Schalter sind das, was »Parameter« genannt wird. Sie müssen aufgrund sprachlicher Erfahrung eingestellt werden – die Erfahrung muss uns sagen, wie jeder dieser Schalter eingestellt werden muss. Sobald sie auf eine der zulässigen Arten eingestellt sind, hat man eine bestimmte Sprache erworben. Wenn ein solches System eine ausreichend große innere Komplexität aufweist, kann die Veränderung nur einer einzigen Schaltereinstellung sehr heftige, unvorhersehbare und komplexe Auswirkungen auf das Gesamtresultat haben. So kommt es dann dazu, dass Sprachen, die sich erst relativ spät voneinander getrennt haben –

wie zum Beispiel das Französische von den anderen romanischen Sprachen –, sich dennoch in einer ganzen Reihe bestimmter Eigenschaften voneinander unterscheiden. Das liegt möglicherweise nur daran, dass ein einziger Schalter irgendwann während des Prozesses umgeschaltet wurde, was dann eine ganz komplexe Skala von Konsequenzen mit sich brachte.

Nehmen wir einmal das Französische und das Italienische. Sie sind geschichtlich eng verbunden, weisen aber recht starke strukturelle Unterschiede auf. So kann man zum Beispiel im Standarditalienischen das Subjekt eines Satzes weglassen, man kann sagen »ging« statt »er ging«, und es bedeutet »*er* ging«; im Französischen geht das nicht. Im Italienischen oder Spanischen kann man eine Reihenfolge wie »kam an Jean« verwenden. Im Französischen ist das nicht möglich – die richtige Reihenfolge lautet »Jean kam an«. Es gibt einige solcher Eigenschaften, in denen das Französische sich vom Italienischen unterscheidet. Dementsprechend hat mein Kollege Luigi Rizzi hier am MIT die These aufgestellt, dass der Unterschied hinsichtlich einer bestimmten Gruppe von Eigenschaften aus einer einzigen Schaltereinstellung folgt, die an einem der Parameter vorgenommen wird. Diesen Parameter nennt er den »Null-Subjekt-Parameter«. Bei diesem Parameter geht es um die Frage, ob das Subjekt eines Satzes vom Sprecher der Sprache ausgesprochen werden muss oder nicht. Die Theorie ist so aufgebaut, dass man bei Einstellung des Parameters auf die eine Art eine ganz bestimmte Serie von Konsequenzen erhält, während man eine andere Serie von Konsequenzen bekommt, wenn man ihn auf eine andere Art einstellt. Aus der Einstellung des Null-Subjekt-Parameters folgt ein beträchtlicher Teil genau der Eigenschaften, durch die sich das Französische vom Italienischen unterscheidet. In dieser Hinsicht stehen nicht nur das Französische, sondern auch das Englische und weitere Sprachen auf der einen und die nichtfranzösischen romanischen Sprachen auf der anderen Seite.

Es gibt weitere Parameter dieser Art. Betrachten wir zum Beispiel Reflexivpronomen im Englischen, wie etwa »himself«. Ein solches Reflexiv kann sich im Englischen entweder auf das Subjekt oder auf das Objekt des Satzes beziehen. So kann ich sagen, »John told Bill about himself«. »Himself« kann sich hier entweder auf »John« – das Subjekt von »told« – beziehen, oder auf Bill, das Objekt von »told«. In einigen anderen Sprachen kann sich das entsprechende Element nur auf das Subjekt beziehen. Das ist also ein anderer parametrischer Unterschied, und auch dieser hat dann wieder eine Reihe von Konsequenzen.

Gleichzeitig war klar, dass eine sehr kleine Menge sprachlicher Daten ausreichen musste, um die Einstellung der Parameter festzulegen, weil Kindern eben nur eine begrenzte Datenmenge zur Verfügung steht. Sobald die Parameter festgelegt sind, funktioniert auch der ganze Rest des Systems. So scheint es beispielsweise so zu sein, dass die Art, wie sprachliche Ausdrücke aufgebaut und zusammengesetzt werden, auf einer abstrakten Ebene für alle Sprachen weitgehend gleich ist; sie haben annähernd dasselbe System der Phrasenstruktur. Aber einer der Punkte, in denen sich verschiedene Sprachen unterscheiden, besteht darin, dass in der einen Sprache das Verb dem Objekt folgt, während es ihm in der anderen Sprache vorausgeht. Wenn das Verb dem Objekt vorausgeht, ist es sehr wahrscheinlich, dass auch das Adjektiv seiner Ergänzung vorausgeht. Dasselbe gilt für das Nomen und die anderen Wortkategorien, die eine Ergänzung fordern: Die Sprache hat dann die Eigenschaft dessen, was man »head-first« nennt – nämlich dass das Verb, die Präposition, das Adjektiv und das Nomen den Ergänzungen, die mit ihnen jeweils verbunden sind, vorausgehen. So sagen wir im Englischen »read – the book«, »in – the room«, »happy – that John is here«, »the fact – that John is here«. Andererseits gibt es Sprachen, bei denen der Wert des Parameters »head-last« ist und in denen das Verb, das Adjektiv, die Präposition (die n diesem Fall eine Postposition ist) und das Nomen den Ergänzungen, die mit ihnen verbunden sind, folgen. Das Englische ist eine typische »head-first«-Sprache; die typische Eigenschaft des Japanischen dagegen ist »head-last«. Sobald der Parameter »head-first/head-last« einmal auf seinen sprachspezifischen Wert festlegt ist, ergeben sich daraus zahlreiche Konsequenzen. Sowie diese und einige andere Optionen fixiert sind, sind die Regeln für den grundlegenden grammatischen Aufbau der Sprache, die Phrasenstrukturregeln, im Wesentlichen gegeben; sie müssen nicht eigens gelernt werden und stellen keinen von irgendwelcher Erfahrung abhängigen Teil unseres Wissens dar. Tatsächlich können wir den Begriff der Phrasenstrukturregel sogar fallen lassen.

Neben den Prinzipien des Phrasenaufbaus gibt es noch andere sehr allgemeine Prinzipien ähnlicher Art (von denen einige zu abstrakt und verwickelt sind, um sie hier zu beschreiben): Prinzipien, die mit Parametern verbunden sind – mit Schaltern, um das eben verwendete Bild wieder aufzunehmen, die auf der Grundlage sehr einfacher Daten eingestellt werden können. Um zum Beispiel zu lernen, ob die eigene Sprache den Parameterwert »head-first« oder »head-last« und damit entweder die Eigenschaften des Englischen oder die des Japanischen hat, reicht es vollkommen aus, Drei-Wort-Sätze wie »John saw Bill« oder »John Bill saw« zu hören. Wenn man hört »John saw Bill« (»John sah Bill«), hat man es mit einer »head-first«-Sprache zu tun. Wenn man hört »John Bill saw« (»John Bill sah«), weiß man, dass es sich um eine »head-last«-Sprache handelt. Einfache Daten dieser Art genügen, und solche Daten stehen Kindern natürlich zur Verfügung. Sie reichen aus, um den Wert der Parameter festzulegen, und dann ergeben sich die entsprechenden Konsequenzen daraus. Es funktioniert nicht immer ganz so einfach, aber das ist der grundlegende Gedanke.

Daraus ergibt sich eine andere Auffassung über das Lernen von Sprache. In dieser Konzeption dreht es sich beim Spracherwerb nicht darum, aus einer unendlichen Menge sehr verwickelter Hypothesen eine Hypothese auszuwählen. Sondern es geht darum, innerhalb eines von vornherein sehr stark beschränkten Systems, bei dem die Komplexität der Regeln ausgesondert und in die von Anfang an vorhandene Verkabelung verlegt worden ist, die für eine »vollständige Verkabelung« noch fehlenden Parameterwerte festzulegen. Das müsste in etwa die richtige Sicht sein. Ich meine, ein System dieser Art ist intuitiv einleuchtend; es hat die richtige Art von qualitativen Eigenschaften. Mit seiner Hilfe ließe sich erklären, wie man auf der Grundlage so geringen Datenmaterials so viel sprachliches Wissen haben kann, und weshalb die menschlichen Sprachen eine so reichhaltige Struktur haben, während sie ja andererseits keinesfalls ein Regelsystem haben können, das so komplex und umfangreich ist, dass man es gar nicht lernen kann. In einigen Bereichen hat diese Herangehensweise zu ziemlich interessanten Ergebnissen geführt.

Gleichzeitig hat sich die Bandbreite der empirischen Arbeit enorm erweitert. Das war natürlich sehr hilfreich. So fand zum Beispiel vor 20 Jahren die wichtigste theoretische Arbeit größtenteils im Bereich der Erforschung des Englischen statt. Man kann eine Sprache nicht wirklich erforschen, wenn man sie nicht zumindest annähernd wie seine Muttersprache beherrscht, genau wie man ja auch nicht als Chemiker arbeiten kann, wenn man die Daten nicht versteht. Man kann keine Arbeit auf einem Gebiet leisten, in dem man die Daten nicht beherrscht, und auf diesem Gebiet die Daten zu beherrschen heißt, annähernd ein Muttersprachler zu sein. Selbst der phantastischste Linguist wird nur mit oberflächlichen Informationen arbeiten, wenn er die betreffende Sprache nicht beinahe so perfekt spricht wie seine eigene. Die Situation änderte sich dann grundlegend, als Muttersprachler und andere mit annähernd muttersprachlicher Kenntnis anfingen, an anderen Sprachen zu arbeiten. Das geschah zuerst umfassend bei den romanischen Sprachen. Es gibt jetzt eine hervorragende Schule von Linguisten, die damals, in den 60er und 70er Jahren noch sehr jung waren. Viele von ihnen waren Studenten von Richard Kayne, der hier am MIT seinen Doktor machte, später nach Frankreich ging und dort eine Reihe weiterer Wissenschaftler ausbildete. All diese Leute machten sich an eine umfangreiche Erforschung der romanischen Sprachen.

Aus dieser Arbeit ging eine Reihe neuer Erkenntnisse hervor. Dasselbe geschah im Bereich des Holländischen, der skandinavischen Sprachen, des Japanischen, seit kurzem auch des Chinesischen und einer Anzahl indianischer, australischer und weiterer Sprachen. Als Resultat ist die Bandbreite der relevanten Daten sehr stark gewachsen. Damit meine ich nicht einfach deskriptive Daten, sondern solche, die für unsere Forschung wichtig sind, solche, die wirklich beeinflussen, wie die Universalgrammatik formuliert und verstanden werden muss. Dadurch können wir an einer Menge neuer Probleme arbeiten. Wir haben also jetzt ein Ineinandergreifen theoretischer Ideen und einer Erweiterung der empirischen Basis; dies hat zu einer neuen, sehr aufregenden Phase geführt. Ich sollte noch erwähnen, dass zur Zeit eine ganze Anzahl verschiedener Theorien ausprobiert wird, von denen sich alle im Großen und Ganzen in dem Bereich bewegen, den ich gerade umrissen habe.

Und dementsprechend auch auf dem Modell der »Prinzipien und Parameter« beruhen.

Ja. Diese Theorien mögen es zwar anders formulieren, aber sie haben diesen Charakter. Ich würde sagen, dass sie einander wahrscheinlich ähnlicher sind, als es zunächst aussieht. Wenn wir die richtige Ebene der Abstraktion finden, wird sich wahrscheinlich herausstellen, dass mehrere Zugänge, die jetzt aktiv verfolgt werden, mehr oder weniger dasselbe sagen und lediglich verschiedene Notationen dafür verwenden. Im Augenblick erwecken sie noch den Anschein, als stünden sie in scharfem Widerspruch zueinander.

Sind diese »Prinzipien« Prinzipien des Organismus selbst?

Ich gehe davon aus, dass diese Prinzipien genauso ein Teil unserer genetischen Ausstattung sind wie die Prinzipien, die bestimmen, dass uns Arme und Beine wachsen und nicht Flügel, oder dass wir ein menschliches Auge haben und kein Insektenauge. In der Arbeit von David Marrs findet sich eine Analogie, die vielleicht hierher gehört. Laut Marrs Theorie des Sehens repräsentiert das visuelle System den visuellen Input auf einer bestimmten Ebene mehr oder weniger in Form zylindrischer Figuren. Falls das stimmt, liegt hier ebenfalls ein Prinzip der kognitiven Repräsentation von durch die Außenwelt gegebenen Daten vor, das zweifellos Bestandteil unserer genetischen Ausstattung ist. Bei anderen Organismen werden wir höchstwahrscheinlich nicht diese Form der Repräsentation finden; ein Insektenauge zum Beispiel wird vermutlich anders funktionieren.

Um ein weiteres Beispiel zu nennen: Einer von Marrs Kollegen, Shimon Ullman, hat auf überzeugende Weise gezeigt, dass das visuelle System des Menschen auf einer Art »Rigiditätsannahme« basiert. Das heißt, die zweidimensionalen Erscheinungen, die auf die Netzhaut geworfen werden, werden interpretiert, als seien sie die Bewegungen eines Gegenstandes, dessen Form »rigide« ist, d.h. unverändert bleibt, auch wenn die Bilder auf der Netzhaut sich aufgrund der Bewegung verändern. Metaphorisch gesprochen ist das so, als ob der menschliche Geist sich sagte: »Ich werde versuchen herauszufinden, was für ein formgleich bleibender Gegenstand Anlass für diese seltsame Folge von zweidimensionalen Bildern gewesen sein könnte«, und deshalb sehen wir das, was vor uns ist, als dreidimensionale Gegenstände in Bewegung, deren Form wir als gleichbleibend interpretieren, obwohl sich das aus den Bildern auf der Netzhaut nicht ablesen lässt. Vermutlich legt die von vornherein vorhandene Struktur des visuellen Systems die Art von Dingen, die wir sehen können, und die Weise, in der wir sie sehen, fest. Die Prinzipien der Universalgrammatik sind ganz ähnlicher Art.

In letzter Zeit hat Elizabeth Spelke auf einem anderen Gebiet sehr interessante Arbeit geleistet, nämlich über die Art, wie Kinder Gegenstände identifizieren, und darüber, welche Eigenschaften für sie hervorstechend sind. Sie stellte fest, dass Kinder Konturen und den »gemeinsamen Lebenslauf« der Teile als wesentliche Eigenschaften von Gegenständen beurteilen, aber Dinge wie zum Beispiel die Farbe nicht. Auch das ist wieder Bestandteil der ursprünglichen Anlagen; es ist einfach die Art, auf die das Kind Erfahrung verarbeitet bzw. Erfahrung organisiert. Und ich gehe davon aus, dass es sich mit den Prinzipien der Sprache ebenso verhält.

In letzter Zeit scheint man etwas von der vielleicht irrigen Vorstellung abgekommen zu sein, nach der die Universalgrammatik auf so etwas wie angeborenen Ideen basiert, und es wird stattdessen von angeborenen Neuronensystemen gesprochen, die später dann an unterschiedlichen Stellen verstärkt werden. Wie würden Sie heute die Universalgrammatik charakterisieren? Ist sie die Menge aller Prinzipien, deren Parameter noch nicht festgelegt sind?

Um mit dem zweiten Teil Ihrer Frage zu beginnen: Nach meiner Sicht besteht die Universalgrammatik aus dem skizzierten System von Prinzipien, den

damit verbundenen Parametern und den zwischen den verschiedenen Parametereinstellungen bestehenden Zusammenhängen. Aber was den ersten Teil Ihrer Frage betrifft, glaube ich nicht, dass es die Art von Veränderung gegeben hat, die Sie beschreiben. Da liegen einfach viele Missverständnisse vor. Die Verbindungslinie zu den traditionellen Theorien über die angeborenen Ideen wurde Mitte der 60er Jahre entwickelt und ist meines Erachtens von beträchtlichem historischen Interesse. Ich bin der Ansicht, dass die gegenwärtigen Theorien der kognitiven Entwicklung in vieler Hinsicht eine nahe liegende Wiederbelebung der Tradition darstellen, die von »angeborenen Ideen« sprach und in sehr reicher Weise im 17. und 18. Jahrhundert entwickelt und dann großenteils fallen gelassen wurde. Natürlich gibt es da große Unterschiede. Wir machen uns heute nicht mehr die cartesianische Metaphysik von Geist und Körper zu Eigen. Ferner muss man auch daran denken, dass die Cartesianer unter »Idee« etwas ganz anderes verstanden als wir heute. Für die Cartesianer beinhaltete der Begriff der Idee Wahrnehmungen und Aussagen und semantische Repräsentationen jeder Art. »Idee« war ein Ausdruck, mit dem in Wirklichkeit »theoretisches Konstrukt der Theorie des Geistes« gemeint war. Und die dem Geist zugeschriebenen Gebilde waren dann auf irgendeine Weise in der Natur des Organismus verankert. Aber so etwas wie »menschlichen Geist« gab es für die Cartesianer gar nicht; es gab einfach nur Geist. Es gab Geist und Materie. Menschen waren im Besitz von Geist und alles andere war einfach nur Körper. Heute sehen wir das natürlich anders. Wir studieren die geistigen Funktionen von Tieren und gehen dabei davon aus, dass sie sich von denen des Menschen unterscheiden.
Es gibt da also viele Unterschiede, aber es gibt auch interessante Ähnlichkeiten. Man betrachte zum Beispiel die Theorien des 17. Jahrhunderts über das, was man damals die »erkenntnisbildende Fähigkeit« nannte, die Fähigkeit, Gedanken, Bilder und Begriffe hervorzubringen. Das waren sehr reichhaltige Theorien, die sich auf alle möglichen Vorstellungen über Gestalteigenschaften und auf Begriffe vom Kantschen Typ stützten und zwar schon lange vor Kant. Diese Tradition war wirklich sehr vielfältig und komplex. Aber natürlich kann keine Rede davon sein, sie wieder auferstehen zu lassen – die metaphysischen und sonstigen Annahmen, auf denen sie basierte, waren ganz andere als heute. Ich sollte vielleicht auch erwähnen, dass die Wiederentdeckung dieser Tradition gewissermaßen nachträglich stattfand. Es war nicht so, dass diese Traditionen die gegenwärtige Arbeit inspirierten, sondern eher andersherum: Die gegenwärtige Arbeit führte zu einem erneuten Interesse an einigen früheren

Vorläufern, die ähnliche Ideen entwickelt hatten. Dies geschieht derzeit auch im Hinblick auf den Begriff der Modularität. So hat zum Beispiel Franz Josef Gall kürzlich eine Renaissance erlebt. Ein ganzes Jahrhundert lang war er eine der am meist geschmähten Gestalten der Psychologie, aber jetzt ist er auf einmal der neue Held. Man hat sich noch einmal mit seinem Werk beschäftigt und kam dabei darauf, dass all das nicht so dumm war, wie es später hingestellt wurde. Tatsächlich waren seine Theorien klug gedacht und wahrscheinlich durchaus auf dem richtigen Weg. Auch wenn die einzelnen Fähigkeiten, die er identifizierte, nicht die von ihm behauptete Beziehung zu Unebenheiten des Schädels haben, gelang es ihm anscheinend doch, die verschiedenen Sorten von Fähigkeiten, die jeweils ein Modul bilden, richtig auszumachen. Unsere Vorgänger sind eben oft doch nicht die Dummköpfe gewesen, die man später aus ihnen hat machen wollen.

In der gegenwärtigen neurolinguistischen Forschung gibt es tatsächlich einiges, das die neueren Hypothesen über die Lokalisierung menschlicher Fähigkeiten an bestimmten Stellen des Gehirns unterstützt. Gehen Sie davon aus, dass Daten aus der Neurolinguistik und über aphasische Syndrome für Ihre Arbeit von Bedeutung sind? Erwarten Sie, dass man aphasische Syndrome finden wird, in denen sich linguistische Prinzipien widerspiegeln?

Es wäre schön, wenn das der Fall wäre. Vielleicht wird man das eines Tages demonstrieren können. Die bis jetzt vorliegenden Daten sind Resultate von »Experimenten der Natur«, und aus ethischen Gründen kann es auch gar nicht anders sein. Sie sind vermutlich zu ungenau, um präzise Antworten zu liefern, aber ich denke schon, dass Ihre Überlegung in die richtige Richtung geht. Wir hätten dann physisch realisierte Netzwerke der ein oder anderen Art, die den jeweiligen Aspekten oder einzelnen Eigenschaften der Struktur der kognitiven Systeme des Menschen entsprechen. Es könnte sein, dass Verletzungen sie in differenzierter Weise in Mitleidenschaft ziehen. Es gibt positive Resultate, die darauf hinweisen, allerdings ist das Muster noch sehr grob. So gibt es zum Beispiel klinische Fälle von Kindern, die anscheinend insofern volle Sprachkompetenz besitzen, als sie Sätze in derselben Weise verstehen wie wir. Aber diese Kinder wissen dann nicht, wie sie die Sätze verwenden sollen. Sie haben die *pragmatische* Kompetenz verloren. Sie wissen nicht, *wann* es angebracht ist, *was* zu sagen, obwohl sie den Sätzen dieselbe Interpretation geben wie ein normaler Mensch. Man sollte annehmen, das dies einer physischen Veränderung an irgendeiner Stelle des Gehirns entspricht. Ein Teil der in letzter Zeit geleisteten Arbeit über Aphasien scheint darauf hinzudeuten, dass Vorstellungen wie diese richtig sind, und könnte spezifischeres Material über den Zusammenhang zwischen linguistischen Strukturen und ihren neuronalen Grundlagen liefern; dabei denke ich zum Beispiel an einige Resultate, die von Yosef Grodzinsky in einer Dissertation an der Brandeis Universität vorgelegt worden sind.

Was ist eine Kerngrammatik? Ist sie das, was wir in der sprachlichen Entwicklung des Kindes vorfinden, nachdem die Parameterwerte einmal eingestellt sind?

Was ich vorhin beschrieben habe, ist in Wirklichkeit das, was manchmal »Kerngrammatik« genannt wird. Wir sollten uns nicht darüber hinwegtäuschen, dass es sehr unklar ist, auf was sich die Bezeichnung »Sprache« bezieht, wenn überhaupt auf etwas. Was wir als eine Sprache, sei es nun Englisch oder eine andere Sprache, bezeichnen, ist in Wirklichkeit ein Durcheinander, eine Ansammlung von verschiedenen Dialekten und eine Anhäufung von Unregelmäßigkeiten und Anleihen. Aber wir sollten von keinem der konkreten Systeme, die in der Kommunikation tatsächlich verwendet werden, erwarten, dass es genau den Prinzipien der Universalgrammatik entspricht. Angesichts der konkreten Bedingungen ist von vornherein klar, dass sie diese Prinzipien nicht widerspiegeln. Man würde von der Universalgrammatik nur dann erwarten, dass sie präzise realisiert wird, wenn ein Kind in einer vollkommen homogenen Sprachgemeinschaft aufwüchse, in der die sprachlichen Daten keinerlei innere Widersprüche enthalten, in der es keine Fälle gibt, in denen die eine Person auf die eine Weise und eine andere Person auf eine andere Weise spricht. Unter solchen Bedingungen vollkommener Homogenität und bei Abstraktion von sämtlichen sprachlichen Einsprengseln, die nur dem zufälligen Verlauf der Geschichte geschuldet sind, würde die Grammatik, die herauskäme, einfach eine Widerspiegelung der Universalgrammatik sein. Aber natürlich kommt so etwas in der realen Welt nie vor. Wir wachsen immer innerhalb einer Mischung von Sprachen auf, und so ist das, was sich schließlich in unserem Kopf befindet, etwas viel Komplexeres. Dementsprechend unterscheiden wir manchmal zwischen einer Kerngrammatik, also dem Subsystem innerhalb der tatsächlich vorkommenden sprachlichen Systeme, das direkt die Universalgrammatik widerspiegelt und sich einfach aus der Einstellung der Schalter, aus der Fixierung der von der Universalgrammatik vorgesehenen Parameter ergibt, und einem System der sprachlichen Peripherie, das das System der Kerngrammatik ergänzt.

Was meinen Sie zu der häufig vorgebrachten Behauptung, nach der die eben angesprochene Homogenisierung des Input das Problem mit dessen Dürftigkeit beseitigen würde?

Und zweitens: Würden unter solch idealisierten Umständen die Fehler, die das Kind beim Spracherwerb macht, den ursprünglichen Zustand des Sprachvermögens widerspiegeln?

Das Problem der Stimulusarmut und der Dürftigkeit des Input bleibt auch bei Idealisierung des Dateninput im Wesentlichen unverändert. Man könnte argumentieren, dass in der realen Welt die Situation um einiges komplexer ist als unter den idealisierten Voraussetzungen, weil Kinder hier nicht nur lernen müssen, wie sie die Schalter setzen müssen, sondern auch vor der Tatsache stehen, dass verschiedene Leute um sie herum die Schalter verschieden setzen. So stehen sie nicht nur der Armut des Stimulus gegenüber, sondern auch widersprüchlichen Daten, was es noch schwieriger macht, den Spracherwerb zu erklären. Bei idealisierten Daten würden einige dieser Schwierigkeiten teilweise, andere sogar völlig wegfallen.

Was die Bereiche betrifft, in denen Kinder Fehler machen, scheint es im Wesentlichen zwei Kategorien zu geben. So wissen wir ja, dass Kinder auf einer bestimmten Stufe annehmen, die Vergangenheitsform von *sleep* sei *sleeped* (schlafen/schlafte) und dass sie dann aber lernen, dass nicht *sleeped*, sondern *slept* (schlief) die richtige Form ist. Es kommt auch vor, dass sie es gar nicht lernen. In gewissen Dialekten kommt die Form *sleeped* vor, und manchmal werden Formen wie diese am Ende zur regulären Form. Damit haben wir eine erste Klasse von Fehlern. Die andere Klasse von Fehlern sind die Fälle, in denen das Kind einfach noch nicht weiß, welches der richtige Parameterwert ist. So ist es zum Beispiel durchaus möglich, dass ein Kind, das die englische Sprache erlernt, auf einer gewissen Stufe des Spracherwerbs annimmt, dass sich Reflexiva nur auf Subjekte beziehen können und erst noch lernen muss, dass sie sich manchmal auch auf Objekte beziehen – dass es falsch wäre, das Objekt als Bezugswort auszuschließen.

Gibt es für die Parameter manchmal einen bevorzugten, einen »nichtmarkierten« Wert?

Das ist anzunehmen. Manche Parameter haben diese Eigenschaft, andere dagegen nicht. Nehmen wir zum Beispiel den »head-first/head-last«-Parameter. Wahrscheinlich ist keiner der Werte markiert; der eine ist genauso gut wie der andere. Aber in einigen Fällen, so etwa beim »Null-Subjekt-Parameter« oder bei dem Parameter für die Bezugswörter für Reflexive, gibt es wahrscheinlich einen markierten und einen unmarkierten Wert. Das bedeutet, dass das Kind den Parameter in der unmarkierten Position festlegen wird, falls es keine Daten gibt, die das Gegenteil besagen.

Robert Berwick von der Fakultät für Computerwissenschaften am MIT hat eine interessante Doktorarbeit geschrieben, in der er versucht hat, ein Programm für den Spracherwerb zu konstruieren. Das ist ein Algorithmus, dessen Anwendung auf die Daten automatisch das sprachliche Wissen eines Sprechers ergibt. Dabei stellte er sich unter anderem die Frage: »Wie stellen wir fest, welches der unmarkierte Wert eines Parameters ist?«. Er berücksichtigte, dass Sprache nur anhand positiver Daten gelernt wird; das heißt, dass die Berichtigung von Fehlern keine nennenswerte Rolle spielt. Nur das, was der Sprachlerner an sprachlichen Äußerungen hört, sind seine Daten, sonst nichts. Darauf wendete Berwick dann die formale Lerntheorie an, eine rein mathematische Theorie, die untersucht, wie Funktionen unter unterschiedlichen Bedingungen bestimmte Grammatiken oder andere Systeme hervorbringen können. Im Rahmen dieser Theorie gibt es Berwick zufolge eine notwendige und hinreichende Bedingung für das Erlernen eines Systems ausschließlich anhand positiver Daten: Jeder Parameter muss immer auf seinen »minimalen Wert« festgelegt werden, das heißt, den Wert, der die kleinste Sprache ergibt. Wenn also ein Parameter einen Wert hat, der mehr Sätze ergibt als der andere Wert, dann muss man den Wert nehmen, der die Sprache mit weniger Sätzen ergibt. Das ist das, was er das »Teilmengenprinzip« nennt: Man nimmt immer die kleinere Sprache, die so genannte Subsprache, wenn eine Wahl besteht. Es gibt also eine gewisse mathematische Unterstützung für das Markierungsprinzip.

Dann ging er natürlich dazu über, sich empirische Daten anzusehen. Aber ist es tatsächlich so, dass Kinder Parameterwerte auf eine Weise festsetzen, die eine kleinere Sprache ergibt? Das ist brenzlig, weil die mathematische Theorie aufgrund der Annahme arbeitet, dass die Parameter alle voneinander unabhängig sind, aber in Wirklichkeit sind sie das vielleicht gar nicht. Es kann sein, dass die Einstellung von Schaltern auf einen bestimmten Wert die Einstellung von anderen Schaltern beeinflusst, und das wirft dann weitere Fragen auf. Die empirischen Daten reichen bis jetzt nicht sehr weit. Es ist schwer, wirklich überzeugende Daten aus realen Situationen zu bekommen, die etwas über formale Idealisierungen aussagen könnten, in deren abstrakter Handhabung man sich auskennt. Immerhin ist es ein interessanter Gedanke, und tatsächlich könnte man fast sagen, dass es vielleicht das erste theoretische Lernprinzip ist, das jemals vorgeschlagen wurde.

»Wenn eines feststeht, dann doch dies: Die Menschen sind nicht genetisch für eine bestimmte Sprache vorprogrammiert. Lassen Sie ein japanisches Baby in Boston aufwachsen – es wird Bostoner Englisch sprechen. Wenn Sie mein Kind hier in Japan erziehen, spricht es Japanisch. Da ist es doch nur logisch, dass alle Sprachen im Wesentlichen dieselbe Grundstruktur aufweisen müssen.«

Still aus *Manufacturing Consent*, einem Film von Mark Achbar und Peter Wintonick

Biografie IV **Ein Kampf um Freiheit, der nie zu Ende geht** (seit 1994)

»Im Hinblick auf die Kraft, die Bandbreite, die Originalität und den Einfluss seines Denkens ist Noam Chomsky vielleicht der bedeutendste Intellektuelle der Gegenwart.« Das hatte die *New York Times* bereits 1979 über Chomsky geschrieben: Und dieses Fazit wird auch heute noch – zu Chomskys mildem Verdruss – regelmäßig als Werbeslogan auf den Umschlägen seiner Bücher abgedruckt. In der *Times* ging der Text damals so weiter: »Außerdem ist er aber auch ein auf beunruhigende Weise gespaltener Intellektueller.« Neben seinen linguistischen Büchern verfasse er »ein ebenso umfangreiches Werk an politischen Schriften, die für jede des Lesens mächtige Person verständlich, aber oft unglaublich schlicht sind«. Ein Dutzend Jahre später hört man von diesem Zusatz nicht mehr viel, auch wenn Chomsky von den großen Medien in den USA – nicht zuletzt der *New York Times* – nach wie vor gemieden wird.

Zu Chomskys gewachsener Popularität in den 90er Jahren trägt auch ein Film bei: *Manufacturing Consent. Noam Chomsky und die Medien* – eine Arbeit der beiden Kanadier Mark Achbar und Peter Wintonick. Der Film läuft in zahlreichen großen Kinos in Europa, Nordamerika, Australien und Japan und gewinnt viele Preise. Die Beliebtheit dieses Films hat vermutlich weniger mit Chomsky zu tun als mit der Rolle, die er spielt: Ein Intellektueller reist um die Welt, hält Reden und diskutiert mit Menschen – und das auf eine Art, die »für jede des Lesens mächtige Person verständlich« ist. Er versucht, seinem Publikum Mittel an die Hand zu geben, um die Welt besser zu verstehen und dann nach diesem Verständnis handeln zu können. Chomsky selbst äußerte Zweifel an der Idee, einen Film zu diesem Thema zu drehen, bei dem er selbst im Mittelpunkt stehen sollte, und diese Zweifel bringt er im Film deutlich zum Ausdruck. Gleich zu Eingang sagt er: »Ich kann mir nicht vorstellen, dass man jemandem eine Stunde lang beim Reden zuhören will, aber ich nehme an, die wissen, was sie tun.« Der Film gewinnt seine Überzeugungskraft aus dieser Selbstironisierung seiner Mittel, und so gelingt es ihm meist, ohne Pathos einige Grundzüge von Chomskys Denken und insbesondere seiner Medienkritik zu vermitteln.

In den 90er Jahren erweist sich Chomsky einmal mehr als politischer Avantgardist, nachdem er zuvor bereits einer der Ersten gewesen war, die sich gegen den Vietnamkrieg, den indonesischen Völkermord in Osttimor und den archaischen

Nationalismus beider Parteien im Israel/Palästinakonflikt engagiert hatte. In den 90er Jahren setzt er sich, nachdem er sich lange fast ausschließlich mit der Außenpolitik der USA und deren intellektueller und medialer Widerspiegelung beschäftigt hatte, verstärkt mit den inneren Konflikten in den westlichen Industriegesellschaften auseinander. Tatsächlich sind viele der in diesen Jahren erscheinenden Schriften Chomskys wie *Das Jahr 501. Die Eroberung geht weiter* (1993), *Alte und neue Weltordnungen* (1994), *Klassenkrieg* (1996) und *Der Profit geht vor* (1998) nichts anderes als das, was seit den militanten Demonstrationen gegen die Welthandelsorganisation WTO Ende 1999 in Seattle Globalisierungskritik genannt wird.

Einige dieser Werke, wie *Das Jahr 501*, beschäftigen sich mit den historischen Hintergründen einer kapitalistischen Globalisierung, andere, wie der Interviewband *Klassenkrieg*, unmittelbar mit der aktuellen Lage in den USA und den Folgen der neoliberalen Wirtschaftspolitik. Während in Europa einige vom »amerikanischen Modell« schwärmen und auf seine Qualitäten als »Job-Maschine« spekulieren, ist das Reallohnniveau der großen Mehrheit der US-Amerikaner wieder in den frühen 70er Jahren angekommen. Hinzu kommen der permanente Druck und die Unsicherheit, denen viele Millionen in unterbezahlten Billiglohnjobs ausgesetzt sind. Was Chomsky in *Klassenkrieg* im Gespräch mit dem Radiojournalisten David Barsamian vom *Alternative Radio* in Boulder, Colorado, auf informelle Art darlegt, belegt er an anderer Stelle wieder ausführlich mit Quellen und Fußnoten, wie man es von ihm gewohnt ist.

David Barsamian ist auf dem besten Weg, eine Art neuzeitlicher »Eckermann« zu werden: Die Interviews, die Barsamian mit Chomsky führt, füllen bereits jetzt ein Dutzend Bände, und noch ist kein Ende in Sicht. Barsamian ist vielleicht der eifrigste, der einzige ist er nicht. Insgesamt realisieren sich Chomskys Publikationen immer stärker über Gespräche und Reden. Anfang des neuen Jahrtausends machen sich Peter Mitchell und John Schoeffel daran, Chomskys Gespräche und Diskussionen mit den Zuhörerinnen und Zuhörern seiner Vorträge von 1989 bis 1999 zu einem einzigen Band mit dem Titel *Anatomie der Macht. Das Wichtigste aus dem Werk Chomskys* zu kondensieren, der 2002 bei *The New Press* erscheint.

Es war schon immer charakteristisch für Chomsky, dass er fast jeden Brief und jede Anfrage zu seinem politischen und wissenschaftlichen Werk persönlich beantwortete, und mit dem Aufkommen von E-Mail und Internet sind die Möglichkeiten, mit ihm zu kommunizieren, enorm gewachsen. Nach Aussagen seines Freundes Alexander Cockburn (der selbst eine viel gelesene Webseite, *www.counterpunch.org*, unterhält) verbrachte Chomsky schon vor der Internet-Revolution wöchentlich 20 Stunden mit der Beantwortung von Post – neben Telefonaten, Interviews und Gesprächen mit Besuchern in seinem Büro am MIT. Mit den unzähligen E-Mails, die er inzwischen erhält und die er, so gut er kann, auch persönlich beantwortet, kann sich seine Arbeitsbeanspruchung kaum verringert haben.

Zeitweilig kursierte das Gerücht, Chomsky müsse einen, vielleicht auch mehrere, Doppelgänger haben, da es unmöglich sei, dass ein Mensch allein jedes Jahr auf Hunderten von Veranstaltungen spricht, Tausende von Seiten politischer Texte verfasst, revolutionäre Neuerungen in der Linguistik vorantreibt und daneben auch noch – vielleicht – ein Privatleben führt. Ein Teil dieses Rätsels lässt sich mit Chomskys vielfach bezeugtem Schaffensdrang aufklären. »Er ist immer am Arbeiten«, sagt sein Biograf Robert Barsky, der sich bei vielen von Chomskys Freunden und Bekannten umgehört hat. Chomskys Ablehnung von Begriffen wie »die Chomsky-Revolution« oder »Chomsky-Linguistik« führen zu einer anderen Erklärung. Nicht aus falscher Bescheidenheit möchte er von solchem Personenkult nichts wissen, sondern einfach deshalb, weil sie nicht das abbilden, was sich in wissenschaftlicher Arbeit abspielt. Chomsky zufolge handelt es sich immer um kollektive Projekte, und »das Feld verändert sich jedes Mal, wenn ein Student eine neue Arbeit vorlegt oder jemand eine Schwachstelle in den bisherigen Theorien aufzeigt«. Es kann kein Zweifel daran bestehen, dass die Durchschlagskraft der linguistischen Theorien Chomskys auf individuellen Forschungen, Beiträgen und Diskussionen enorm vieler Wissenschaftlerinnen und Wissenschaftler basieren – und dies nicht nur, was Einzelfragen betrifft, sondern auch den Forschungsrahmen. Und auch wenn Chomsky sein Licht gewiss nicht unter den Scheffel stellt (»Ich weiß, dass ich einige Dinge ganz gut kann«), betont er doch immer wieder, dass es um Ideen geht, nicht um Personen.

Im politischen Werk Chomkys ist dieser kommunikative Aspekt allerdings noch wichtiger. Aus der intensiven Kommunikation mit politischen Aktivisten auf der ganzen Welt ist ein Informationsnetz entstanden, von dem Chomsky sagt, dass »uns die Geheimdienste darum beneiden würden«. »Ich habe Menschen in Israel, die für mich dort die Presse auswerten, und muss daher nicht Stunden damit verbringen, alles zu lesen. Anderswo läuft das genauso ab; ich selbst und andere leisten hier in den USA ähnliche Arbeit.« Dabei entsteht ein Informationsaustausch, der nicht nur die Sammlung und Verbreitung von Fakten erlaubt, die sonst kaum zugänglich wären, sondern langfristig werden so auch demokratische Kommunikations- und vielleicht auch Medien-Strukturen aufgebaut .

Den Aufbau alternativer Strukturen unterstützt Chomsky auch, indem er seine Artikel und Bücher immer wieder in Kleinverlagen veröffentlicht. *Z-Magazine* und *South*

End Press in Boston haben davon profitiert. Bei *Common Courage* in Monroe erscheinen in den 90ern unter anderem *Briefe aus Lexington* (1993) über die parteiische Berichterstattung der *New York Times*; *Chronik des Dissens* (1992), *Wie man die Meute im Zaum hält* (1994) und *Der neue militärische Humanismus* (1999) über den Kosovokrieg der NATO. Vier Bände mit Barsamian-Interviews erscheinen bei *Odonian Press*, und im neuen Jahrtausend, nach den Anschlägen vom 11. September, verhilft Chomsky dem kleinen New Yorker Verlag *Seven Stories* mit *9/11* und *Macht und Terror* zu zwei Bestsellern.

In der Linguistik vollzieht sich Mitte der 90er eine weitere Revolution, und wieder ist sie von Chomsky inspiriert. Das so genannte minimalistische Programm, an dem ein Großteil der linguistischen Gemeinde nun arbeitet, versucht, die Beschreibung der menschlichen Sprachfähigkeit noch weiter zu vereinfachen, als es bereits durch das Prinzipien- und Parametermodell geschehen ist. Dabei geht es um eine Forschungsmaxime, die bis auf den Scholastiker Wilhelm von Occam zurückgeht: Postuliere in deinen Theorien keine überflüssigen Entitäten und stelle keine überflüssigen Axiome auf (das berühmte »Occamsche Rasiermesser«). Chomsky hatte schon in den *Vorlesungen über Rektion und Bindung* die Meinung vertreten, dass die grammatischen Konstruktionen der Grammatiklehrbücher – wie Passiv, Relativsatz, Fragebildung etc. – nur Artefakte zur bequemeren Beschreibung sind, denen in Wirklichkeit viel tiefere Prinzipien zugrunde liegen. Das minimalistische Programm wirft nun auch einige der neueren Prinzipien als beschreibende Artefakte über Bord und versucht mit einem absoluten Minimum an Prinzipien und theoretischen Gebilden auszukommen.

Das minimalistische Programm beinhaltet auch eine Forschungshypothese über das menschliche Sprachvermögen: Der Mechanismus, der es den Menschen erlaubt, eine unendliche Menge von Äußerungen hervorzubringen, von denen jede eine Laut- und eine Bedeutungsseite hat, löst die Aufgabe, Laut und Bedeutung einander zuzuordnen, auf die beste, simpelste und eleganteste Weise. Mit anderen Worten: Der Forschungsgegenstand der modernen Linguistik wird nicht nur mittels minimalistischer Methoden untersucht und beschrieben, sondern er hat selbst eine »minimalistische« Struktur. Diese beiden Aspekte des Minimalismus sind nicht immer leicht auseinander zu halten, aber Chomsky gibt selbst ein Beispiel, das den grundlegenden Punkt klar macht: »Das Auto, mit dem wir gestern hierher kamen, ist ein kompliziertes Ding mit allen möglichen Macken und zur Lösung der Aufgabe, nämlich uns von A nach B zu bringen, denkbar ungeeignet. Wollten wir es wissenschaftlich beschreiben, müssten wir dennoch nach dem einfachsten Weg suchen, dies zu tun. Das ist die methodische Seite. Die inhaltliche äußert sich in der Frage: Wie müsste ein Auto beschaffen sein, das nicht andauernd stehen bleibt?«

Für die Sprachwissenschaft eröffnet sich dadurch ein neues Forschungsfeld, und viele Linguisten sind sofort auf den minimalistischen Zug aufgesprungen – allerdings nicht, um Chomsky zu kopieren, sondern um einen eigenständigen Beitrag zu diesem Projekt zu liefern.

Wie steht es nun mit dem Verhältnis zwischen Sprachwissenschaft und Politik? Ist der neue Minimalismus der Sprachwissenschaft identisch mit der von der *New York Times* gerügten »Schlichtheit« von Chomskys politischen Aussagen? Chomsky hat immer darauf bestanden, dass keine wirkliche Beziehung zwischen seinen sprachwissenschaftlichen Theorien und seinen politischen Aussagen besteht – und wenn doch, dann höchstens abstrakt. Wenn man allerdings nach Übergängen sucht, kann man auch welche finden: Man könnte im Postulat eines allen Menschen gemeinsamen und (außer im Fall schwerer Pathologie) bei allen Menschen gleich strukturierten Sprachvermögens eine egalitäre Komponente erkennen. Ferner ermöglicht der auf diesem Sprachvermögen basierende »unendliche Gebrauch endlicher Mittel« eine sprachliche Kreativität, die den Cartesianern als das eigentliche Kennzeichen der menschlichen Art galt. Und man könnte sogar soweit gehen und eine Verwandtschaft zu den von Chomsky so geschätzten Denkern wie Wilhelm von Humboldt und Michail Bakunin zu konstruieren, denen das freie Ausleben kreativer Impulse als das höchste Ziel des Menschen erschien. Aber damit ist das, was sich über diese Beziehung sagen lässt, auch schon so gut wie erschöpft. Im Bereich der Gesellschaftstheorie gibt es nach Chomsky nichts, was den Namen »Wissenschaft« verdienen würde. Die meisten gesellschaftlichen und psychologischen Fragen – »darunter einige, über die wir vielleicht sehr gerne etwas wissen würden« – hält er für derart komplex, dass es aussichtslos ist, wissenschaftliche Antworten darauf zu erwarten – und zwar nicht nur jetzt, sondern auch in Zukunft. Mit Ausnahme einiger weniger Bereiche wie der Sprache habe die Literatur wahrscheinlich wesentlich relevantere Aussagen über das Wesen und Verhalten des Menschen zu bieten als sämtliche Versuche à la Skinner, die als Wissenschaft daher kommen, aber entweder inhaltsleer oder von der Realität abgehobene, rein theoretische Modelle sind. Seine in Zusammenarbeit mit Herman entwickelte Medientheorie bezeichnet er denn auch folgerichtig »nicht als Wissenschaft« – allerdings auch nicht als »bloße Meinung«.

In diesem Zusammenhang erklärt sich auch Chomskys häufiger Gebrauch des Begriffs »reale Welt«, den er den Trugbildern der Medien entgegenstellt. Für Chomsky gibt es einige Wahrheiten, die im nicht-wissenschaftlichen, jedermann zugänglichen Diskurs dargelegt und erörtert werden können. Und genau das ist es, worum er sich in seinen unermüdlichen und immer wieder auf den neuesten Stand gebrachten Analysen zur globalen Lage oder zu einzelnen Konflikten bemüht.

Themen wie Armut, Macht, Diskriminierung oder Massenmord erfordern Chomsky zufolge keine esoterischen Theorien, die nur eingeweihten Fachleuten verständlich sind; die dafür erforderlichen Kategorien seien allen zugänglich. Wie bei dem Vorwurf, sein Propagandamodell der Medien in den westlichen Gesellschaften sei trivial, stimmt Chomsky auch dem Vorwurf zu, er habe nichts Originelles über Politik und Gesellschaft zu sagen: Selbst über seine anarchistische Zukunftsvision äußert er, er trete hier nicht als eigenständiger Theoretiker auf, sondern als »Trittbrettfahrer«.

Was Chomsky von anderen unterscheidet, ist vor allem anderen die enorme Arbeit, die er in die Dekonstruktion des von Medien und Propaganda gezeichneten Bildes von der Welt steckt, der Fleiß, mit dem er versucht, elementare Fakten vor dem zu retten, was er das »Verschwinden im Gedächtnisloch« nennt, sei es nun die Aggression der USA in Indochina, die Unterdrückung von Freiheitsbestrebungen in Lateinamerika oder die Blockadepolitik von den USA und Israel im Nahostkonflikt. Talent, Prinzipientreue und ein enormer Zeiteinsatz haben ihn zu einem Superstar der gesellschaftskritischen Bewegungen gemacht.

Gegenüber seinem Freund Barsamian, der fürchtete, Chomsky würde sich zuviel zumuten, betonte er einmal mehr, dass es nicht der herausragende Einzelne ist, der etwas verändern kann, sondern die Gemeinschaft:

»Ich bin derjenige, der sich auf die anderen stützt. Wenn ich, sagen wir einmal, nach Chicago gehe, um einen Vortrag zu halten, tue ich ja nicht mehr, als hinzugehen. Die ganze Arbeit ist dann von den Organisatoren schon gemacht. Ich tue nicht mehr, als ein Flugzeug zu nehmen, einige Vorträge zu halten und wieder heimzugehen. Die Leute vor Ort haben die ganze Arbeit … Ich beute die Arbeit anderer Leute aus. Das heißt, eigentlich ist es gegenseitige Ausbeutung …«

Diese »gegenseitige Ausbeutung« kann als die Essenz von Chomskys politischer Vorstellung gesehen werden. Dabei versucht Chomsky, »die paar Sachen, die ich ganz gut kann«, zur Bewegung beizusteuern. Zum Propheten fühlt er sich nicht berufen, und sicher ist das der Grund, weshalb seine Analysen, Vorträge und Bücher sich meist mit dem beschäftigen, was *ist*, nicht mit dem, was sein sollte oder sein könnte.

Im Anschluss an einen Vortrag Mitte der 90er Jahre antwortet Chomsky auf die Frage, ob es Punkte gebe, in denen sich seine Ansicht völlig gewandelt habe, es gebe

»eine Reihe wichtiger Themen, in denen ich keine Position bezogen habe – und zwar einfach deswegen, weil ich nicht weiß, was ich dazu sagen soll«. Als Beispiel nennt er den Bürgerkrieg in Bosnien und den Völkermord in Ruanda, und zu Bosnien sagt er: »Falls irgendjemand einen guten Vorschlag hatte, wie man den Gräueln hätte Einhalt gebieten können, habe ich nichts davon mitbekommen.« Es sei einfach, nach einer militärischen Intervention zu verlangen und die wahrscheinlichen Konsequenzen zu ignorieren – und diese müssten die Grundlage für jede moralisch vertretbare Intervention bilden. Folgerichtig hat Chomsky die wichtigsten Militärinterventionen westlicher Mächte – im Kosovo 1999, in Afghanistan 2001 und im Irak 2003 – abgelehnt: Nicht etwa, weil man niemals einen Krieg einer westlichen Macht unterstützen dürfe, sondern weil derjenige, der interveniert, sich das hippokratische Prinzip zu eigen machen müsste, nach dem der Arzt zunächst einmal vermeiden muss, Schaden anzurichten.

Der Autor eines ausführlichen Portraits über Chomsky, das im Sommer 2001 in der *Pennsylvania Gazette* erschien, berichtet, er habe Chomsky im Lauf ihres ausführlichen E-Mail-Wechsels einmal gefragt, was ihn dazu treibe, sich immer noch zu engagieren. Chomskys Antwort darauf: »Das werde ich oft gefragt, und ich verstehe nie wieso. Wenn ich sehe, wie auf der Straße ein Kind tot geprügelt wird und versuche, etwas dagegen zu tun – muss man mich dann fragen, warum ich mich einmische? Die einzig vernünftige Frage wäre, weshalb ich so wenig Engagement aufbringe, und warum viele andere sich dafür entscheiden, noch weniger zu tun.«

Noam Chomsky, 2004

Rede zum Gipfel in Davos (2001)

Ich bedaure es sehr, bei diesem wichtigen Treffen nicht unter euch weilen zu können. Eigentlich kann ich nicht viel anderes tun, als meine Begeisterung und Unterstützung auszudrücken für das, was ihr tut. Ich hoffe, dass eure Aktivitäten – und weltweit viele ähnliche – erfolgreich sein werden. Die Herausforderung, der wir uns stellen müssen, ist gewaltig. Doch gleichzeitig verbreitert sich der Wille zusehends, diese Herausforderung anzunehmen, und das ist sehr ermutigend für all jene, die sich für eine bessere Welt einsetzen.

Ich habe nicht viel Zeit, um mich an euch zu wenden. Deshalb beschränke ich mich darauf, einige grundlegende Tatsachen über das Phänomen in Erinnerung zu rufen, das man Globalisierung nennt. Es handelt sich um eine unpassende Bezeichnung für diese sehr spezifische Form der internationalen Integration, die die mächtigsten Staaten den anderen aufzwingen, die im Interesse privater Machtkonzentration umgesetzt wird und die kaum etwas mit den Anliegen der Bevölkerungen zu tun hat.

Es gibt keinen Grund, gegen die Globalisierung an sich anzukämpfen: Wenn diese den Interessen der Menschen entsprechend strukturiert wäre, würde man sie als Fortschritt begrüßen. Seit dem Zweiten Weltkrieg ist die internationale Integration der Wirtschaft stetig vorangeschritten. Sie erreicht heute in etwa wieder einen Stand, der mit dem zu Beginn des 20. Jahrhunderts vergleichbar ist. Doch wenn man genauer hinschaut, stellt man fest, dass die Strukturen heute viel komplexer sind. In der Nachkriegszeit lassen sich zwei deutlich verschiedene Phasen unterscheiden. Die erste, die ich Bretton-Woods-Phase nenne, dauerte bis Anfang der 70er Jahre. Seither sind wir in der zweiten Phase, in der das Bretton-Woods-System der festen Wechselkurse und Kapitalverkehrskontrollen zerstört wurde. Diese zweite Phase wird in der Regel als Globalisierung bezeichnet und mit der so genannten neoliberalen Politik in Verbindung gebracht. In Wirklichkeit ist diese Politik aber weder neu noch liberal. Sie verlangt Strukturanpassungsprogramme von den armen Ländern und leicht abgeänderte Versionen davon von den weiter entwickelten Ländern. Diese Programme richten sich nach den Prinzipien des »Washington Consensus«, gemeinsamen Prinzipien von US-Regierung, Pentagon und internationalen Wirtschafts- und Finanzinstitutionen.

Diese zwei Phasen sind sehr unterschiedlich. Die erste, die Bretton-Woods-Phase, wird von vielen Ökonomen als goldenes Zeitalter des industriellen Staatskapitalismus bezeichnet. Die zweite Phase hingegen, für die man den Begriff Globalisierung verwendet, wird oft als bleiernes Zeitalter bezeichnet, in dem sich makroökonomische Standard-Indikatoren wie das Wirtschaftswachstum, die Produktivitätsentwicklung usw. markant verschlechtert haben. Weit verbreitet ist die Behauptung, die Globalisierung, also die zweite Phase, habe einen bedeutenden Anstieg des Wohlstands gebracht, auch wenn dabei einige Menschen vergessen worden seien und nicht von den beträchtlichen Vorteilen profitiert hätten, was nun noch zu korrigieren wäre. Diese Sicht der Dinge ist nur teilweise richtig und höchstens in Bezug auf die erste Phase. Bezüglich der zweiten Phase gibt es keine Zweifel daran, dass die Ungleichheiten rasch angewachsen sind. Doch im Grunde sind alle diese Behauptungen völlig unzutreffend. Die Entwicklung bietet in allen Regionen der Welt ein düsteres Bild; vielleicht mit Ausnahme einiger asiatischer Länder, die zumindest eine gewisse Zeit lang in der Lage waren, die Spielregeln zu brechen.

Schauen wir uns einmal das reichste Land der Welt an, die Vereinigten Staaten von Amerika. Man will uns weismachen, hier hätte sich eine märchenhafte Wirtschaftswelt entwickelt. Das stimmt aber nur für einen sehr kleinen Teil der Bevölkerung, zu dem zufälligerweise auch jene gehören, die uns unaufhörlich diese frohe Botschaft verkünden. Für die meisten Lohnabhängigen, jene, die keine leitenden Funktionen ausüben, also für etwa 80 Prozent der Beschäftigten in den USA, sind die Löhne seit den 70er Jahren gesunken. In den letzten Jahren sind die Löhne insgesamt etwa auf den Stand von 1989 gefallen, auf den Stand vor dem letzten Konjunkturzyklus. Aber sie liegen immer noch deutlich unter dem Niveau von vor 20 Jahren. Die Durchschnittslöhne der Männer waren trotz des Anstiegs in den letzten Jahren immer noch geringer als die von 1989. Mittelstandsfamilien (mit mittleren Einkommen) konnten ihr Einkommensniveau nur dank gesteigerter Arbeitsbelastung und längerer Arbeitszeiten halten. Diese Familien müssen heute etwa sechs Wochen pro Jahr mehr arbeiten als vor zehn Jahren, um ungefähr gleich viel zu verdienen. Die USA verzeichnen heute weltweit die höchste Arbeitsbelastung und haben Japan vor einigen Jahren überholt. Dieses Wachstum wurde von einem Boom des Privatkonsums getragen, der seinerseits nicht unwesentlich einer massiven Propaganda-Kampagne zu verdanken war, deren Auswirkungen jetzt sichtbar werden: Die Verschuldung der privaten Haushalte wurde in die Höhe getrieben. Sie befindet sich heute auf einem nie da gewesenen Niveau und übertrifft erstmals das gesamte verfügbare Volkseinkommen.

Das Märchen, das uns das Gegenteil weismachen will, stützt sich im Wesentlichen auf die Aktienmärkte, die bis vor einem Jahr schwindelerregende Kurssteigerungen verzeichneten. Hier liegt gegenwärtig die Hauptquelle des weltweiten Wirtschaftswachstums. Es sei aber daran erinnert, dass ein Prozent der Bevölkerung beinahe die Hälfte aller Aktien besitzt, wogegen nur etwa 4 Prozent der Aktien den »unteren« 80 Prozent der Bevölkerung gehören. Die Armutsrate liegt höher als vor 20 Jahren. Von allen Industrieländern ist die Situation in den USA und in Großbritannien am schlimmsten. In diesen beiden Ländern wurde die neoliberale Politik am kompromisslosesten umgesetzt. Im goldenen Bretton-Woods-Zeitalter stiegen die Einkommen rasch und insgesamt ziemlich gleichmäßig. Tatsächlich stiegen die Einkommen der untersten 20 Prozent am schnellsten, jene der obersten 20 Prozent am langsamsten. Im bleiernen Zeitalter der Globalisierung ist das Gegenteil der Fall, und die Einkommensverteilung ist höchst ungleich. Die Einkommen steigen nur ganz oben an, während sie bei den untersten 20 Prozent rückläufig sind.

Ein Blick hinter die Fassaden der Märchenwelt der kalifornischen New Economy bestätigt diese Realität ebenfalls. Kürzlich wurde eine Studie veröffentlicht, die sehr schön aufzeigte, was in Kalifornien in den letzten zehn Jahren geschehen ist. Die durchschnittliche Kaufkraft der Familien ist im Verlauf der 90er Jahre um ca. 1.000 Dollar gesunken. Die Durchschnittslöhne und -einkommen sind gesunken. Die Armutsrate ist gestiegen. Nur der Staat New York kennt größere gesellschaftliche Ungleichheiten.

Dieses Bild ist für die gesamte Welt typisch – nur in den armen Ländern ist die Situation noch schlimmer. Es gibt aber auch Ausnahmen. Ich habe Länder erwähnt, die eine gewisse Zeit lang die Regeln brechen konnten, wie zum Beispiel – auf sehr spektakuläre Weise – China. Allerdings nicht sehr lange. Für China heißt es nun ebenfalls »Willkommen im Club!«, nachdem kürzlich ein Freihandelsabkommen unterzeichnet wurde, bei dem es sich eigentlich um ein »freies Investitionsabkommen« handelt, um das *Wall Street Journal* zu zitieren. In der US-Presse wurde dieses Abkommen als frohe Botschaft für die Finanzkonzerne, für die Telekombranche, für Boeing und andere Unternehmen gefeiert. Doch wer das Kleingedruckte liest, wird merken, dass nicht

alles so rosig ist. Zum Beispiel gibt es das Problem von dutzenden oder hunderten Millionen chinesischer Arbeiterinnen und Arbeiter, die in ineffizienten Fabriken arbeiten und deren Arbeitsplätze verschwinden werden.
Diese Fabriken sind genauso ineffizient wie viele amerikanische Fabriken in den 80er Jahren. Präsident Reagan, der die protektionistischste Politik der USA in der gesamten Nachkriegszeit betrieben hat, verbannte daraufhin japanische Produkte vom US-Markt und versuchte, die US-Industrie mit staatlicher Unterstützung wieder auf Vordermann zu bringen. Aber China wird dies nicht tun können: Es ist ein armes Land. Diese ineffizienten Fabriken garantieren ihren Angestellten nicht nur den Lebensunterhalt, sondern zugleich Versicherungsprämien für die Altersvorsorge. Und es gibt noch ein kleines Problem: Eine Million amerikanische Lohnabhängige werden ihre Stelle verlieren, da sich Billiglohnarbeit nach China verlagern wird. Theoretisch könnte das für China positiv sein und dort zu einem Anstieg der Löhne führen, gäbe es da nicht noch einen anderen kleinen Nachteil des »Freie-Investitionen-Abkommens«. Man erwartet, dass 900 Millionen chinesische Bauern ihre Höfe verlassen müssen und in große Schwierigkeiten geraten werden, wenn ihr Markt von subventionierten Exportprodukten der amerikanischen Agrar-Industrie überflutet wird. Diese US-Importwelle wird sie massenweise auf den chinesischen Arbeitsmarkt spülen und wird die Löhne drücken.
Das erinnert uns an die Zustände vor unserer eigenen Haustür, im benachbarten Mexiko. Im Zuge der neoliberalen Reformen sind die Lebensstandards und Einkommen seit Beginn der 80er Jahre für 80 Prozent der Bevölkerung gesunken und die Einführung der NAFTA (nordamerikanische Freihandelszone, die Mexiko einschließt; Red.) hat diesen Trend nicht beendet, entgegen allen Beteuerungen der Mainstream-Ökonomen. Wenigstens haben einige andere Ökonomen davor gewarnt. Die NAFTA ist wohl eines der seltenen Handelsabkommen, die der Mehrheit der Bevölkerung aller beteiligten Länder schaden. Es wäre nicht schwer, weitere Beispiele zu finden. Von nun an dürften die von den Reichen durchgesetzten Spielregeln zu einer Verallgemeinerung dieser Auswirkungen führen. So haben zum Beispiel die Regeln der WTO jene Mechanismen für illegal erklärt, derer sich ausnahmslos alle reichen Länder in der Vergangenheit bedient haben, um ihr gegenwärtiges Entwicklungsstadium zu erreichen. Jene Abkommen werden fälschlicherweise Handelsabkommen genannt, sind aber eigentlich Abkommen zugunsten der Rechte der Investoren. Wer sie sich genauer anschaut, wird feststellen,

dass es sich um eine Kombination aus Liberalisierung und Protektionismus handelt, die den größten Unternehmen enorme Profite garantiert, indem diese als Monopol die Preise für ihre Produkte festlegen können, die meist mit bedeutender Unterstützung des öffentlichen Sektors entwickelt wurden.
Es fand ein gewaltiger Anstieg der spekulativen Kapitalbewegungen statt, der zum eigentlichen Charakterzug der Phase der Globalisierung wurde. Diese Kapitalflüsse schränken die politischen Optionen der Regierungen ein, verleihen dem Finanzkapital ein Vetorecht, unterlaufen die Volkssouveränität in den demokratischen Regierungen und stellen alle fortschrittlichen Wirtschafts- und Sozialpolitiken in Frage, die eher der Bevölkerung zugute kommen als den Investoren. Es bildet sich ein Merkantilismus der Konzerne heraus, eine liberale internationale Ordnung, in der die Entscheidungen über soziale und wirtschaftliche politische Fragen immer mehr in den Händen des Privatkapitals liegen. Dieses zeichnet sich durch sehr hohe Machtkonzentrationen aus, das Märkte verwaltet und sowohl als Werkzeug wie auch als Tyrann der Regierungen agiert, um Madisons 200 Jahre alte Beschreibung der Gefahren für die Demokratie in Erinnerung zu rufen.
Es ist daher keine Überraschung, dass diese zweite Phase, jene der Globalisierung, auf der ganzen Welt beträchtliche öffentliche Proteste hervorgerufen hat. Dabei sind sich gesellschaftliche Kräfte mit unterschiedlichem Hintergrund aus reichen sowie aus armen Ländern näher gekommen. Das ist neu und sehr ermutigend. Das heutige Treffen bietet weitere Gelegenheiten, diesen Prozess voranzutreiben. Es dient der Ausarbeitung neuer Alternativen, um die große Mehrheit der Weltbevölkerung nicht nur gegen einen Angriff auf die grundlegenden Menschenrechte zu verteidigen, sondern darüber hinaus die inakzeptable Konzentration der Macht zu zerschlagen und das Reich der Freiheit und der Gerechtigkeit auszuweiten.

Die ungezähmte Meute[1]

Humes Paradox der Regierung entsteht nur, wenn wir davon ausgehen, dass ein entscheidendes Element der menschlichen Natur das ist, was Bakunin den »Freiheitsinstinkt« nannte. Es ist gerade die Tatsache, dass die Menschen nicht nach diesem Instinkt handeln, die Hume überraschend fand. Genau davon war auch Rousseaus klassische Klage inspiriert, wonach die Menschen frei geboren sind, aber – verführt von den durch die Reichen zur Sicherung ihrer Pfründe geschaffenen Illusionen über die bürgerliche Gesellschaft – überall in Ketten liegen. Manche Menschen mögen sich die Annahme eines Freiheitsinstinkts als eine der »natürlichen Überzeugungen« zu Eigen machen, von denen sie ihr Verhalten und ihr Denken leiten lassen. Es hat Bemühungen gegeben, den Freiheitsinstinkt in einer begründeten Theorie der menschlichen Natur zu verankern. Sie sind nicht ohne Interesse, aber es gelingt ihnen gewiss nicht im entferntesten, ihr Anliegen zu beweisen. Wie andere Grundsätze des gesunden Menschenverstands bleibt diese Überzeugung ein regulatives Prinzip, das man auf Glaubensbasis akzeptiert oder ablehnt. Welche Wahl wir in dieser Hinsicht treffen, kann weit reichende Konsequenzen für uns selbst und andere haben.

Diejenigen, die das Prinzip des gesunden Menschenverstands akzeptieren, demzufolge Freiheit ein unverzichtbares Bedürfnis und unser Recht ist, werden Bertrand Russell darin zustimmen, dass der Anarchismus »das eigentliche Ideal ist, an das die Gesellschaft sich annähern sollte«. Strukturen, die auf Hierarchie und Herrschaft aufgebaut sind, sind ihrem Wesen nach illegitim. Sie können nur im Rahmen selten auftretender Notlagen verteidigt werden, aber dieses Argument hält selten einer Analyse stand. Wie Russell vor siebzig Jahren weiter feststellte, haben »die alten Bande der Autorität« nur wenig inneren Wert. Um Menschen dazu zu bringen, auf ihre Rechte zu verzichten, muss man Gründe ins Feld führen »und die Gründe, die uns geboten werden, sind betrügerische Gründe, die nur jene überzeugen, die ein selbstsüchtiges Interesse daran haben, sich überzeugen zu lassen. ... Die Voraussetzungen für eine Revolte«, so fuhr er fort, »finden sich bei den Frauen gegenüber den Männern, bei den unterdrückten Nationen gegenüber ihren Unterdrückern und vor allem bei den Arbeitern gegenüber dem Kapital. Wie die gesamte vergangene Geschichte zeigt, ist das ein Zustand, der viele Gefahren, gleichzeitig aber auch viele Hoffnungen in sich birgt.«

Russell führte die Gewohnheit der Unterwerfung teilweise auf von Zwang bestimmte erzieherische Praktiken zurück. Seine Ansichten erinnern an die Denker des 17. und 18. Jahrhunderts, die die Auffassung vertraten, der Geist solle nicht »wie ein Gefäß von außen« mit Wissen gefüllt werden, sondern »angeregt und erweckt« werden. »Das Wachstum des Wissens erinnert an das Wachstum einer Frucht; wie sehr es auch stimmen mag, dass äußere Gründe in gewissem Maß mitwirken, so ist es dennoch die innere Kraft und Bestimmung des Baumes, die seine Säfte zur richtigen Reife bringen muss.« Ähnliche Konzeptionen liegen dem aufklärerischen Denken über die politische und intellektuelle Freiheit sowie über die entfremdete Arbeit zugrunde, die aus dem Arbeiter ein Werkzeug für fremde Ziele macht statt ein menschliches Wesen, das seine inneren Bedürfnisse erfüllt – Letzteres ein fundamentales Prinzip des klassischen liberalen Denkens, das indes aufgrund seiner revolutionären Konsequenzen längst vergessen ist. Diese Ideen und Werte behalten ihre Kraft und Bedeutung, obwohl sie überall auf der Welt weit von ihrer Verwirklichung entfernt sind. Solange das so ist, bleiben die libertären Revolutionen des 18. Jahrhunderts unvollendet und eine Vision für die Zukunft.[2]

In der Tatsache, dass die Meute trotz aller Bemühungen, sie davon abzuhalten, weiterhin für ihre fundamentalen Menschenrechte kämpft, könnte man eine Bestätigung der erwähnten spontanen Überzeugung sehen. Und im Lauf der Zeit sind einige libertäre Werte teilweise verwirklicht oder sogar zum festen Bestandteil unseres Lebens geworden. So sehen zum Beispiel viele der seinerzeit empörenden Ideen der radikalen Demokraten des 17. Jahrhunderts heute recht zahm aus, obwohl andere frühe Einsichten jenseits unseres gegenwärtigen moralischen und intellektuellen Horizonts bleiben.

Der Kampf für die Meinungsfreiheit ist ein interessanter Fall – und ein sehr wichtiger, da er sich im Zentrum einer ganzen Reihe von Freiheiten und Rechten befindet. Ein zentrales Problem der modernen Zeit ist die Frage, wann, wenn überhaupt jemals, der Staat auf den Plan treten darf, um in den Inhalt des freien Meinungsaustauschs einzugreifen. Selbst viele von denen, die als führende Verfechter der Bürgerrechte gelten, haben sich restriktive und von Vorbehalten bestimmte Ansichten zu dieser Frage zu Eigen gemacht. Ein kritisches Element ist der im traditionellen englischen Recht verankerte Tatbestand der aufrührerischen Verleumdung, die Idee, dass der Staat durch bloße Meinungsäußerung in verbrecherischer Weise angegriffen werden kann

– »das typische Kennzeichen geschlossener Gesellschaften auf der ganzen Welt«, wie der Rechtshistoriker Harry Kalven bemerkt. Eine Gesellschaft, die Gesetze gegen »aufrührerische Verleumdung« toleriert, ist nicht frei, was immer sonst ihre Verdienste sein mögen. Im England des späten 17. Jahrhunderts wurden Menschen für dieses Verbrechen kastriert, aufgeschlitzt, gevierteilt und geköpft. Während des ganzen 18. Jahrhunderts bestand ein allgemeiner Konsens, die etablierte Autorität könne nur aufrechterhalten werden, indem subversive Diskussionen erstickt werden und »jede Bedrohung für den guten Ruf der Regierung, ob real oder eingebildet,« durch Gewalt verhindert wird (Leonard Levy). »Privatbürger sind nicht die Richter ihrer Herren, ... denn dies würde jede Regierung umstürzen«, schrieb damals ein Publizist. Die Wahrheit der in Frage stehenden Behauptungen galt dabei nicht als Verteidigungsgrund: Wahre Beschuldigungen sind noch verbrecherischer als falsche, weil sie in viel stärkerem Maß geeignet sind, die Autorität in ein schlechtes Licht zu rücken.[3]

Nebenbei bemerkt, folgt der Umgang mit abweichenden Meinungen in unserer freiheitlicheren Ära einem ähnlichen Modell. Falsche und lächerliche Beschuldigungen sind kein wirkliches Problem; es sind gerade *die* unverantwortlichen Kritiker, die unerwünschte *Wahrheiten* enthüllen, vor denen die Gesellschaft geschützt werden muss.

Die Doktrin der aufrührerischen Verleumdung wurde auch in den amerikanischen Kolonien beibehalten. Die Intoleranz, die während der revolutionären Periode gegenüber abweichenden Meinungen herrschte, ist berüchtigt. Auch der führende amerikanische Libertäre Thomas Jefferson vertrat die Meinung, ein »Verräter in Gedanken, nicht in Taten« müsse bestraft werden und genehmigte dementsprechend die Internierung politisch Verdächtiger. Er und die anderen Gründerväter waren der Meinung, dass »verräterische oder respektlose Worte« gegen die Autorität des nationalen Staats oder seiner einzelnen Institutionen verbrecherisch seien. »Während der Revolution«, schreibt Leonard Levy, »meinte Jefferson, ebenso wie Washington, die beiden Adams und Paine, es dürfe keine Tolerierung ernsthafter Meinungsverschiedenheiten in Bezug auf die Unabhängigkeit, keine Alternative zur vollständigen Unterordnung unter die patriotische Sache geben.« Es gab allenthalben die grenzenlose Freiheit, den Patriotismus zu preisen, aber keine Freiheit, ihn zu kritisieren.

Zu Beginn der Revolution verlangte der Kontinentalkongress von den Staaten, Gesetze zu verabschieden, die das Volk davon abhalten sollten, »getäuscht und in Irrtümer hineingezogen« zu werden. Erst als die Jefferson-Anhänger Ende der 90er Jahre selbst repressiven Maßnahmen ausgesetzt wurden, entwickelten sie zu ihrem eigenen Schutz ein libertäreres Denken – wobei sie jedoch den Kurs wieder wechselten, als sie selbst die Macht übernahmen.[4]

Bis zum Ersten Weltkrieg gab es in den Vereinigten Staaten nur eine schwache Basis für die Meinungsfreiheit, und erst 1964 wurde das Gesetz über aufrührerische Verleumdung vom Obersten Gerichtshof für unrechtmäßig erklärt. 1969 schließlich stellte der Gerichtshof die freie Rede mit Ausnahme der »Anstiftung zu sofortigem ungesetzlichen Handeln« unter Schutz. Zwei Jahrhunderte nach der Revolution übernahm der Gerichtshof schließlich die Position, die schon 1776 von Jeremy Bentham vertreten wurde, der argumentierte, eine freie Regierung müsse »Unzufriedenen« erlauben, »ihre Gefühle zu artikulieren, ihre Pläne zu verabreden und jede Art der Opposition diesseits direkter Revolte zu praktizieren, bevor die Exekutive das gesetzliche Recht haben kann, sie zu stören«. Die Entscheidung des Obersten Gerichtshofs von 1969 formulierte einen libertären Standard, der meiner Ansicht nach in der Welt einzig dasteht. In Kanada zum Beispiel werden immer noch Menschen für die Verbreitung »falscher Nachrichten« ins Gefängnis geworfen, ein Verbrechen, das 1275 zum Schutz des Königs definiert wurde.[5]

In Europa ist die Situation noch primitiver. Dabei ist Frankreich aufgrund des dramatischen Kontrasts zwischen der Rhetorik der Selbstbeglückwünschung und einer repressiven Praxis, die so gebräuchlich ist, dass sie gar nicht mehr bemerkt wird, ein besonders verblüffender Fall. In England gibt es nur einen begrenzten Schutz für die Meinungsfreiheit. Dort duldet man sogar eine solche Schande wie das Blasphemiegesetz. Die Reaktion auf die Rushdie-Affaire war besonders bemerkenswert – am dramatischsten auf Seiten der selbst ernannten »Konservativen«. Rushdie wurde vor Gericht wegen aufrührerischer Verleumdung und Blasphemie angeklagt, aber das Oberste Gericht beschloss, dass das Gesetz über Blasphemie nur für das Christentum gilt, nicht für den Islam, und dass nur ein verbaler Angriff »gegen Ihre Majestät oder die Regierung Ihrer Majestät oder eine andere Institution des Staates« als aufrührerische Verleumdung gilt. So zementierte das Gericht eine fundamentale Doktrin von Gestalten wie Ajatollah Khomeini, Stalin, Goebbels und anderen Gegnern der Freiheit, während es zugleich festlegte, dass das englische Gesetz nur die einheimische Macht vor Kritik schützt. Zweifellos würden viele Conor Cruise O'Brien zustimmen, der während seiner Zeit als Post-

und Telegrafenminister in Irland das Rundfunkgesetz dahingehend erweiterte, dass die Behörden die Ausstrahlung jeglicher Sendungen verweigern konnten, die im Urteil des Ministers »die Autorität des Staates tendenziell untergraben würden«.[6]
Wir sollten uns darüber im Klaren sein, dass das Recht auf Meinungsfreiheit nicht durch den ersten Verfassungszusatz, sondern nur durch die langjährigen engagierten Bemühungen der Arbeiterbewegung und der Bürgerrechts- und Antikriegsbewegungen der 60er Jahre und weiterer Volkskräfte etabliert wurde. James Madison wies darauf hin, dass eine »Barriere aus Papier« niemals genügen wird, um Tyrannei zu verhindern. Rechte werden nicht durch Worte etabliert, sondern durch Kampf gewonnen und aufrechterhalten.
Wir sollten uns ferner daran erinnern, dass Siege für die Meinungsfreiheit oft in Verteidigung der niederträchtigsten und abstoßendsten Meinungen errungen werden. Die Entscheidung des Obersten Gerichtshofs von 1969 schützte den Ku Klux Klan vor Verfolgung, nachdem dieser ein Treffen mit vermummten Gestalten, Gewehren und einem brennenden Kreuz veranstaltet hatte, das dazu aufrief, »den Nigger zu begraben« und »die Juden nach Israel zurückzuschicken«. Was die Meinungsfreiheit betrifft, gibt es im Wesentlichen zwei Positionen: Man verteidigt sie energisch für Ansichten, die man selbst hasst, oder man weist sie zugunsten stalinistischer und faschistischer Standards zurück.[7]
Ob der Freiheitsinstinkt wirklich existiert oder nicht, wissen wir nicht. Wenn es ihn denn geben sollte, lehrt uns die Geschichte, dass er eingeschläfert werden kann, aber noch längst nicht tot ist. Der Mut und das Engagement von Menschen, die für Freiheit kämpfen, ihre Bereitschaft, extremem Staatsterror und Gewalt standzuhalten, sind oft bemerkenswert. Im Verlauf langer Jahre ist das Bewusstsein gewachsen, und Ziele sind erreicht worden, die in früheren Zeiten als utopisch betrachtet oder kaum auch nur ins Auge gefasst wurden. Ein unverbesserlicher Optimist kann auf diese Bilanz verweisen und der Hoffnung Ausdruck geben, dass mit einem neuen Jahrzehnt, und bald einem neuen Jahrhundert die Menschheit vielleicht in der Lage sein wird, einige ihrer sozialen Krankheiten zu überwinden. Andere mögen eine andere Lehre aus der Geschichte der letzten Zeit ziehen. Es ist kaum möglich, rationale Gründe für das Einnehmen der einen oder der anderen Perspektive anzugeben. Wie im Fall vieler spontaner Überzeugungen, die unser Leben leiten, ist das Beste, was wir tun können, in Einklang mit unseren Intuitionen und Hoffnungen zu handeln.

Die Konsequenzen der Entscheidung, die wir dabei treffen, sind leicht zu erkennen. Durch Negierung des Freiheitsinstinkts werden wir nur beweisen, dass die Menschen eine tödliche Mutation, eine evolutionäre Sackgasse sind; indem wir ihn – falls es ihn gibt – nähren und unterstützen, können wir vielleicht Wege finden, uns mit furchtbaren menschlichen Tragödien und Problemen von gewaltigem Ausmaß erfolgreich auseinander zu setzen.

Anmerkung

[1] Diese Bemerkungen bilden den Schluss von Chomskys Buch *Deterring Democracy*, Verso, 1991. In seinen *Ersten Prinzipien der Regierung* fand der schottische Philosoph David Hume »nichts überraschender« als »die Leichtigkeit, mit der es den Wenigen gelingt, die Vielen zu regieren«, da doch »die Herrschenden« in jeder Gesellschaft »nichts zu ihrer Unterstützung haben als die Meinungen«. Das Problem, das Volk – die »ungezähmte Meute«, von der die Staatstheoretiker des 17. und 18. Jahrhunderts sprachen – im Zaum zu halten, stellt sich nur dann, wenn diese Meute sich aufgrund ihrer innersten Instinkte von der Herrschaft »der Wenigen über die Vielen« vergewaltigt fühlt, was zur Zeit der neoliberalen Herrschaft am Ausgang des Jahrtausends oft hingebungsvoll bestritten wird.

[2] James Harris, Ralph Cudworth. Siehe Noam Chomsky, »Cartesian Linguistics«, Harper & Row, 1966.

[3] Levy, *Emergence of a Free Press*, S. XVII, 9, 102, 41, 130.

[4] Ebenda, S. 178 – 179, 297, 337 ff; Levy, *Jefferson and Civil Liberties*, S. 25 f.

[5] Levy, *Emergence*, S. 6, 167.

[6] O'Brien zitiert in *British Journalism Review*, Vol. 1, Nr. 2, Winter 1990.

[7] Levy, *Emergence*, S. 226 – 227; Henry Kalven, *A Worthy Tradition*, Harper & Row, 1988, S. 63, 227 f., 121 f. Ein so kurzer Kommentar zur Meinungsfreiheit kann natürlich nicht wirklich angemessen sein. Wie angedeutet, ergeben sich komplexere Fragen, wenn wir von der Frage der Meinungsäußerung zu Äußerungen übergehen, die an Anstiftung zum Handeln grenzen (wie etwa der Befehl an einen bewaffneten Mörder zu schießen) und wenn wir das Recht auf die Unverletzlichkeit der Privatsphäre und ähnliche Fragen in Betracht ziehen.

»Wenn man die Veränderung zum Besseren für unmöglich hält, wird sie auch nicht kommen.«

Bibliografie

1969 Aspekte der Syntaxtheorie, Frankfurt. (Aspects of the Theory of Syntax, Camebridge MA 1965).
1970 Sprache und Geist, Frankfurt (Language and Mind, New York 1968/72).
1971 Cartesianische Linguistik, Tübingen (Cartesian Linguistics. New York 1966).
1973 Strukturen der Syntax, Berlin (Syntactic Structures, Den Haag 1957).
1977 Reflexionen über die Sprache, Frankfurt (Reflections on Language, New York 1975).
1978 Studien zu Fragen der Semantik, München (Studies on Semantics in Generative Grammar, Den Haag 1972).
1981 Sprache und Verantwortung, München (Language and Responsibility, New York 1979).
1981 Reflexionen über die Sprache, Frankfurt (Reflections on Language, New York 1975)
1995 Thesen zur Theorie der generativen Grammatik, 2. Aufl., Weinheim (Topics in the Theory of Generative Grammar, Den Haag 1966).
1996 Probleme sprachlichen Wissens, Weinheim (Language and Problems of Knowledge, Cambridge 1988).
1969 Amerika und die neuen Mandarine, Frankfurt (American Power and the New Mandarins, New York 1969).
1972 Indochina und die amerikanische Krise, Frankfurt (At War with Asia, New York 1970).
1972 Kambodscha, Laos, Nordvietnam, Frankfurt (At War with Asia, New York 1970).
1973 Über Erkenntnis und Freiheit, Frankfurt (Problems of Knowledge and Freedom, New York 1971).
1974 Aus Staatsraison, Frankfurt (For Reasons of State, New York 1973).
1987 Arbeit, Sprache, Freiheit, Mühlheim a. d. Ruhr (deutsche Originalausgabe).
1988 Vom politischen Gebrauch der Waffen, Wien (Turning the Tide, Boston 1985).
1988 Die 5.Freiheit, Hamburg (On Power and Ideology: The Managua Lectures, Boston 1986).
1993 Wirtschaft und Gewalt, Springe (The Year 501. The Conquest Continues, Boston 1993).
1993 Was Onkel Sam wirklich will, Zürich (What Uncle Sam Really Wants, Berkeley 1992).
1998 Haben und Nichthaben, Berlin (Class Warfare. Interviews with David Barsamian, Boston 1996).
1999 Sprache und Politik, Berlin (deutsche Originalausgabe).
2000 Die politische Ökonomie der Menschenrechte, Grafenau (Political Economy of Human Rights, Boston 1979).
2000 Der neue militärische Humanismus, Zürich (The New Military Humanism. Monroe, 1999).
2000 Profit Over People, Hamburg (Profit Over People, New York 1998).
2001 Noam Chomsky – Wege zur intellektuellen Selbstverteidigung, Grafenau (Manufacturing Consent – Noam Chomsky and the Media, Montreal 1994).
2001 War Against People, Hamburg (Rogue States. The Rule of Force in World Affairs, Boston 2000).
2002 The Attack, Hamburg (9/11, New York 2001).
2002 People Without Rights, Hamburg (A New Generation Draws the Line, New York 2001).
2002 Offene Wunde Nahost, Hamburg (The Fateful Triangle, Boston 1999).
2003 Media Control, Hamburg (Necessary Illusions. Thought Control in Democratic Societies, Boston 1989).
2004 Hybris, Hamburg (Hegemony or Survival. America's Quest for Global Dominance, New York 2003).

Dokumentarfilm

Mark Achbar und Peter Wintonick, Manufacturing Consent: Noam Chomsky and the Media, Necessary Illusions, 1992.

Webadressen

www.chomsky.info/
www.zmag.org/chomsky/index.cfm

Textnachweise

30. April 2004 – ein Gespräch mit Klaus Theweleit. Deutsch von Martin Baltes.
Annahmen und Ziele. In: Noam Chomsky, Thesen zur Theorie der generativen Grammatik. Weinheim: Beltz Athenäum Verlag, 1995, S. 13 – 30.
Gleichheit. In: Noam Chomsky, Sprache und Politik, Philo 1999, S. 62 – 77.
Über den Widerstand. In: Noam Chomsky, Amerika und die neuen Mandarine. Frankfurt/M: Suhrkamp, 1969, S. 272 – 284.
Bemerkungen zum Anarchismus. In: Noam Chomsky, Aus Staatsraison. Frankfurt/M: Suhrkamp, 1974, S. 104 – 121.
Worin besteht die intellektuelle Verantwortung des Schriftstellers? In: Noam Chomsky, Der Mensch und die globalen Mächte. Klaus Boer, 1999, S. 55 – 69.
Israel/Palästina: Die USA als Hauptgegner des Friedens. Original in: Noam Chomsky, Deterring Democracy. New York: Vintage, 1992, S. 423 – 433. Deutsche Erstübersetzung von Michael Schiffmann.
Über die spektakulären Erfolge der Propaganda. In: Noam Chomsky, Media Control. Hamburg: Europa Verlag, 2003, S. 28 – 49.
Aspekte einer Theorie des Geistes. In: Noam Chomsky, Sprache und Politik. Berlin: Philo, 1999, S. 17 – 44.
Rede zum Gipfel in Davos 2001. In: http://www.sterneck.net/cybertribe/globalisierung/noam-chomsky/index.php
Die ungezähmte Meute. In: Noam Chomsky, Sprache und Politik. Berlin: Philo, 1999, S. 238 – 244.

Bildnachweise

Cover unter Verwendung eines Fotos von © Ullstein Bild; Fotos S. 10, 11, 14, 15, 20, 21, 32, 120, 121, 207 220 mit freundlicher Genehmigung von © Annette Schneider; Fotos S. 79, 90, 153 von © Elaine Brière; Foto S. 184 von © Matthew Septimus; Foto S. 199 mit freundlicher Genehmigung von © Necessary Illusions.

Dank

Der Herausgeber und der Verlag danken Noam Chomsky und seinem Agenten Anthony Arnove für die ausgezeichnete Zusammenarbeit, Mark Achbar für die freundliche Überlassung der Abdruckgenehmigung von Bildern aus seinem Film, der Medienwerkstatt Freiburg für die Stills, Radio Dreyeckland fürs Equipement, der Trotzdem Verlagsgenossenschaft für die Abdruckgenehmiung aus Noam Chomsky – Wege zur intellektuellen Selbstverteidigung.

Der Herausgeber

Michael Schiffmann, Autor, Herausgeber, Übersetzer, geboren 1957. Ausbildung und Tätigkeit als Erzieher, Studium der Anglistik und der Allgemeinen Sprachwissenschaft. Doktorarbeit 2004 »Race Against Death. The Struggle for the Life and Freedom of Mumia Abu-Jamal«. Freier Übersetzer seit 1989; unter anderem Bücher von Edward Said, Mahmoud Darwisch, Homi K. Bhabha und Angela Davis. Auch mehrere Bücher Noam Chomskys, teilweise herausgegeben und kommentiert.

Personenregister